Crista Kramer von Reisswitz
Macht und Ohnmacht im Vatikan

Für meine Schwester Beatrix von Schichau

Crista Kramer von Reisswitz

Macht und Ohnmacht im Vatikan

Papst Franziskus und seine Gegner

orell füssli Verlag

© 2013 Orell Füssli Verlag AG, Zürich
www.ofv.ch
Alle Rechte vorbehalten

Umschlaggestaltung: Hauptmann & Kompanie Werbeagentur, Zürich, unter Verwendung eines Fotos von © Getty Images/Franco Origlia (163220597)
Druck: fgb • freiburger graphische betriebe, Freiburg

ISBN 978-3-280-05517-5

Die Deutsche Nationalbibliothek verzeichnet diese Publikation in der Deutschen Nationalbibliografie; detaillierte bibliografische Daten sind im Internet über http://dnb.d-nb.de abrufbar.

Inhalt

Vorwort

Das Jahr 2012, siebtes Jahr des Pontifikats von Papst Benedikt XVI., hat viele Fragen aufgeworfen: Ist das von Papst Johannes Paul II. im Heiligen Jahr 1984 gewünschte »Glashaus« Kirche respektive Vatikan durchsichtiger geworden? Wer und wie ersetzt man die eingeworfenen Scheiben? Und nun, im Februar 2013: Welches Erbe hinterließ Papst Benedikt XVI. seinem Nachfolger Franziskus? Er selbst hatte eine »Barke voller Schmutz« vorgefunden, über die er sich während des Kreuzwegs 2005 am römischen Kolosseum beklagte. Dennoch: Die »Ikone« Karol Wojtyla bleibt beim Gottesvolk intakt – er wird Anfang November 2013 gemeinsam mit Papst Johannes XXIII. heiliggesprochen werden. Nur einen Unterschied gibt es zwischen den beiden Nominierten: Papst Franziskus, der sich wohl in Johannes XXIII. und dessen unverblümter, direkter Art wiederfindet, hat dem Papst, der das Zweite Vatikanische Konzil einberief, das zur Heiligsprechung nötige Wunder »erlassen«. Ist dies ein Schritt zur Erneuerung in Sachen Selig- und Heiligsprechungen? Werden Wunder nach und nach abgeschafft?

Jeder Papst muss sein Kreuz tragen, das mit der fortschreitenden Säkularisierung und dem Glaubensverlust in der heutigen Zeit immer schwerer wird. Karol Wojtyla und Joseph Ratzinger haben einander geholfen, dieses Kreuz zu tragen. So verschieden ihr Charisma auch ist: Auf einigen Fotos aus den letzten Jahren ähnelten sie sich bei ihren Auftritten in der Öffentlichkeit auf unerklärliche Weise immer mehr. Ob es an den immer tiefer gebeugten Schultern oder an den weißen Haaren lag oder an der weißen Kleidung? Wer den einen vom anderen auf den vielen Postkarten, die rund um den Vatikan verkauft werden, unterscheiden wollte, musste plötzlich genauer hinsehen. Der langjährige spanische Vatikansprecher Joaquin Navarro-Valls erklärte während eines Kongresses zum 50-jährigen Bestehen des Vatikanischen Pressesaals im November 2012: »So verschieden die beiden Päpste in ihrem Temperament und in ihrer Ausstrahlung sind – die beiden waren immer eine Einheit.«

Journalistinnen sollten eigentlich keine Bücher schreiben, weil sie kurz vor Drucklegung noch immer das Allerneueste in das Manuskript einbringen wollen. So musste ich mir leider Begrenzungen auferlegen, vor allem was

Anekdoten rund um den Vatikan und natürlich die Päpste anbelangt. Vielleicht fasse ich diese amüsanten Geschichten einmal in einem eigenen Büchlein zusammen.

Mit Papst Franziskus haben die Vatikanjournalisten schon von der ersten Minute an gelacht und geweint. Ihm wünsche ich ein langes und erfolgreiches Pontifikat. Ich hoffe, der IOR-Skandal und das Problem mit der mächtigen »Gay Connection« in den oberen Rängen des Apostolischen Palastes nehmen dem argentinischen Neuankömmling in der Ewigen Stadt nicht seinen Elan. Dass sein Vertrauen auch von Mitarbeitern der ersten Stunde, auf die er glaubte zählen zu können, enttäuscht wurde wie im Fall von Msgr. Ricca, dem Direktor des Gästehauses Santa Marta, tut mir besonders leid.

Besonderen Dank schulde ich meiner Lektorin Dr. Tamara Al Oudat, da mir bis zum letzten Augenblick vor Manuskriptabgabe immer noch etwas Neues einfiel. Ursprünglich sollte *Macht und Ohnmacht im Vatikan* im Pattloch Verlag erscheinen, wurde jedoch wegen des überraschenden Rücktritts von Papst Benedikt XVI. im Februar 2013 zurückgezogen. Daher danke ich insbesondere Dr. Stephan Meyer für seine Bereitschaft und sein Engagement, das Manuskript in völlig veränderter Form im Orell Füssli Verlag kurzfristig zu publizieren.

Ebenfalls besonderen Dank möchte ich meinem Vatikankollegen Sandro Magister sagen, der mich in seinen Artikeln auf viele interessante Neuigkeiten auch über Papst Franziskus hingewiesen hat. Er hat mir erlaubt, ihn sehr häufig zu zitieren und seine Informationen für mein Buch zu nutzen. Auch der italienischen Sektion von Radio Vatikan und dem Vatikanischen Pressedienst »Fides« schulde ich großen Dank für die ausgezeichneten Informationen aus der Weltkirche. Besonderen Dank schulde ich zudem dem Historiker Pater Peter Gumpel SJ, Rom, der mir bereits bei meinen anderen Büchern mit seiner Erfahrung zur Seite gestanden hat. Schließlich danke ich allen Personen, die zum Entstehen dieses Buches beigetragen haben und aus verschiedenen Gründen nicht genannt werden können oder wollen.

Crista Kramer von Reisswitz, im Juli 2013

Einleitung

Papst Benedikt XVI. hat einen Rekord in der Kirchengeschichte aufgestellt: Aufgrund seines Rücktritts am 28. Februar 2013 nach einem fast achtjährigen Pontifikat hat er ein »Zwei-Päpste-Jahr« eingeläutet. Wie lange das Zwei-Päpste-Dasein mit Papst Franziskus dauert, bleibt der göttlichen Vorsehung überlassen. Das Jahr 1978 mit zwei Papstwahlen war in die Kirchengeschichte als das Drei-Päpste-Jahr eingegangen. Der mutige Akt von Papst Benedikt XVI. könnte tiefgreifende Konsequenzen für das Papsttum auf Lebenszeit haben. Der neue Papst aus Argentinien könnte sich an dem von Joseph Ratzinger geschaffenen Präzedenzfall in der neueren Kirchengeschichte orientieren. Auch er könnte resignieren, wenn er seine Kräfte dahinschwinden fühlt. Wie es um die Gesundheit von Franziskus steht? Er ist ein starker Mann und ein Kämpfer, der auf seine Rückenprobleme keine Rücksicht nimmt.

Auch die Autorin dieses Buches musste in den vergangenen Monaten stark bleiben: »Nie mehr ein Konklave. Nicht mit mir!«, hatte sie sich nach dem Tod von Papst Johannes Paul II. und dem Konklave im Jahr 2005 geschworen. Doch als ihr Abschied aus Rom nach 31 Jahren bevorstand, kam es noch einmal ganz anders: Ein Konklave ohne den Tod des Papstes? Das war ein ganz besonderer Fall. Es handelte sich um ein Weltereignis, das zumindest in seinem Vorfeld nicht die Emotionen auslöste, die der Tod von Johannes Paul II. den altgedienten Vatikanjournalisten auferlegt hatte. Immerhin hatte die Autorin das Privileg gehabt, mit zwei Päpsten als Berichterstatterin für verschiedene deutsche Medien um die halbe Welt zu fliegen. Auf der Insel Mauritius? Da war sie auch schon mit dem Papst – aber natürlich nicht auf Urlaub. Auf der Insel Osttimor? Da wäre sie vom Vatikantross fast vergessen worden. In Kanada? Da wäre sie um ein Haar von der Polizei verhaftet worden, als sie über eine Absperrung stieg, und musste von einem Mitglied der Vatikanischen Gendarmerie befreit werden.

Der Rücktritt Papst Benedikts XVI. schaffte in jeder Hinsicht den Präzedenzfall der Neuzeit. Auch für die Vatikanjournalisten brach noch einmal eine Zeit an, in der es sich lohnte, auf gute Freunde unter den Kollegen zählen zu können. Einen Amtsverzicht eines Papstes gab es zuletzt vor

719 Jahren. Damals wie heute hatten Intrigen der römischen Kurie dafür gesorgt, dass der Rücktrittswunsch des Kirchenoberhauptes verwirklicht wurde: Papst Coelestin V. hatte sich 1294 nach nur wenigen Monaten aus seinem Amt zurückgezogen. Mit seiner Rücktritts-Entscheidung hat der deutsche Papst einen historischen Schritt hin zur Modernisierung der römisch-katholischen Kirche unternommen. Als Graue Eminenz im Hintergrund die Fäden zu ziehen, liegt dem »papa emeritus« – dem »Papst im Ruhestand« – von Natur aus nicht. Papst Benedikt XVI. befasste sich nach seiner Rückkehr in den Vatikan am 2. Mai 2013 gerne mit seiner weitreichenden Korrespondenz und der Zusammenstellung seines theologischen Gesamtwerks. Benedikt hatte seine persönliche Perspektive in seinen Rücktrittsworten so ausgedrückt: »Was mich selbst betrifft, so möchte ich auch in Zukunft der Heiligen Kirche Gottes mit ganzem Herzen durch ein Leben im Gebet dienen.«

Er selbst muss das Problem des Primats nicht mehr angehen, sondern sein Nachfolger Franziskus: die Diskussion über die historischen Formen der Ausübung des Petrus-Amtes und den Primat des Papstes. Was soll der Papst in der Zukunft sein? Der Erste unter Gleichen oder der Erste aller Oberhäupter der christlichen Kirchen? Und: Kann die vorrangige Rolle des Petrus-Amtes überhaupt geschmälert oder sogar ganz aufgegeben werden? Anlässlich der in aller Welt begangenen Woche der Einheit der Christen im Jahr 2003 hatte Johannes Paul II. zur Überraschung aller ein Thema aufs Tapet gebracht, das er in seiner Ökumene-Enzyklika *Ut unum sint* im Jahre 1995 angerissen und in seinem Schreiben zum Ende des Heiligen Jahres *Tertiomillennio ineunte* wieder aufgegriffen hatte: Die Verfügbarkeit des Oberhauptes der katholischen Kirche, gemeinsam mit den orthodoxen und protestantischen Brüdern die Ausübung des Petrusamtes und den Primat des Nachfolgers Petri zu diskutieren: »Finden wir gemeinsam eine Form der Ausübung des Petrus-Amtes, das – ohne auf das Wesentliche der Päpstlichen Mission zu verzichten – dafür sorgt, dass eine neue Situation geschaffen wird«. Die Begründung des Petrus-Amtes ist in Matthäus, 16,18 enthalten. »Du bist Petrus und auf diesem Fels will ich meine Kirche bauen«. Papst Franziskus hat aber in den ersten Monaten seines Pontifikats ganz klar signalisiert: Am Päpstlichen Primat wird nicht gerüttelt. Er informiert sich. Er lädt seine Mitarbeiter ein und hört ihnen zu. Dann entscheidet der Papst allein. Franziskus ist ein Mann, der gerne unter Menschen ist: Es sei für ihn ein geradezu »psychiatrisches Problem«, unter Leute zu gehen, gestand er bei einer Begegnung mit Jesuitenschülern in Rom. Deshalb ziehe er es auch vor, im Vatikanischen Gästehaus Santa Marta zu wohnen und nicht im Palazzo.

Doch wie kam es dazu? Beim Vorkonklave im März 2013 hatten nur die Vatikanjournalisten den stämmigen Kardinal aus Buenos Aires außer Acht gelassen. Vielleicht war der Grund dafür, dass er das wohl schwerste Amt in der Welt offensichtlich nicht hatte annehmen wollen. Die Kardinäle aus aller Welt dagegen erinnerten sich noch aus dem Konklave vom April 2005 sehr gut an ihn. Schon damals konnte er eine beträchtliche Anzahl Stimmen auf sich vereinen. Die Autorin beschrieb den heutigen Papst Franziskus seinerzeit als »aufsteigenden Stern am Himmel der Papabili« (Papstbaren).

Die »Papstmacher« im Konklave vom März 2013 glaubten an Jorge Mario Bergoglio, nachdem er im Vorfeld der Wahl eine kleine Ansprache an die Kardinäle gehalten hatte, und setzen große Hoffnungen in ihn. Die Kirche müsse von der Mondänität abrücken, zur Einfachheit und an die Peripherie der Kirche zurückkehren, hatte der Argentinier gewünscht. Diese Rede sollte später vom Erzbischof von Havanna, Kardinal Jaime Ortega, über einen Internetkanal veröffentlicht werden. Sie fand denselben Widerhall wie die Predigten von Papst Benedikt XVI. in der Zeit des »Sede vacante«, in der traurigen Zeit, in welcher der Stuhl Petri nach dem Tod von Papst Johannes Paul II. verwaist war. Franziskus wurde am zweiten Tag des Konklaves, am 13. März 2013, im fünften Wahlgang zum 266. Papst der Weltkirche gewählt.

Wird er es schaffen, etwas in der Kirche und in der römischen Kurie zu verändern? »Speriamo, che non lo fanno fuori«, sagen die Einwohner Roms wie aus der Pistole geschossen, wenn vom Papst die Rede ist. Vom Tag seiner Wahl an fürchten die Einwohner der Ewigen Stadt, Papst Franziskus, »ihrem« Bischof von Rom, könnte etwas zustoßen. Hinter vorgehaltener Hand flüstern sie von düsteren Prophezeiungen im dritten Geheimnis von Fatima, die sich noch nicht erfüllt hätten. Von dunklen Intrigen und Verschwörungen innerhalb des Vatikans mit Drahtziehern in Italien, gegen die Franziskus machtlos sein könnte.

Einen Papst wie Jorge Bergorglio hat die Welt noch nicht gesehen. Gibt es nach vier Monaten Pontifikat irgendwelche Kritik an dem populären Papst? Dank seiner mitreißenden Art zu sprechen und sich zu geben führt er die Menschen wieder in Scharen zur Kirche und zum Glauben hin. Hört man seine fast flüsternde Stimme im Radio, denkt man unwillkürlich an die verführerischen Flötentöne eines »Rattenfängers« ganz besonderer Art. Franziskus wirkt wie ein Rettungsanker in der Brandung. Er hat – vor einer »Abschaffung der Kirche durch sich selbst« – das Ruder des Schiffes Petri übernommen und herumgerissen. Doch wohin steuert er? Franziskus richtet sein Pontifikat einem »waschechten« Jesuiten gemäß auf die Verbreitung des Evangeliums bis hin zu den Grenzen der Welt aus. Mobilität – die vom Ordensgründer, dem hl. Ignatius von Loyola beschworene Beweglichkeit eines Mitglieds der Gesellschaft Jesu – ist gefragt. Er will, dass die Kirche sich wieder auf den Weg macht, bevor die Gläubigen das Schiff verlassen. Deswegen macht Franziskus sich als Seelsorger mit dem »Geruch von Schafen« an den Schuhen zum Sprachrohr Christi innerhalb der Weltkirche auf fünf Kontinenten.

Bei seiner Reise zum Weltjugendtag in Rio de Janeiro im Juli 2013 beschwor er die Jugend, sich »die Hoffnung nicht rauben zu lassen«. Dabei handelt es sich um eine Kernaussage der Enzyklika *Lumen Fidei* (Licht des Glaubens), die offiziell aus der Feder von Franziskus stammt. Ein Großteil – etwa drei Viertel – der ersten Enzyklika von Papst Franziskus stellt nach Ansicht von Vatikanexperten ein »brüderliches Geschenk« des emeritierten Papstes Benedikt XVI., des bedeutenden Theologen Joseph Ratzinger, an seinen Nachfolger dar. Das zu der Trilogie Liebe, Glaube und Hoffnung gehörige Apostolische Lehrschreiben ist ein Programm für dieses Pontifikat. Es verankert Grundsätze aus dem kirchlichen Lehramt, an denen auch Papst Johannes Paul II. und Papst Benedikt XVI. nicht rütteln wollten.

Die Enzyklika wurde am 5. Juli 2013 im Vatikanischen Pressesaal vorgestellt. Sie trägt das Datum vom 29. Juni, dem römischen Patronatsfest Peter und Paul. Unterschrieben ist sie nur von Franziskus. Im Vorfeld des Erscheinens hatte es geheißen, das Lehrschreiben sei im Zwei-Päpste-Jahr »vierhändig« geschrieben worden. Wie der Präfekt der römischen Glaubenskongregation, Erzbischof Gerhard Müller, dazu erklärte, kann nur der amtierende

Papst eine Enzyklika unterzeichnen. Unterschriften zweier Päpste sind nicht möglich. In einer der wichtigsten Passagen der Enzyklika findet sich nach Auslegung des italienischen Dozenten für Fundamentaltheologie Msgr. Giacomo Canobbio im Gespräch mit Radio Vatikan die Aussage, dass die Erlösung für alle Gottgläubigen – also auch für die Mitglieder anderer christlicher Konfessionen sowie die der großen Weltreligionen – möglich ist. Dies dürfte die Kritik bei vielen bisherigen Gegnern des Papsttums unter nichtkatholischen Gottgläubigen an der »nur Katholiken vorbehaltenen Erlösung nach dem Tod« verstummen lassen. Die hauptsächlichen Gegner von Jorge Bergoglio sind eher in seiner unmittelbaren Nähe und in jenen Schichten der katholischen Kirche zu finden, die einen Umschwung in lehramtlichen Fragen erwarteten. Auch die sogenannten Traditionalisten gehören zu den Feinden eines Papsttums, das »alte Zöpfe« höfischer Regeln abschneidet und sich nicht dem für einen Papst vorgeschriebenen Zeremoniell unterwirft.

Franziskus ist ein Erneuerer par excellence in Stil und Gesten. Die Fußwaschung auch muslimischer junger Gefangener durch den Papst am Gründonnerstag 2013 im Jugendgefängnis Casal del Marmo wirkte spektakulär. Bei näherem Hinsehen war dies jedoch eine Geste, die Jorge Bergoglio am feierlichen Tag der Erinnerung an die Einsetzung des Priestertums durch Jesus bereits in seiner früheren Diözese Buenos Aires ähnlich vollzogen hatte.

Die Substanz des in über zweitausend Jahren übermittelten katholischen Glaubensgutes und dessen Grundsätze in Fragen der Sexualmoral, der Bioethik und des Lebensschutzes von seiner Empfängnis an bis zu einem natürlichen Tod hat Franziskus bisher nicht angetastet. Nach Überzeugung des Vatikanexperten Sandro Magister handelt es sich dabei um eine »sehr wohl durchdachte und überlegte Unterlassung« (*L'Espresso*, 8. Juli 2013).

An die erwachsenen Gläubigen richtet Papst Franziskus ungewöhnliche und auch erstaunlich klingende Aufforderungen zur Annäherung an das Christentum. So zog er zum Beispiel am 10. Mai 2013 während der Frühmesse im Vatikanischen Gästehaus Santa Marta einen Vergleich heran, der offensichtlich dem Wortschatz eines ausgezeichneten Kochs entstammt: Christen dürften nicht wie »in Essig eingelegte Peperoni« in die Gegend blicken. Der Christ müsse stattdessen ein Zeuge wahrer Freude sein. Diese ergebe sich nicht aus den Umständen eines Augenblicks, sondern aus etwas Tieferem. »Sie ist ein Geschenk. Wenn wir die Heiterkeit in allen Augenblicken leben wollen, so verwandelt sie sich zum Schluss in Leichtigkeit und Oberflächlichkeit«, sagte er. Sie führe sogar zu einem ganz anderen Zustand, nämlich den des Mangels an christlicher Weisheit: »Sie macht uns ein wenig dämlich, naiv, nicht?« Alles ist Heiterkeit? »Nein! Die Freude ist etwas anderes. Sie ist ein Geschenk des Herrn, sie erfüllt von innen her. Sie ist gleichsam eine Salbung des Geistes«. Diese Freude erstehe aus der »Gewissheit, dass Jesus bei uns und beim Vater ist«. Der freudige Mensch sei ein sicherer Mensch, setzte Papst Franziskus hinzu.

Ein erstaunliches Foto hatte in den ersten Monaten des Pontifikats unter den vatikanischen Insidern die Runde gemacht: Papst Franziskus steht während der Generalaudienz mit erhobenem Daumen »in Siegerlaune« auf seinem Jeep. Die Papstgegner aus den Reihen des römischen Adels schüttelten den Kopf: »Auf dem Petersplatz geht es jetzt zu wie bei einem Fußballspiel im Olympiastadion beim Match Latium gegen Roma!«, sagte Markgraf Adorno Adorni im Gespräch mit der Autorin.

Ein Schlüsselelement dieses Pontifikats ist jedoch die persönliche Glaubwürdigkeit von Papst Franziskus. Er ist sich selbst treu. Mondäne Veranstaltungen waren ihm schon zu seiner Zeit als Erzbischof von Buenos Aires ein Gräuel. Er wollte nie Karriere machen. Als das Generalat der Gesellschaft Jesu in Rom ihn eine Zeit lang in brüsker Weise isolierte und absetzte – Jorge Bergoglio war damals der Superior der argentinischen Jesuiten-Provinz –, wusste er geduldig abzuwarten. Dazu Pater Peter Gumpel SJ im Gespräch mit der Autorin: »Ein ›übernatürlich‹ denkender Mensch war unter dem spanischen Jesuitengeneral Pedro Arrupe im Kielwasser des Zweiten Vatikanischen Konzils nicht gefragt.« Die Auswüchse zahlreicher Mitglieder des Jesuitenordens, die bereit waren, mit der Waffe in der Hand für eine vorrangige »Option der Armen« zu kämpfen, hätten dann ja auch zu einer Zeit bedingter kommissarischer Verwaltung der Gesellschaft Jesu geführt. Damals, 1981, war Pater Paolo Dezza SJ von Papst Johannes Paul II. als Bevollmächtigter für die Belange der weltweit verstreuten Jesuiten eingesetzt worden, erinnert Pater Gumpel. Ein päpstlicher Bevollmächtigter übe eine Vermittlerfunktion aus, erklärte er weiter. Doch welche Position nimmt heute der Papst aus

Lateinamerika gegenüber Initiativen für die Armen ein, die mit dem Marxismus verbündet sind? Auf diese Schlüsselfrage gab Erzbischof Müller in seiner Funktion als Präfekt der römischen Glaubenskongregation bei der Vorstellung der ersten Enzyklika von Papst Franziskus Anfang Juli 2013 eine aufschlussreiche Antwort: »Wie Papst Johannes Paul II. und Papst Benedikt XVI. ist Papst Franziskus für eine authentische Befreiungstheologie auf der Grundlage der katholischen Soziallehre, die nicht politisierend wirkt und fern von jeglicher falschen Ideologie wie der des Marxismus angesiedelt ist«. In Bezug auf den von dem deutschen Jesuiten Karl Rahner SJ während des Zweiten Vatikanischen Konzils »umgewandelten« Begriff der Befreiungstheologie stellte Müller klar, dass das soziale Engagement der katholischen Kirche niemals im Sinne des Marxismus interpretiert werden dürfe. Der Marxismus mache sich »einer falschen anthropologischen Auslegung der katholischen Soziallehre« schuldig. Der deutsche Theologe Romano Guardini und seine Thesen stellten in der Enzyklika *Lumen Fidei* einen »roten Faden der Kontinuität« im Gedanken von Papst Franziskus und dem emeritierten Papst Benedikt XVI. über das vom Glauben verbreitete Licht und die Weitergabe des Glaubens dar, sagte Erzbischof Müller auf die Frage der Autorin bei der Pressekonferenz am 5. Juli 2013.

Ein authentisches Zeichen für die Armen und Ausgegrenzten in der Welt hatte Papst Franziskus mit seiner ersten »Dienstreise« außerhalb Roms in Italien setzen wollen. Es handelte sich um eine spontane Geste, die auf eigene Initiative von Papst Franziskus zustande kam. Hier bewegte er sich erstmals nicht in den vorgegebenen Spuren seines Vorgängers auf dem Stuhl Petri für das von diesem ausgerufene »Jahr des Glaubens«. Ein besonderer Höhepunkt dieses besonderen Zwei-Päpste-Jahres schließlich dürfte die Heiligsprechung von Johannes Paul II. und Johannes XXIII. Ende Oktober oder Anfang November 2013 sein. Die Macht des polnischen Papstes währt auch über dessen Tod hinaus: Mit der für vorgesehenen Heiligsprechung von Papst Johannes Paul II. könnten Skandale vielfältiger Schattierung in die Tiefen des Gedächtnisses abgedrängt werden. »Subito Santo« – »Sofort heilig« – hatten die Gläubigen auf dem Petersplatz bei der Beerdigung von Papst Johannes Paul II. auf Spruchbändern und in Sprechchören gefordert. Nur acht Jahre nach seinem Tod am 2. April 2005 ist es nun so weit.[1]

Die Theologenkommission der Vatikanischen Kongregation für Selig- und Heiligsprechungen hat nach Informationen von »Affari italiani« am 18. Juni 2013 das zweite Wunder von Johannes Paul II. approbiert. Damit sind zwei auf die Fürbitte von Papst Johannes Paul II. erfolgte »unerklärliche Heilungen« offiziell anerkannt worden. Zuvor hatte bereits die Mediziner-kommission der Kongregation für die Selig- und Heiligsprechungen[2] durch eine Anerkennung des zweiten Wunders den Weg zur Heiligsprechung frei gemacht.

Dass Papst Franziskus im zweiten Heiligsprechungsverfahren Johannes XXIII. das nötige Wunder »erlassen« hat, eröffnet Spekulationen darüber, ob nicht in Zukunft die Wunder abgeschafft werden. Dazu äußerte der langjäh-rige Postulator in zahlreichen Selig- und Heiligsprechungen, der deutsche Pater Peter Gumpel SJ, im Gespräch mit der Autorin einige revolutionär anmutende Ideen. So ist Pater Gumpel aus drei schwerwiegenden Gründen der Überzeugung, dass Wunder als Voraussetzung für eine Selig- oder Heilig-sprechung abgeschafft werden sollten. Erstens: Die Kirche begibt sich hier auf ein Gebiet, auf dem sie nicht zuständig ist. Unter den Ärzten gebe es heute immer weniger Katholiken und immer mehr Atheisten. Der Jesuit: »Wie glaubwürdig kann die bisher notwendige ›göttliche Bestätigung‹ für ein Wunder sein, wenn diese von einem Arzt, der nichts glaubt, ausgestellt wird?« Als Präzedenzfall zugunsten seiner These zur Abschaffung von Wundern nennt Pater Gumpel den seligen Pater Rupert Mayer SJ, dessen Seligspre-chung am 3. Mai 1987 durch Papst Johannes Paul II. im Münchner Olym-piastadion erfolgt war. Auf die Fürbitte des Widerstandskämpfers gegen Adolf Hitler hin wurden Zehntausende von Gnadenerweisen in der Münch-ner Grabeskirche des mutigen und klugen Jesuiten registriert. Da nach wie vor aber kein Wunder nachzuweisen sei, sei die von vielen Gläubigen ge-wünschte Heiligsprechung »stecken geblieben«. Gumpel: »Für Pater Rupert Mayer findet sich wegen des Nichterfolgens eines Wunders keine Lösung.« Die Einführung von Wundern ist laut Pater Gumpel erst erfolgt, als man mit der »historischen Methode« nicht vorwärts kam. Erstere sei in eine Zeit ein-zuordnen, so der Historiker, in welcher Ärzte auf dem Niveau von »Badern« gewesen seien. Das Motto dieser für die Medizin dunklen Zeit war gewesen: »Dann kommt der Bader und lässt Dich zur Ader ...«

Das zweite Argument zugunsten der Abschaffung eines Wunders als Vorgabe zu einer Selig- und Heiligsprechung ist laut Pater Gumpel die Diskriminierung unter den Anwärtern aus den armen Entwicklungsländern. Die Ärztekommission, die für die göttliche Bestätigung eines Wunders eingeschaltet werde, kann den Worten des Jesuiten zufolge mit Hilfe der heutigen modernen Technologien wie zum Beispiel ultravioletten Strahlen völlig anders arbeiten als früher. Für die Bestätigung eines Wunders mit Hilfe einer fachärztlichen Expertise bedürfe es allerdings viel Geld. Das bedeutet: Wer als Familie oder als Ordenskongregation gut betucht sei und viele Spenden für die ersehnte Selig- oder Heiligsprechung aufbringen könne, treibe das Verfahren auf römischer Ebene schnell voran. Wer wenig Geld zur Verfügung habe wie zum Beispiel in Missionsgebieten arbeitende kleinere Orden, die ihren Gründer oder ihre Gründerin zur Ehre der Altäre erhoben sehen wollen, habe das Nachsehen. Ihre Verfahren werden oft auf die lange Bank geschoben. Zur Kostenfrage komme als drittes Argument hinzu, dass unter den hinzugezogenen Ärzten, vor allem unter denen italienischer Nationalität, vielfach korruptes Verhalten festgestellt werden musste. Pater Gumpel weiß, dass schon Papst Benedikt XVI. der Ansicht gewesen ist, dass in bestimmten Fällen eine Dispens von der Voraussetzung eines Wunders möglich sein müsse. Der Autorin ist im Fall der Heiligsprechung des im Exil verstorbenen österreichischen Kaisers Karl aus einer persönlichen Quelle in Deutschland bekannt, dass seinen Nachkommen als Spesen für die Heiligsprechung 50 000 Euro angefallen seien.

»Wunder gibt es schon«, schrieb Papst Franziskus in einem Tweet am 24. Mai 2013, »aber es bedarf des Gebets, eines mutigen Gebets, das kämpferisch ist, das beharrlich ist, nicht eines Gebets nur der Höflichkeit halber.«

1. Joseph Ratzinger – ein Papst wider Willen

Das Konklave von 2005

Der italienische TV-Meinungsmacher Giuliano Ferrara forderte 2012 im Zuge der Vatileaks-Affäre den Rücktritt des Papstes, weil er ganz offensichtlich die Fäden nicht in der Hand habe. Nach sieben Jahren Pontifikat stellte sich im Nachhinein die Frage, warum der Startheologe Joseph Ratzinger die Wahl zum Nachfolger Petri im vierten Wahlgang am 19. April 2005 überhaupt angenommen hatte. Wäre es nicht besser gewesen, Papst Johannes Paul II. hätte dem langjährigen hochverdienten Präfekten der römischen Glaubenskongregation rechtzeitig dessen Herzenswunsch erfüllt, als Bibliothekar und Archivar der heiligen römischen Kirche in aller Ruhe seinen theologischen Studien nachzugehen?

Während der dreiwöchigen Generalkongregationen im Vorfeld des Konklaves von 2005 hatte Kardinal Joseph Ratzinger seinem bayerischen Freund und Kardinalskollegen, Kardinal Augustinus Mayer OSB, anvertraut, sollte er gewählt werden, werde er nicht annehmen. Als die Autorin dieses Buches damals vom Vatikan-Korrespondenten der mexikanischen Nachrichtenagentur Notimex, Mario Osorio, um ein Interview ersucht wurde, gab sie ihm dieses Detail preis im Zusammenhang mit der Überlegung, dass ein deutscher Papst aufgrund der deutschen Geschichte wohl noch kaum möglich sei. Tags darauf flogen bei der Pressekonferenz von Vatikansprecher Joaquin Navarro-Valls die Fetzen: Die Information war aus Mexiko kommend den internationalen Vatikan-Journalisten bekannt geworden. »Ob er bestätigen könne, dass Kardinal Ratzinger nicht annehmen werde, wenn die Wahl auf ihn fiele?«, wollte Philipp Pulella von der englischen Agentur Reuters wissen. »Woher um Gottes Willen soll ich denn wissen, was Kardinal Ratzinger in diesem Fall machen will?«, antwortete Navarro-Valls unwillig.

Die Episode geriet in der allgemeinen Aufregung über das bevorstehende Konklave sofort in Vergessenheit. Erst nach der Papstwahl wurde sie wieder aktuell: Der neue Papst gestand bei einer immer wieder zitierten Audienz für deutsche Gratulanten am 25. April 2005: »Als langsam der Gang der Abstimmungen mich erkennen ließ, dass sozusagen das Fallbeil auf mich herabfallen würde, war mir ganz schwindelig zumute. Ich hatte geglaubt, mein Lebenswerk getan zu haben und nun auf einen ruhigen Ausklang meiner Tage hoffen zu dürfen. Ich habe mit tiefer Überzeugung zum Herrn gesagt: Tu mir dies nicht an! Du hast Jüngere und Bessere, die mit ganz anderem Elan und mit ganz anderer Kraft an diese große Aufgabe herantreten können. Da hat mich ein kleiner Brief sehr berührt, den mir ein Mitbruder aus dem Kardinalskollegium geschrieben hat. Er erinnerte mich daran, dass ich die Predigt beim Gottesdienst für Johannes Paul II. vom Evangelium her unter das Wort gestellt hatte, dass der Herr am See von Genezareth zu Petrus gesagt hat: Folge mir nach! Ich hatte dargestellt, wie Karol Wojtyła immer wieder vom Herrn diesen Anruf erhielt und immer neu viel aufgeben und einfach sagen musste: Ja, ich folge dir, auch wenn du mich führst, wohin ich nicht wollte. Der Mitbruder schrieb mir: Wenn der Herr nun zu Dir sagen sollte: ›Folge mir‹, dann erinnere Dich, was Du gepredigt hast. Verweigere Dich nicht! Sei gehorsam, wie Du es vom großen heimgegangenen Papst gesagt hast. Das fiel mir ins Herz. Bequem sind die Wege des Herrn nicht, aber wir sind ja auch nicht für die Bequemlichkeit, sondern für das Große, für das Gute geschaffen. So blieb mir am Ende nichts als Ja zu sagen. Ich vertraue auf den Herrn, und ich vertraue auf Euch, liebe Freunde. Ein Christ ist nie allein, habe ich gestern in der Predigt gesagt«, erinnerte Papst Benedikt XVI.[3]

Das kleine Brieflein hatte ihm während der Generalkongregationen vor dem Konklave ein wahrer Freund zugesteckt: Es handelte sich um seinen inzwischen verstorbenen bayerischen Mitbruder, Kardinal Augustinus Mayer OSB.[4]

Dass der Zettel von ihm stammte, wurde erst an dessen 95. Geburtstag bekannt. Abt Wolfgang Hagl OSB, Abt von Kloster Metten, enthüllte dieses von dem bescheidenen Kardinal Mayer stets verschwiegene Geheimnis während einer heiligen Messe für den Jubilar am 23. Mai 2006 in der Kirche des deutschsprachigen Päpstlichen Kollegs am Campo Santo Teutonico. Beide, Augustinus Mayer und Joseph Ratzinger, haben als junge Geistliche am Zweiten Vatikanischen Konzil teilgenommen und sich aufgrund ihrer langjährigen Erfahrung mit der Ewigen Stadt als »bayerische Wahl-Römer« verstanden. Wer kann schon der Verlockung widerstehen, Papst zu werden? Und denkt vielleicht in diesem aufregenden Augenblick der entscheidenden Frage: »Nimmst Du Dein Amt an?« der gewählte Papst etwa gleich daran, welche ungeheure Last und Verantwortung auf demjenigen liegt, der das Oberhaupt von weltweit 1,2 Milliarden Katholiken ist?

Nur der Papst selbst darf enthüllen, mit wie vielen Stimmen in welchem Wahlgang er gewählt worden ist. Und er könnte dementieren, wenn etwas Falsches über seine Wahl berichtet wird. Natürlich nur, wenn er dies will. Über die Wahl von Johannes Paul II. zum Beispiel hat dessen »großer Papstmacher«, der verstorbene Wiener Kardinal König, glaubwürdigen Aufschluss gegeben. Über die Wahl von Papst Benedikt XVI. am 19. April 2005 gibt es bisher lediglich die Enthüllungen der geo-politischen italienischen Zeitschrift *Limes* in einer Ausgabe von Ende September 2005. Dieser Text ist, in viele Sprachen übersetzt, um die Welt gegangen. Der italienische Vatikanexperte Sandro Magister erklärte mir gegenüber, die Wahrheit sei in diesen »Enthüllungen« von *Limes* verdreht worden, und einige Details richteten sich sogar gegen die Person Benedikts XVI. Magister hat die Angaben über die Wahl des deutschen Papstes mit Hilfe von Informationen aus den hohen Rängen im Vatikan auf ihren Wahrscheinlichkeitsgehalt hin untersucht und versucht, den »Informanten« zu entlarven. Am 7. Oktober 2005 schrieb Magister auf seiner Website[5], um die angeblichen »Gegenspieler« von Papst Benedikt XVI. im Konklave – die dem Jesuitenorden angehören – seien »merkwürdige Legenden« gerankt worden.

Der Vorgang: In einem von dem »Vaticanista« (Journalisten mit dem Spezialgebiet »Vatikan«) des italienischen staatlichen Fernsehsenders TG2, Lucio Brunelli, gezeichneten Artikel wurden Bruchstücke aus dem »Tagebuch eines hochstehenden Purpurträgers« mit dem angeblichen Ausgang der vier Wahlgänge, aus denen Papst Benedikt XVI. hervorgegangen war, veröffentlicht. Der Name des Kardinals wird nicht genannt. Die Tatsache, dass dieser die »schwerwiegende Verpflichtung« der Geheimhaltung über den Hergang der Papstwahl verletzt hatte, wird in *Limes* von Lucio Brunelli mit einem positiven Beweggrund gerechtfertigt: Der betroffene Purpurträger habe sich entschieden, Bruchstücke aus seinem Konklave-Tagebuch zu veröffentlichen, um »der Geschichte gerecht zu werden« und nicht, um einen Skandal zu entfachen. Der anonyme Autor widmet in seinem Tagebuch den formalen Prozeduren der Wahl große Aufmerksamkeit. Er gibt die Eidesformel, mit der die Kardinäle zu Beginn des Konklaves Geheimhaltung schwören, wortwörtlich wieder. Er beschreibt in »übertriebener Genauigkeit« die Art und Weise, wie die Wahlzettel in einer Urne niedergelegt werden und wie die Stimmen ausgezählt werden. Er widmet dann weiter große Aufmerksamkeit der (inzwischen von Papst Benedikt XVI. wieder aufgehobenen) Bestimmung, die besagt, dass eine Eindrittelmehrheit in der Lage wäre, den Weg zu einer Papstwahl zu versperren. Bis zu diesem Punkt sind die »Enthüllungen« des »Tagebuches« keine Überraschungen. Es geht um die Prozedur einer Papstwahl, die jeder heute in der (in allen wichtigen Sprachen verfügbaren) Apostolischen Konstitution *Universi Dominici Gregis*, mit der 1996 die Konklave-Bestimmungen von Papst Johannes Paul II. festgezurrt wurden, nachlesen kann. Im Gegensatz zu den vergangenen Papstwahlen ist die große Neuheit dieser Regeln des kanonischen Rechts die Möglichkeit, welche den Kardinälen eingeräumt wird, das Quorum herabzusetzen: Mit einer «Zweidrittelmehrheit plus eins» könnte mit einfacher Mehrheit nach 34 »unergiebigen« Wahlgängen eine Entscheidung getroffen werden. Mit der Festschreibung der Regeln in *Universi Dominici Gregis* hatte Karol Wojtyla in erster Linie einen Kardinal beauftragt, der Experte in Kirchenrecht ist: Kardinal Mario Francesco Pompedda, Präfekt des Obersten Gerichtshofes der Apostolischen Signatur, am 17. Oktober 2006 in Rom verstorben. Pompeddas Wille sei es gewesen, dass den Kardinälen die Möglichkeit eingeräumt wurde, das Quorum herabzusetzen (die Neuerung wurde sofort von vielen Seiten innerhalb des »Senats der Kirche« heftig kritisiert). Nicht bestätigten

Stimmen zufolge, hebt Sandro Magister hervor, soll es Kardinal Pompedda gewesen sein, der dem »Vaticanista« Brunelli die Möglichkeit gegeben hatte, das umstrittene Tagebuch in *Limes* zu veröffentlichen. Laut Sandro Magister enthält das Tagebuch Irrtümer, die einem Kirchenrechtler nicht unterlaufen dürften. Beispielsweise werde der langjährige Generalvikar der Diözese Rom, Kardinal Camillo Ruini, in dem Tagebuch fälschlicherweise als »schon Apostolischer Vikar Seiner Heiligkeit« bezeichnet. Das sei falsch, präzisiert Magister. Denn der Generalvikar von Rom verliere beim Tod eines Papstes seine Leitungsfunktion nicht, sondern regiere weiterhin die Diözese Rom. Schon dieses falsche Detail lasse an der historischen Glaubwürdigkeit und Bedeutung des Tagesbuches Zweifel aufkommen.

Nach Überzeugung von Sandro Magister verfolgte der Kardinal vielmehr eine äußerst »militante Absicht«: Er wollte aufzeigen, dass der Sieg von Joseph Ratzinger keineswegs in einer Art »Volksabstimmung« zu dessen Gunsten erfolgt war, sondern dass dieser bis zum letzten Augenblick in Zweifel gestellt gewesen sei. Der Purpurträger sei der Auffassung gewesen, dass Joseph Ratzinger durch seine Position als Dekan des Kardinalskollegiums zur Zeit des Todes von Johannes Paul II. »in ungebührlicher Weise« begünstigt worden sei, und dass die Zeit eher für einen »neuen« Papst, am besten aus Lateinamerika kommend, reif gewesen wäre. Weiter sei der Kardinal der Meinung gewesen, dass der heutige Benedikt XVI. das Amt des Oberhaupts der katholischen Kirche aus Alters- und anderen Gründen nicht hätte annehmen dürfen. Die Zahlen der Wahl lauten den Tagebuchenthüllungen zufolge: Joseph Ratzinger erhielt bei 115 Papstwählern 47 Stimmen im ersten Wahlgang, 65 Stimmen im zweiten Wahlgang, 72 Stimmen im dritten Wahlgang und 84 im vierten Wahlgang.

Der Autor des Tagebuches setzte laut Magister einen falschen Akzent hinsichtlich der Ursache für die atemberaubende Geschwindigkeit, mit dem der Hergang der Wahl sich auf den langjährigen Präfekten der römischen Glaubenskongregation konzentrierte. Das »gesteigerte Tempo« hatte er den angeblich immer stärker gegen die Wahl von Joseph Ratzinger wirkenden »Gegenspielern« des deutschen Kandidaten aus dem Jesuitenorden zugeschrieben: Dabei handelte es sich nach den Angaben des spektakulären Tagebuchs um den im August 2012 verstorbenen langjährigen Erzbischof von Mailand und berühmten Bibelwissenschaftler Kardinal Carlo Maria Martini SJ sowie um den argentinischen Kardinal Jorge Mario Bergoglio SJ und Erzbischof von Buenos Aires. Der Tagebuchautor behauptet, Kardinal Martini habe im ersten Wahlgang einige Stimmen auf sich vereinen können, nämlich neun. Er soll aber in der Oppositionsgruppe bis zum letzten Moment gegen Joseph Ratzinger aktiv gewesen sein und zwar gemeinsam mit den Kardinälen Karl Lehmann, Erzbischof von Mainz, und Godfried Danneels, dem belgischen Primas und Erzbischof von Mechelen-Brüssel. Um die »progressiv denkenden« Kardinäle hätten sich auch einige US-amerikanische und lateinamerikanische wie auch einige Angehörige der römischen Kurie geschart. Bergoglio konnte gemäß der anonymen Tagebuch-Aufzeichnungen wesentlich mehr Stimmen auf sich vereinen als Kardinal Martini: 10 Stimmen im ersten Wahlgang, 35 im zweiten, 40 im dritten und 26 im vierten Wahlgang.

Dann schreibt der Autor der Aufzeichnungen über den angeblichen Ratzinger-Gegenkandidaten: »Ich blicke ihm nach, wie er nach vorne geht, um am Altar der Sixtinischen Kapelle seinen Wahlzettel in die Urne zu legen: Er hält bei der Stimmabgabe den Blick fest auf Jesus gerichtet, der die Seelen am Ende der Zeit richtet. Er blickt leidvoll hinauf, als wolle er Gott beschwören: ›Oh Herr, tue mir das nicht an‹.«

Der Wiedergabe des Purpurträgers zufolge wurde Bergoglio nicht mit der Absicht gewählt, ihn zum Oberhaupt der katholischen Kirche zu machen, sondern »um die Patt-Situation zu schaffen, die zu einer Rücknahme der Kandidatur Ratzingers führt«. Mit 40 Stimmen im dritten Wahlgang für Bergoglio wäre dieser Zweck »zum Greifen nahe gerückt«, ist zu lesen: »Morgen wird es große Neuigkeiten geben«, flüstert Kardinal Martini mit einem sybillinischen Lächeln einem seiner Mitbrüder in der Mittagspause zu. Als dieser Aufklärung erbittet, worum es sich handele, vertraut Martini ihm an, er sehe einen Kandidatenwechsel für den Morgen des kommenden Tages voraus.

Doch genau dies geschieht nicht: Am Nachmittag desselben Tages wird Joseph Ratzinger zum Papst gewählt und der anonyme Schreiber registriert die Tatsache, dass er die Wahl angenommen hat, mit schlecht verhohlener Enttäuschung. Er erinnert an die Art und Weise, in der Ratzinger in der Zeit des sogenannten Interregno, der Zeit, in der der Papststuhl vakant ist, seiner

Funktion als Dekan des Kardinalskollegiums nachgekommen ist. Gleichzeitig merkt er an, einige Purpurträger seien angesichts eines möglichen Interessenkonflikts des Dekans des Kardinalkollegiums perplex gewesen. Sie waren der Meinung, dass der damalige Kardinal Ratzinger als Dekan nicht gleichzeitig als »papabile« (papstbar) hätte wählbar sein dürfen. Um eine ähnlich »unannehmbare Situation« in Zukunft zu vermeiden, schlagen einige Kardinäle vor, das Amt des Dekans einem Kardinal zu übertragen, der aufgrund der bereits überschrittenen Altersgrenze von 80 Jahren von der Teilnahme an einem Konklave und damit auch von einer Papstwahl ausgeschlossen ist.

Der anonyme Tagebuch-Schreiber in *Limes* ist nicht der Erste, der in dem Jesuiten Bergoglio den als Alternative zu Joseph Ratzinger am häufigsten gewählten Kandidaten für das Amt des Papstes im Konklave von 2005 ausgemacht hat. Andere Quellen verweisen als größten Kontrahenten Ratzingers auf Kardinal Martini, der die meisten Stimmen der oppositionellen Gruppe auf sich vereinen konnte. Einigen dieser nicht bestätigten Informationen zufolge soll Martini in den ersten zwei oder drei Wahlgängen die gleiche Stimmenzahl wie er erhalten und diesen sogar noch an Stimmen überholt haben. Dann soll er sich jedoch aus dem Rennen zurückgezogen und damit den Weg für die Papstwahl von Joseph Ratzinger frei gemacht haben. Diese Version verficht der italienische Historiker und Bestsellerautor Alberto Melloni in seinem Buch *Das Konklave* (2005).

In *Der Aufstieg von Benedikt XVI.* verwirft der amerikanische Journalist John L. Allen Jr. beide Versionen unter Berufung auf die angeblichen Zeugenaussagen von acht Kardinälen, denen zufolge Joseph Ratzinger im Konklave vom April 2005 keinen einzigen wirklichen Kontrahenten hatte. Zwar habe Bergoglio einige Stimmen auf sich vereinen können, ohne jedoch in irgendeiner Form einen wahren Gegenspieler darzustellen. Dazu meint Sandro Magister: »Bergoglio war schon vor der Papstwahl ein entschiedener Befürworter der Wahl von Joseph Ratzinger, und wurde gegen seinen Willen gewählt. Außerdem sei ihm ebenfalls gegen seinen Willen das Etikett des ›Progressiven‹ aufgedrückt worden, welches in keinster Weise seinen eigenen Überzeugungen entsprach.«

Dass widersprüchliche Versionen über den Fortgang der Papstwahl im April 2005 im Umlauf sind, auch wenn diese sich auf Aussagen von Kardinälen stützen, brauche nicht zu verwundern, so Magister. Das älteste Konklave, über das es wahrhaft dokumentarische Quellen gebe, sei das des Jahres 1903, als Papst Pius X. gewählt wurde. Von den folgenden Papstwahlen würden nur teilweise Rekonstruktionen existierten, die größere oder kleinere Zweifel belassen. Auch die Angaben über das Konklave, in dem Papst Johannes Paul II. gewählt wurde, seien als unsicher einzuordnen. Es handelt sich laut Magister meistens um Hypothesen. Je näher die Papstwahlen zeitlich sind, desto mehr entsprechen Rekonstruktionen den Erwartungen oder Berechnungen derer, die solche veröffentlichen. Wer am beredtesten auftrete, dessen These brauche nicht die objektivste oder die glaubwürdigste zu sein. Im Vorfeld einer Papstwahl gebe es immer Prognosen, die sich dann als völlig aus der Luft gegriffen erweisen würden, meint Magister. In diesem Zusammenhang verweist er auf einen im Vorfeld als »papabile« hervorgehobenen Kandidaten auf das höchste und schwerste Amt in der Kirche, der im Konklave dann nur zwei Stimmen erhalten habe: »Hier stimmten alle Indiskretionen überein«, resümiert der Vatikanexperte. Es handelt sich um den Erzbischof von Mailand, Kardinal Dionigi Tettamanzi. Ihm hatten die Kardinäle sicherlich übelgenommen, dass er sich nicht mit dem Bischofsstuhl in Genua begnügt hatte. In der Endzeit des Pontifikats von Papst Johannes Paul II. schaffte Kardinal Tettamanzi es, nach der Annahme des Rücktritts von Kardinal Martini durch den gebrechlichen Papst einen Präzedenzfall zu schaffen. Er ließ sich aus der prestigereichen Seefahrer-Diözese Genua auf den wohl ältesten Bischofssitz der Welt versetzen, nämlich auf den des heiligen Ambrosius in Mailand.

Und wen wählte Joseph Ratzinger? Nach natürlich nicht bestätigten Berichten wählte er im Konklave, aus dem er selbst später als Papst hervorging, den Erzbischof von Bologna, Kardinal Giacomo Biffi, den er wegen dessen klaren Stellungnahmen zugunsten des Lebensschutzes hoch schätzte. Als Kardinal Biffi dann während eines Abendessens im hermetisch abgeriegelten Gästehaus *Santa Marta* ärgerlich sagte: »Ich würde aber schon sehr gerne wissen, wer mir da in allen vier Wahlgängen seine Stimme gegeben hat, dem würde ich gerne den Kopf waschen« – er schämte sich, nur jeweils eine einzige Stimme erhalten zu haben –, da amüsierten sich die anderen Kardinäle, die

26

dies hörten, und meinten: »Das war der nächste Papst, der dir seine Stimme gegeben hat«.

Papst Benedikt XVI.: Behutsamkeit, Klugheit und Treue

Die überraschende Ankündigung des Rücktritts von Papst Benedikt XVI. erschütterte die Welt. Wie der Münchner Erzbischof und Kardinal Reinhard Marx beim Jahresempfang seines Bistums am 10. Juli 2013 erzählte, habe der aus Bayern stammende Papst beim persönlichen Abschied humorvoll zu ihm gesagt: »Das war eine Bombe, gell?« Die des Latein kundige Korrespondentin der nationalen italienischen Nachrichtenagentur *Ansa*, Giovanna Chirri, hatte am Montag, den 11. Februar 2012, als Erste die Tragweite der schockierenden Nachricht verstanden und diese verbreitet: Um 11.46 Uhr meldete sie nach kurzer Rücksprache mit Vatikansprecher Pater Federico Lombardi SJ den Rücktritt von Papst Benedikt XVI. in einer Eilmeldung: »Papa lascia pontificato dal 28/2« (»Der Papst gibt sein Amt am 28.2. auf«). Zur gleichen Zeit twitterte Giovanna Chirri: »B16 si e dimesso.« (»Benedikt XVI. ist zurückgetreten.«)

Der deutsche Papst hatte für die Ankündigung seines Rücktritts ein *Konsistorium* – das heißt eine Kardinalsversammlung – gewählt. Dabei sollte über die Heiligsprechung von 800 Märtyrern aus der süditalienischen Stadt Otranto entschieden werden, die 1480 von den osmanischen Truppen wegen ihrer Glaubenstreue ermordet worden waren. Diese von Benedikt XVI. am 11. Februar 2013 angekündigte Heiligsprechung (Erhebung »zu Ehren der Altäre«) von Antonio Primaldo und seinen Gefährten ist inzwischen von Papst Franziskus am 12. Mai bei der ersten Heiligsprechung seines Pontifikats vollzogen worden.

Ein Fazit der fast achtjährigen Amtszeit von Papst Benedikt XVI. ist vielleicht am besten mit dem Wort Behutsamkeit zu kennzeichnen. Die Kriterien, mit denen Papst Benedikt XVI. seit seiner Amtseinsetzung am 22. April 2005 als Oberhaupt der katholischen Kirche das Erbe von Karol Wojtyla verwaltet hat, werden in seinem Papstwappen proklamiert: Mitarbeiter der Wahrheit und Treue zu den eigenen Grundsätzen sowie denen seines Vorgängers. Papst Johannes Paul II. hatte seinem engsten Vertrauten, dem langjährigen Präfekten der römischen Glaubenskongregation, nach 27 Jahren Pontifikat und sieben Jahren schwerster Krankheit eine Kirche hinterlassen, die Kardinal Joseph Ratzinger in seinen Karfreitags-Meditationen 2005 als »Barke voller Schmutz« bezeichnete. Als Karol Wojtyla am Vorabend des Festes des göttlichen Barmherzigkeit, dem 2. April 2005, die Augen für immer schloss, fragten sich die Vatikanjournalisten: Was für eine Kirche hinterlässt der verstorbene Papst seinem Nachfolger, wer dieser auch immer sein mag? Dieselbe Frage stellte sich nun im März 2013: Was für eine Kirche hinterlässt Benedikt XVI. seinem Nachfolger? Und was für eine römische Kurie nach dem Annus horribilis 2012?

Fünf Jahre nach Pontifikats-Beginn des deutschen Papstes waren viele verborgene alte Wunden aufgebrochen, die dieses Pontifikat ebenso prägten wie die negativen Auswirkungen einer immer gottloser werdenden Zeit. Mit seinem Vorgänger Johannes Paul II. hat Benedikt XVI. viele gemeinsame Leitlinien erstellt, die für ihn nicht verhandelbar waren: Vor allem anderen war es der Lebensschutz vom Beginn der Empfängnis an bis zum natürlichen Tod, der als unantastbarer Wert gegen den Strom der Zeit erhalten bleiben soll. Das Bestehen auf dem Sakrament der Ehe und der Familie als einer der wichtigsten Grundlagen der Gesellschaft verband die beiden Päpste ebenso stark wie die Abneigung gegen den Atheismus, den Benedikt XVI. 2009 in seiner dritten Enzyklika *Caritas in veritate* (*Die Liebe in der Wahrheit*) als wahren Verlierer gebrandmarkt hat.

Benedikt XVI. war und ist ein Gegner der Gentechnik, die er im Widerspruch zur göttlichen Schöpfung sieht: »… sich an Gottes Stelle zu setzen, ohne Gott zu sein, ist die dümmste Arroganz, ist das gefährlichste Abenteuer.« Genmanipulation geißelte Benedikt XVI. im Rahmen der Osterwoche 2006 einmal öffentlich als »Sünde«. Elf Tage vor seinem Rücktritt am 28. Februar 2013 schließlich bezeichnete der Papst in seiner Katechese das Machtstreben von heute als »Werk des Teufels«. Er hob hervor, Gott dürfe nicht zur Verfolgung eigener Interessen instrumentalisiert werden.

Für spektakuläre Gesten der Entschuldigung hatte Papst Benedikt XVI. hingegen nicht so viel übrig wie sein Vorgänger. Er war eher der Ansicht, dass viele schreckliche Geschehnisse aus der kirchlichen Vergangenheit wie die Kreuzzüge oder die Inquisition nur schwerlich mit den heutigen Augen und aus heutiger Sicht begreifbar sind und besser durch Analysen der Historiker eingeordnet werden. Der deutsche Papst hatte in Auschwitz während seiner Polenreise im Mai 2006 gerufen: »Wo war Gott?«, und die Frage aufgeworfen, wie die teuflischen Machenschaften und das Verbrechertum des nationalsozialistischen Terrorregimes mit stiller Komplizenschaft des deutschen Volkes möglich sein konnten. Als er während seiner historischen Reise ins Heilige Land im Mai 2009 die Nationalsozialisten nicht erneut als Verursacher des Holocaust an den Pranger stellte und sich nicht entschuldigte, hagelte es Kritik von Seiten des Judentums. Doch an Kritik hatte sich der Papst aus Bayern gewöhnen müssen. Er hatte mit Behutsamkeit die Verantwortlichen in den hohen Rängen der römischen Kurie erst nach und nach ausgetauscht, damit keiner, der von Johannes Paul II. in eine leitende Funktion eingesetzt wurde, sein Gesicht verliert. So beispielsweise den ehemaligen Präfekten der Vatikanischen Bischofskongregation, Kardinal Giovanni Battista Re. Der langjährige, mächtige vatikanische Innenminister unter Papst Johannes Paul II. hatte es an Kontrolle bei der Berufung des neuen Erzbischofs von Warschau, dem Nachfolger von Primas Glemp, mangeln lassen. Diese Ernennung musste zurückgenommen werden, als sich herausstellte, dass der kirchliche Würdenträger aus Polen mit dem polnischen Geheimdienst zu tun gehabt hatte. Die Panne war dem unschuldigen Papst in die Schuhe geschoben worden. Ein weiterer, folgenschwerer Fehler unterlief Kardinal Re und seinem Kurienkollegen Kardinal Castrillon Hoyos, absichtlich oder unabsichtlich, bei der Zurücknahme der Exkommunikation von vier Bischöfen der traditionalistischen Piusbruderschaft durch Papst Benedikt XVI. Diese waren 1986 von dem Begründer der Piusbruderschaft, dem französischen Erzbischof Marcel Lefebvre, ohne päpstliche Erlaubnis geweiht worden. Im Vorfeld der Exkommunikationsrücknahme, im Jahr 2009, hätten die Kardinäle und ihre Mitarbeiter unbedingt klären müssen, wie die Haltung der vier Bischöfe zu kirchlichen und auch politischen Themen ist. Dies taten sie nicht und so nahm der »Fall Williamson« seinen unrühmlichen Verlauf, in dessen Folge der deutsche Papst massiv beschädigt wurde. Die Behutsamkeit, mit der Benedikt XVI. die nicht aufgearbeiteten innerkirchlichen Probleme der Kirchenspaltung mit den »Piusbrüdern« lösen wollte, wurde missverstanden und bewusst gegen ihn ausgeschlachtet. Der berühmte »antirömische Affekt« ist in Deutschland, dem Ursprungsland der »Reformation«, lebendiger denn je.

Mit Behutsamkeit – einem nur sehr schwer in andere Sprachen zu übersetzenden deutschen Begriff – hat Benedikt XVI. die Beziehungen zu den mit der römisch-katholischen Kirche verbundenen Ostkirchen wie auch mit den orthodoxen Kirchen gepflegt. Hier kann der deutsche Papst auf große Erfolge zurückblicken, auch wenn die Kernfrage der vollen Einheit mit den orthodoxen Kirchen – ein nach und nach vollzogener Verzicht des Oberhauptes der katholischen Kirche auf den »Primat« – wohl noch einiger Jahrzehnte an Gesprächen in den dazu eingesetzten gemischten Kommissionen bedarf.

Mit Behutsamkeit hat Benedikt XVI. auch nach der bewusst missverstandenen »Regensburger Rede« im September 2006 die Beziehungen mit Vertretern des Islam gepflegt. Ohne diese bedeutende Rede und den darauf folgenden Austausch mit den Vertretern des Islam wäre sein Besuch in der Blauen Moschee in Istanbul am 30. November 2006 während der Türkeireise nicht möglich gewesen.

Papst Benedikt XVI. hat die Menschen, die mit offenen Ohren und Herzen seine Katechesen während der Generalaudienzen verfolgten und seinen Worten während der Angelusgebete am Sonntag lauschten, in seinen Bann geschlagen. Wer in seiner eigenen Pfarrei das Sonntagsevangelium gehört hat und Gelegenheit fand, die Auslegung des Theologen-Papstes dazu zu vernehmen, fühlte sich ebenso bereichert. Genauso wie diejenigen unter den katholischen und nichtkatholischen Gläubigen, die das Jesus-Buch des Papstes und seine Enzykliken, wenn auch nur in Auszügen, gelesen haben.

»Ein neuer Papst ist meistens eine Alternative zu seinem Vorgänger.« Dies hat sich auch bei Johannes Paul II. und seinem deutschen Nachfolger bewahrheitet, der einmal als ein großer Kirchenlehrer an der Seite des heiligen Thomas von Aquin in die Kirchengeschichte eingehen könnte. So sehr die beiden Päpste des beginnenden 21. Jahrhunderts miteinander in Bezug auf die notwendige Einhaltung der in über zweitausend Jahren gewachsenen Lehre der Kirche übereinstimmen, so verschieden sind sie in ihrer Art: Der Erstere war charismatisch und ein politischer Draufgänger, der Letztere pragmatisch, nüchtern und diszipliniert. Beiden ging es mehr um den Zusammenhalt der Weltkirche als darum, Meilensteine zum Beispiel im Dialog mit den Lutheranern zu setzen. Die Bischöfe aus aller Welt und Besucher in den hohen Rängen des Apostolischen Palastes lobten stets die ungeheure Aufmerksamkeit, mit der Benedikt XVI. zuzuhören wusste.

Karol Wojtyla und Joseph Ratzinger unterschieden sich in ihrer Sichtweise über innerkirchliche Vorgänge. Wo der langjährige oberste Hüter der katholischen Glaubenslehre Strenge einforderte, plädierte Karol Wojtyla gerne für Nachsicht: Er glaubte und hoffte immer, die Menschen könnten sich noch ändern. Papst Benedikt XVI. war ein Mann der Vorsicht, was Veränderungen anbelangte, und ein Mann der Zuversicht, was die Hoffnung von 1,2 Millionen katholischen Gläubigen auf ein ewiges Leben betrifft. Es wird viele geben, die Papst Benedikt XVI. vermissen werden: 50 000 Menschen hatten beim Angelusgebet auf dem Petersplatz am Sonntag, 17. Januar 2013 in Sprechchören wie im Fußball-Stadion gerufen: »Ri-ma-ni!!!« (Bleibe!!!). Dieser Moment wird unvergessen bleiben.

2. Das Konklave von 2013: Die Wahl Jorge Mario Bergoglios

Das Vorkonklave

Woher bezieht eine Journalistin ihre Informationen? Welche Kriterien sind ausschlaggebend für die Einordnung der Nachrichtenflut während eines Konklaves und in dessen Vorfeld? Für die Autorin selbst ist der Kontakt mit den ausländischen Kollegen im Verein der Auslandspresse wie auch mit den italienischen Vatikanexperten und auf den Vatikan spezialisierten Auslandskorrespondenten im Vatikanischen Pressesaal wichtig. Fast jeder der Kollegen kennt einige Kardinäle innerhalb der römischen Kurie oder aus seinem Herkunftsland persönlich. Die »Insider« flüstern sich hinter vorgehaltener Hand zu, wer ihrer Meinung nach die besten Chancen bei der kommenden Papstwahl hat. Wer kein Italienisch versteht und niemanden kennt, ist beim Spekulieren über den neuen Papst von vornherein außen vor. Jeder Papstwähler wird von seinen Landsleuten mit Argusaugen verfolgt. Wo er auftaucht oder öffentlich auftritt, fangen die Mikrofone und die Linsen von hochkarätigen Kameras jedes Wort und jede Geste ein. Als der französische Kardinal Philippe Barbarin zum diesjährigen Vorkonklave (Vorversammlung) in der Synodenaula mit dem Fahrrad in den Vatikan einfährt, wird er von den Journalisten beinahe zu Fall gebracht. Die Erfahrung des Konklaves von 2005 und die langjährige Erfahrung als Rom-Korrespondentin erleichterten mir die Unterscheidung zwischen zuverlässigen Informationen und Klatsch. Kommunikation und Solidarität unter den internationalen Kollegen, sich untereinander nicht als Konkurrenz betrachten, sind bei der Auswahl von Informationen maßgeblich. Die Gruppe der deutschsprachigen Kollegen ist hingegen in der Regel für den Informationsfluss eher unerheblich, da sie zu sehr unter sich »glucken«.

Während des Vorkonklaves blieb der Name Jorge Bergoglio im Verborgenen. Er fiel erst am 13. März 2013 zwischen 17 und 18 Uhr im Vatikanischen Pressesaal. Ich hatte den Erzbischof von Buenos Aires bereits in meinem für das Konklave 2005 als Taschenbuch neu aufgelegten Bestsellers *Die Papstmacher* als »aufsteigenden Stern am Paphimmel« porträtiert. In den aufregenden Wochen vor der Papstwahl lag ich jedoch falsch. Meine Kandidaten waren zwei »Outsider« im Kardinalskollegium, die in der römischen Kurie über keinerlei Rückendeckung verfügen: Es handelte sich um einen der sogenannten großen Papstwähler von Papst Franziskus aus Lateinamerika, den aus Honduras gebürtigen Kardinal Rodriguez Maradiaga, und um den libanesischen Patriarchen Kardinal Bechara Rai. Die italienischen Vaticanisti setzten auf die schon von jeher als »Papabili« genannten Purpurträger: auf Kardinal Angelo Scola, Erzbischof von Mailand, sowie auf den Kanadier Kardinal Marc Quellet, den Präfekten der vatikanischen Bischofskongregation. Es wird turbulent, als die Namen von zwei amerikanischen Kardinälen – Kardinal Timothy Dolan (Erzbischof von New York) und Kardinal Sean O'Mallay (Erzbischof von Boston) – ins Spiel gebracht werden. Ein Vormarsch der Amerikaner, der Weltmacht USA, auch im Vatikan? Als der Vatikanexperte Sandro Magister als erster Journalist in seinem Blog den beiden amerikanischen Kardinälen gute Chancen einräumt, wird er von einem besorgten Botschafter Israels am Heiligen Stuhl zu einem Gespräch gebeten.

Immer wieder taucht vor allem von Seiten amerikanischer Journalisten die Frage auf, ob die Kardinäle während des Vorkonklaves über die beiden Reizthemen diskutiert hätten, die offensichtlich neben Altersproblemen Motive für den Rücktritt von Joseph Ratzinger gewesen waren: die Querelen um die Vatikanbank IOR und das 300-seitige Dossier, das von den drei »Detektiv-Kardinälen« Herranz, Tomko und de Giorgi im Fall Vatileaks im Juli 2012 dem deutschen Papst übergeben worden war. Hier waren die Machenschaften der Hintermänner des päpstlichen Kammerdieners Paolo Gabriele mit den in Latein umschriebenen Schlüsselworten »Unzucht« und »Korruption« charakterisiert worden. Robert Moynihan, Verleger der amerikanischen Monatszeitschrift *Inside the Vatican*, forderte sofort nach Bekanntwerden eines Auszugs aus diesem Dokument in der italienischen Zeitschrift *Panorama* auf seinem Blog, das gesamte Dossier müsse der Öffentlichkeit zugänglich gemacht werden. Ein Kollege aus deutschen Landen meinte dazu im Gespräch mit der Autorin, der italienische Enthüllungsjournalist Gianluigi Nuzzi habe dieses Dokument sicherlich bereits zugespielt bekommen. Man warte mit einer Veröffentlichung der Schrift nur aus Respekt vor dem emeritierten Papst Benedikt XVI. Das Dokument soll jedoch in Panzerschränken aufbewahrt werden und nur den beiden Päpsten bekannt sein.

Bei den Briefings zur Vorbereitung des Konklaves gab es eine zeitraubende Neuheit: Noch vor den Journalistenfragen wurden von Pater Lombardi SJ, dem Direktor des Vatikanischen Pressesaals, alle auf Italienisch gegebenen Informationen zunächst auf Englisch, Französisch und Spanisch wiederholt. Eine weitere Novität: Erstmals sind den Journalisten aus aller Welt die Wahlurnen und die legendären Öfchen, in denen nach erfolgter Wahl die Wahlzettel verbrannt werden und so der schwarze oder weiße Rauch erzeugt wird, in einem vom vatikanischen Fernsehen CTV gedrehten Streifen vor Augen geführt worden. Am Samstag vor Konklavebeginn am Montag, 12. März hatten alle akkreditierten Kollegen das Privileg, den Wahlort in der Sixtinischen Kapelle persönlich in Augenschein zu nehmen. Die Handwerker der vatikanischen »Floreria« (dem »Möbellager«) legten an diesem Tag noch letzte Hand an: So musste etwa der Boden im Vorraum der Sixtinischen Kapelle vor dem großen Gitter zum Altarraum hin dem leicht erhöhten Niveau innerhalb der Kapelle noch durch eine Holzauflage angeglichen werden.

Während der Erläuterungen von Pater Lombardi über das allmähliche Eintreffen der einzelnen Papstwähler und den Fortgang der Generalkongretationen im Vorkonklave wurde auch die Geheimhaltung thematisiert. »Werden die Kardinäle mit einem Scanner wie am römischen Flughafen Fiumicino nach Handys oder anderen elektronischen Geräten durchsucht?«, lautete eine Frage der Autorin. »Nein«, antwortete Pater Lombardi. Man setze volles Vertrauen in die Papstwähler, dass sie das zu Beginn der Papstwahl abgelegte feierliche Gelübde der absoluten Vertraulichkeit über die Vorgänge während des Konklaves einhalten.

Der Konklave-Beginn war auf Montag, 12. März festgesetzt worden, nachdem die 115 Papstwähler vollzählig in Rom eingetroffen waren.

»Habemus Papam!«

Die Schlüsselposition für die Organisation der Papstwahl von Franziskus im März 2013 hatten zwei Italiener, aber auch ein liberaler Franzose inne: Sie hatten im Vorkonklave, den sogenannten Generalkongregationen, und auch während der Papstwahl in der Sixtinischen Kapelle das Sagen. Die aufregende Aufgabe, von der Benediktionsloggia an der Fassade des Petersdoms die feierliche Ankündigung »Habemus Papam!« (Wir haben einen Papst!) zu machen, war dem französischen Kardinal Jean-Louis Tauran (Jahrgang 1943) zugefallen. Der kluge Vatikandiplomat und langjährige Vatikanische Außenminister zählte zu den heftigsten Kritikern der Vatikanischen Außenpolitik unter dem Pontifikat von Papst Benedikt XVI. Nach der Ankündigung »Habemus Papam« folgte die lateinische Namensbezeichnung »Eminentissimum et Reverendissimum Dominum, Dominum …« (den sehr hervorragenden und sehr ehrwürdigen Herrn, Herrn …). Nach der Nennung des Vornamens von Jorge Bergoglio setzte brausender Beifall ein, obwohl die auf dem Petersplatz versammelten Gläubigen den neuen Papst zum großen Teil gar nicht kannten. Erwartet worden war als neuer Papst allgemein nach zwei Ausländern auf dem Stuhl Petri ein Italiener: der Erzbischof von Mailand, Kardinal Angelo Scola.

Der Ehrenvorsitzende des Kardinalskollegiums und langjährige Kardinalstaatssekretär unter Papst Johannes Paul II., Angelo Sodano, hatte wie der zurückgetretene Papst Benedikt XVI. vor seiner Wahl 2005 als Dekan die Generalkongregationen im März 2013 geleitet. Als Dekan wäre es bei einem möglichen Tod des Papstes von Amts wegen auch seine Aufgabe gewesen, den Vorsitz während der Trauerfeierlichkeiten des verstorbenen Pontifex zu übernehmen. Kardinal Sodano (Jahrgang 1927) gilt als »Gegenspieler« des zurückgetretenen deutschen Papstes und auch des neuen Papstes Franziskus. Er hätte gerne den von der Kurie geförderten brasilianischen Kardinal Odilo Scherer auf dem Stuhl Petri gesehen. Den Verlust der ihm eigenen Macht in den letzten sieben Pontifikatsjahren von Johannes Paul II. hatte Sodano nicht ertragen können. Aufgrund seines Alters mit über 80 Jahren hatte Sodano am Konklave 2013 ebenso wenig wie der zurückgetretene Papst Joseph Ratzinger teilnehmen können. Kardinal Sodano, der »Unantastbare«, ist nach Informationen der Autorin der heimliche Drahtzieher vieler Skandale rund um die Vatikanbank (IOR): Nach Quellen, die nicht genannt werden wollen, gehört Sodano auch zu den hauptsächlichen Auftraggebern im Fall des untreuen Kammerdieners Paolo Gabriele.

Im Kampf um die Macht in der Kirche hatte sich Kardinal Sodano während des Vorkonklaves sogar mit seinem »Erzfeind«, Kardinalstaatssekretär Tarcisio Bertone (Jahrgang 1934), zusammengeschlossen, wusste die italienische Presse zu berichten. Das Motiv: Beide hatten im IOR-Skandal dunkle Machenschaften gedeckt. Bertone, ein treuer Weggefährte des zurückgetretenen deutschen Papstes, hatte nach dessen Rückzug in den Ruhestand am 28. Februar 2013 als »Kämmerer der Kirche« die Amtsgeschäfte des Heiligen Stuhls und der hl. römischen Kirche übernommen und auch geführt, bis der neue Papst gewählt war. Kardinalstaatssekretär Bertone hatte das Amt des Kämmerers, das normalerweise nicht mit dem des Kardinalstaatssekretärs verbunden ist, als Zeichen der ihm von Papst Benedikt XVI. gezollten Wertschätzung übertragen bekommen.

Zum Vergleich: Beim Konklave 2005 hatten erstmals in der Kirchengeschichte mehrere Ausländer die wichtigsten Funktionen im Vorfeld der Papstwahl und während eines Konklaves wahrgenommen: der Dekan des Kardinalskollegiums war mit Joseph Ratzinger ein Deutscher, der Kämmerer der Kirche mit Kardinal Edoardo Martinez-Somalo ein Spanier und der Protodiakon mit Kardinal Jorge Arturo Medina Estevez, dem früheren Präfekten der Vatikanischen Kongregation für die Sakramente und den Gottesdienst, ein Chilene. Beim Konklave hatten sich Vatikaninsider darüber erregt, dass der damals 78-jährige Kardinal aus Lateinamerika die Gunst der Stunde genutzt hatte, um die applaudierende Menge auf dem Petersplatz mit einem nicht im Zeremoniell vorgesehenen Winken zu grüßen. Doch wie wird man Protodiakon der Kirche? Es handelt sich um einen reinen Glücksfall: Papst Johannes Paul II. hatte vor seiner Einweisung in die Gemelli-Klinik im Februar 2005 noch einige wichtige Personalentscheidungen getroffen. Der inzwischen wie alle anderen Leiter von Kurienbehörden zurückgetretene Kardinalstaatssekretär Angelo Sodano hatte damals in einer öffentlichen Kardinalsversammlung bekanntgegeben, dass der Papst den bisherigen Protodiakon der Kirche, den – inzwischen verstorbenen – italienischen Kardinal Luigi Poggi (87), in den Rang eines Kardinalpriesters erhoben hatte. Die Beförderung war nach dem Tod mehrerer Kardinalpriester in den vergangenen Monaten erwartet worden. Damit erhielt Kardinal Medina Estevez, der nach Poggis Beförderung dienstälteste Kardinaldiakon, dieses überwiegend zeremonielle Amt, das mit dem historischen Augenblick der Verkündung des Namens des neuen Papstes nach einem Konklave verbunden ist.

Wer waren die »Papstmacher« von Jorge Bergoglio?

Papst Franziskus kann in Rom auf einige gute Freunde zählen: Diese waren auch beim Konklave im März 2013 die sogenannten »großen Papstwähler« für den Papst, der von einem fernen Kontinent kam. Es handelt sich um Kardinal Óscar Andrés Rodríguez Maradiaga SDB, den Präsidenten der Caritas Internationalis und Koordinator des von Papst Franziskus eingesetzten internationalen Beratergremiums (»G-8 von Papst Franziskus«), sowie um den spanischen Kardinal Santos Abril y Castello. Der Erzpriester der ältesten Marienbasilika der Welt, Santa Maria Maggiore in Rom, war im Vorfeld der Papstwahl Gastgeber für eine beträchtliche Anzahl an Schlüsselfiguren unter den Papstwählern gewesen. Daher wunderte es nicht, dass einer der allerersten Ausflüge in seine Bischofsstadt Rom Jorge Bergoglio in die altehrwürdige Marienbasilika führte. Hier vertraute er im Gebet vor dem Madonnenbild »Salus Popoli« sein Pontifikat dem Schutz der Muttergottes an.

Bergoglio selbst hatte wie immer während seiner Rom-Aufenthalte nicht in der Jesuitenkurie am Borgo Santo Spirito, sondern in der Casa del Clero in der Via della Scrofa nahe der Piazza Navona gewohnt. Großes Aufsehen hatte in Rom die Tatsache erregt, dass der neue Papst sich nach dem Besuch in der Basilika Santa Maggiore ohne allen Pomp in einem einfachen Fahrzeug mit vatikanischem Kennzeichen zum Haus des Klerus hatte fahren lassen. Dort hatte er wie ein ganz gewöhnlicher Gast seine Rechnung beglichen. In diesem Zusammenhang gibt eine Anekdote über die Einfachheit des neuen Papstes Aufschluss: Als Jorge Bergoglio im Jahr 2000 von Papst Johannes Paul II. zum Kardinal kreiert worden war, hatte er ebenfalls in der Casa del Clero im römischen Stadtzentrum gewohnt. Nachdem er sich, ohne dass die anderen Gäste dies merkten, mit dem roten Kardinalsgewand in der Tasche in Richtung Vatikan aufgemacht hatte und unauffällig zurückgekehrt war, setzte er sich mit den anderen Bewohnern und Gästen zum Mittagessen. Während die anderen sich aufgeregt über die neuen Kardinäle unterhielten, löffelte Jorge Bergoglio stillschweigend seine Suppe. In der Zwischenzeit hatte er sich wieder in den Jesuitenpater aus Buenos Aires verwandelt.

Der Herausgeber der amerikanischen Monatszeitschrift *Inside the Vatican*, Bob Moynihan, hebt auf seiner Website hervor, dass der neue Papst keineswegs zufällig als Erstes seinen Freund Kardinal Santos Abril y Castello besuchte. Dieser hatte unter den amerikanischen und spanischsprachigen Kardinälen zugunsten einer Wahl des argentinischen Erzbischofs geworben.

Der spanische Karrierediplomat und heutige Erzpriester von Santa Maria Maggiore war am 21. November 2011 von Papst Benedikt XVI. in das ehrenvolle Amt des Erzpriesters der Marienbasilika berufen worden. Die Ernennung galt als Dank für seine Verdienste in den apostolischen Nuntiaturen in aller Welt. Jorge Bergoglio kannte den Spanier seit dessen Zeit als Vertreter des Heiligen Stuhls in seiner argentinischen Heimat. Während des Vorkonklaves hatte Abril y Castello einen mächtigen Posten inne: Er fungierte als Vize-Camerlengo des Konklaves neben dem Camerlengo Kardinalstaatssekretär Tarcisio Bertone. Dass es erhebliche Differenzen während dieser Versammlungen der Papstwähler und der anderen Kardinäle in der Welt, die wegen der Überschreitung des 80. Lebensjahres nicht mehr an der Papstwahl teilnehmen konnten, gab, liegt auf der Hand. Besonders ein Vortrag von Camerlengo Bertone über die Aktivitäten der Vatikanbank IOR hatte unter den ausländischen Kardinälen (Braz de Aviz) lautstarke Proteste ausgelöst. Der Abriss über das IOR war aufgrund der handfesten Skandale um das IOR in Gegenwart und Vergangenheit als armselig betrachtet worden.

Der zurückhaltende Ex-Vize-Camerlengo könnte Papst Franziskus ein guter Berater in internationalen Angelegenheiten sein. Der am 21. September 1935 geborene Spanier arbeitete zu Beginn seiner diplomatischen Karriere an den Nuntiaturen in Pakistan und der Türkei als Nuntiatur-Sekretär. Als späterer Chef der spanischsprachigen Sektion des vatikanischen Staatssekretariats hatte er die Aufgabe, Papst Johannes Paul II. persönlich im Erlernen der spanischen Sprache behilflich zu sein. Der polnische Papst hatte eine Vorliebe für den lateinamerikanischen Kontinent. Während sieben apostolischer Reisen in spanischsprachige Regionen hatte Papst Johannes Paul II. 22 Länder besucht. Seine Bischofsweihe empfing der Vize-Camerlengo des Konklaves vom März 2013 durch den legendären vatikanischen Spitzendiplomaten und Erfinder der vatikanischen Ostpolitik, Kardinal Agostino Casaroli. Abril y Castello vertrat den Heiligen Stuhl in Belgrad während des Kosovokriegs. Von März 2000 bis April 2003 war er Päpstlicher Vertreter an der Nuntiatur in Buenos Aires.

Auf einen »sicheren« Papstwähler aus den Reihen der Gesellschaft Jesu hatte der erste Jesuiten-Papst in der Kirchengeschichte verzichten müssen: Es handelte sich um einen indonesischen Jesuiten, Kardinal Julius Chavez Darmaatmadja SJ. Dieser hatte anders als der schottische Kardinal O'Brien aus Gesundheitsgründen auf die Teilnahme an der Papstwahl verzichtet und damit die Anzahl der Papstwähler auf 115 reduziert. Doch wer gehörte noch zu den »Papstmachern« im Konklave 2013? Fünf von ihnen sowie ein großer Gegenkandidat von Franziskus seien im Folgenden kurz vorgestellt.

Kardinal Jorge Urosa Saviano: ein Papstmacher aus Lateinamerika

Ein mutiger Kämpfer gegen die Diktatur in seiner Heimat Venezuela: Der am 28. August 1942 in der venezolanischen Hauptstadt geborene Kardinal Jorge Urosa Savino wuchs in Kanada auf. Nach dem Theologiestudium unter anderem an der Päpstlichen Gregoriana-Universität in Rom wurde er 1967 zum Priester geweiht. Papst Johannes Paul II. ernannte ihn am 3. Juli 1982 zum Weihbischof der Erzdiözese Caracas. 1990 wurde er zum Erzbischof von Valencia ernannt. Papst Benedikt XVI. berief ihn am 19. September 2005 zum Erzbischof von Caracas und verlieh ihm beim Konsistorium am 24. März 2006 den Kardinalspurpur. Der Kardinal ist erster Großprior der Statthalterei Uruguay des Ritterordens vom Heiligen Grab zu Jerusalem. Als Erzbischof von Caracas galt er als einer der aktivsten Kritiker des am 5. März 2013 verstorbenen Staatschef Hugo Chavez. Den Putsch in seinem

Land vom 12. April 2002 gegen den Diktator hatte der heutige Kardinal gerechtfertigt.

Chávez' Weg im Sinne der Revolution von Bolivar war Kardinal Saviano ein Dorn im Auge. Er rügte den Sendelizenzentzug für den Privatsender Radio Caracas TV. Des Weiteren protestierte er gegen ein von der Regierung angeordnetes Alkoholverbot während der Karwoche wie auch gegen den Vergleich, den Chávez anlässlich des Papstbesuches in Brasilien machte: Er verglich die Christianisierung Lateinamerikas mit dem Holocaust, woraufhin der Erzbischof den Präsidenten aufforderte, sich lieber alltäglichen Problemen wie der Armut und Erziehung zu widmen, statt längst vergangenen Ereignissen nachzugehen. Diese offene Kritik am Staatsoberhaupt Venezuelas, der der Kirche Verschwörung vorwarf, machte ihn landesweit populär. Der Kardinal bestätigte bei einer Anhörung vor dem Parlament seines Landes seine Vorwürfe gegen die Regierung Chávez. Diese strebe eine kommunistische Diktatur an und habe wiederholt gegen die Verfassung verstoßen. Dennoch rief Anfang Januar 2013 der streitbare Erzbischof von Caracas seine Landsleute in der Zeitung *El Universal* zum Gebet für den schwerkranken Staatschef auf, dessen Gesundheitszustand sich nach einer Krebsoperation Mitte Dezember 2012 auf der Insel Kuba verschlechtert hatte. Chávez war erst im Oktober 2012 wiedergewählt worden.

Kardinal Domenico Calcagno: Er verwaltet das Vermögen des Vatikanstaates

In seiner Heimatstadt nannten die Einwohner ihn »Monsignore Rambo«. Der aus der Region Ligurien stammende Italiener Domenico Calcagno (Jahrgang 1943) war beim Konsistorium im Februar 2012 von Papst Benedikt XVI. mit der Kardinalswürde ausgezeichnet worden. Diese ist traditionell mit seinem bedeutsamen Amt als Präsident der Vermögensverwaltung des Heiligen Stuhls (APSA) verbunden. Nach dem Skandal um den seit Ende Juni 2013 in Untersuchungshaft sitzenden Geistlichen Scarano – er war Schatzmeister in der APSA – ist die Behörde von Kardinal Calcagno wegen mangelnder Aufsicht ihrer Mitarbeiter international in Verruf geraten. Eigentlich müsste der APSA-Chef nach dem Skandal um »Mister Cinquecento« freiwillig sein Amt niederlegen.

Bei seinem Vorgänger, Kardinal Attilio Nicora (Jahrgang 1937), handelte es sich um einen noch heute mächtigen Kurienkardinal in Geldfragen. Er versuchte vergeblich, für Transparenz in den Geldangelegenheiten des Heiligen Stuhls zu sorgen. Kardinal Attilio Nicora war seit Oktober 2002 Präsident der Wirtschaftspräfektur des Heiligen Stuhls (APSA). Nicora war von 1992 bis 1997 Bischof der norditalienischen Diözese Verona. Als Chef der Wirtschaftspräfektur war er wie heute Calcagno für die Erstellung der vatikanischen Haushaltspläne zuständig. Das lange Zeit herrschende Defizit im Haushalt des Heiligen Stuhls war unter seiner Leitung ausgeglichen worden. Dank seines Durchgreifens wurden in der Bilanz des Heiligen Stuhls trotz der hohen Ausgaben für Radio Vatikan und die Vatikan-Zeitung *Osservatore Romano* wieder schwarze Zahlen geschrieben.

Bis zum Juli 2007 war Calcagno Bischof der Diözese Savona-Noli im Nordwesten des Stiefelstaates. Dort war seine Leidenschaft für Schusswaffen kein Geheimnis. Der Sportschütze und Jäger meldete seine Schusswaffen regulär bei der Polizei an. Aus einem am 10. April 2011 auf der Webseite savonanews.it veröffentlichten Dokument über den Besitz von Schusswaffen geht hervor, dass der Kardinal dreizehn Gewehre und mehrere Pistolen moderner und antiker Herkunft sein eigen nennt. In der polizeilichen Anmeldung machte der damalige Diözesanbischof die Angabe, dass er seit dem Jahr 2003 als Mitglied dem landesweiten Schützenverband Italiens angehört und Jäger ist. Der Polizei versicherte Calcagno, seine Waffen würden in einem stets abgeschlossenen Waffenschrank in seiner Wohnung aufbewahrt.

Kardinal Julian Herranz: Opus Dei-Mitglied mit Einfluss im Kardinalskollegium

Im Vorkonklave vom März 2013 spielte er eine wichtige Rolle: Der emeritierte Kardinal Julian Herranz, seit Dezember 1994 Präsident des Päpstlichen Rates für die Auslegung von Gesetzestexten. Er wurde am 31. März 1930 in Baena/Erzdiözese Cordoba geboren. Nach dem im Konsistorium im Februar 2001 zum Kardinal ernannten Erzbischof von Lima, Kardinal Juan Luis Cipriani Thorne, war er der zweite Purpurträger im Obersten Senat der Kirche, der offiziell der katholischen Prälatur Opus Dei angehört. Der strenge Südspanier wurde am 7. August 1955 zum Priester geweiht und erhielt am 6. Januar 1991 von Papst Johannes Paul II. die Bischofsweihe. Er war vor seiner Pensionierung auch Präsident der Disziplinarkommission des Heiligen Stuhls, die in Zweifelsfällen über die Auslegung des Kirchenrechts eine Entscheidung fällt. Er galt als der richtige Mann, den Papst Benedikt XVI. mit der Abschaffung einiger misslicher Konklave-Regeln betraut hatte. Eine Papstwahl im März 2013 hätte im Prinzip oder im Zweifelsfall auch aufgrund althergebrachter Regeln durch »Akklamation« (Anrufung) erfolgen können. Auch ein Anwärter auf den Stuhl Petri, der noch nicht Kardinal ist, hätte nach den Regeln der Papstwahl im Zweifelsfall zum neuen Oberhaupt der katholischen Kirche gewählt werden, schreibt Vatikanexperte Sandro Magister am 14. Februar 2013. Dabei verwies er auf den neuen Patriarchen von Venedig, den freundlichen Italiener Erzbischof Francesco Moraglia. Dieser gilt nach der persönlichen Überzeugung des zurückgetretenen Papst Benedikt XVI. als ein großer Hoffnungsträger der Kirche.

Kardinal Péte Erdö: Ein Ungar gehörte im Konklave zum liberalen Flügel

Kardinal Péte Erdö, seit Dezember 2001 Erzbischof von Esztergom-Budapest/Ungarn, galt beim Konklave im März 2013 nur für kurze Zeit unter den Vatikan-Journalisten als »papabile«. Er wurde am 25. Juni 1952 in Budapest geboren. Von 1977 an hatte Erdö für drei Jahre in Rom studiert und 1986 einen Lehrauftrag an der Päpstlichen Gregoriana-Universität angenommen. Mit seinem Amt ist traditionell der Titel des Primas von Ungarn verbunden. Er folgte an der Spitze der Erzdiözese Esztergom-Budapest Kardinal Laszlo Paskai nach. Paskai hatte das Erzbistum 15 Jahre lang geleitet. Unter seiner Führung hatte die ungarische Kirche den Übergang von der kommunistischen Ära zur Demokratie erlebt. Erdö war Anfang des Jahres 2000 nach seiner Ernennung zum Weihbischof der ungarischen Diözese Szekesfeharvar zum Bischof geweiht worden. Er hat die katholische Peter Pazmany-Universität in Piliscsaba aufgebaut. Erdös Vorfahren stammen aus Siebenbürgen, wo die Katholiken eine Minderheit bilden. Der bei seiner Berufung im Dezember 2002 erst fünfzigjährige Kirchenrechtsexperte gehörte zum Zeitpunkt seiner Ernennung zu den jüngsten Mitgliedern des Obersten Kirchensenats.

Kardinal Marc Quellet: Als »papabile« im Vorkonklave ins Abseits geraten

Als Chef der mächtigen Vatikanischen Bischofskongregation, die über die Bischofsernennungen in Europa entscheidet, hätte Kardinal Marc Quellet (Jahrgang 1944) gute Chancen als »papabile« gehabt. Dagegen waren die Chancen für einen hochkultivierten Italiener wie den Mailänder Kardinal Angelo Scola nach dem Fall Vatileaks ohne dessen Schuld eher gesunken.

Papst Benedikt XVI. hatte in der Endzeit seines Pontifikats keine Gelegenheit versäumt, seinen Freund und Weggefährten in den vergangenen Jahren als persönlichen Vertreter zu wichtigen Jubiläen und großen Veranstaltungen zu entsenden. Trotz seiner vielfältigen Verpflichtungen als Präfekt der Vatikanischen Bischofskongregation nahm Kardinal Marc Quellet als Päpstlicher Gesandter am internationalen Eucharistischen Kongress in Dublin im Juni 2012 teil. Die deutschen Gläubigen lernten den sprachbegabten Kanadier anlässlich der Feier des 500. Jahrestage der ersten Zurschaustellung des Heiligen Rockes auf dem Reichstag zu Trier 1512 kennen. Dort hatte er eine Botschaft von Papst Benedikt XVI. verlesen, in der dieser alle Katholiken zur Verehrung der ehrwürdigen Reliquie ermutigt hatte. Als »papabile« auch für die Fraktion der »Hispanos«, der spanischsprachigen Fraktion im Kardinalskollegium, hatte ihn vor allem anderen seine Sprachgewandtheit ausgezeichnet: Er spricht aufgrund seines Wirkens als Dozent im lateinamerikanischen Raum, vor allem in Kolumbien, sehr gut spanisch.

Am 30. Juni 2010 hatte ihn Papst Benedikt XVI. zum Präfekten der Kongregation für die Bischöfe und zum Präsidenten der Päpstlichen Kommission für Lateinamerika berufen. Marc Quellet studierte Katholische Theologie, Philosophie und Pädagogik und empfing im Mai 1968 das Sakrament der Priesterweihe. Anschließend wirkte er zwei Jahre lang in der Gemeindeseelsorge und trat im Jahre 1972 der Priestergemeinschaft von Saint-Sulpice bei. Im Jahre 2001 ernannte ihn Papst Johannes Paul II. zum Titularerzbischof von Acropolis und zum Sekretär des Päpstlichen Rates für die Förderung der Einheit der Christen und spendete ihm die Bischofsweihe. Ein Jahr später berief Johannes Paul II. ihn zum Erzbischof von Québec. Am 21. Oktober 2003 wurde er als Kardinalpriester mit der Titelkirche Santa Maria in Traspontina in das Kardinalskollegium aufgenommen. Benedikt XVI. hatte ihn als Zeichen seiner Wertschätzung für die XII. ordentliche Generalversammlung der Bischofssynode (5.–26. Oktober 2008) in Rom zum Generalrelator berufen.

Der »große Gegenkandidat« von Franziskus: Kardinal Angelo Scola
Eigentlich erwarteten alle auf dem Petersplatz anwesenden Gläubigen am 13. März 2013 nach dem Schwall weißen Rauchs aus dem Schornstein der Sixtinischen Kapelle, ihn als neuen Papst auf der Mittelloggia des Petersdoms zu sehen: Kardinal Angelo Scola, Erzbischof von Mailand und Kandidat des zurückgetretenen Papstes, hatte sogar schon Glückwünsche erhalten, nachdem die Italienische Bischofskonferenz per E-Mail die Nachricht von der angeblichen Wahl Scolas zum Papst versandt hatte.

Nur selten hatte der emeritierte Papst Benedikt XVI. einige Mitglieder des Kardinalskollegiums eingeladen, um sich mit ihnen über drängende große Fragen der Weltkirche zu beraten. Doch wenn, dann war Angelo Scola immer dabei: Der am 7. November 1941 in Malgrate am Comer See geborene international anerkannte Theologe wechselte aus der Lagunenstadt Venedig auf den Bischofsstuhl der Geschäftsmetropole Mailand. Damit machte er einen Karrieresprung. Die Berufung des kraftvollen energischen Sohnes eines Lastwagenfahrers durch den Papst zum Erzbischof der antiken Diözese des hl. Ambrosius und des hl. Karl Borromäus war für Scola eine glanzvolle »Heimkehr«.

Der neue Erzbischof von Mailand wurde 1970 im Alter von 29 Jahren nach Abschluss eines Studiums der Philosophie an der Katholischen Herz-Jesu-Universität Mailand in der mittelitalienischen Region Marken zum Priester geweiht. 1991 erhielt er nach seiner Ernennung zum Oberhirten der toskanischen Diözese Grosseto die Bischofsweihe. In den Jahren zuvor war er als Dozent für Fundamentaltheologie an der Theologischen Fakultät der Hochschule Fribourg/Schweiz tätig gewesen. Seit 1995 fungierte Scola auf Berufung von Karol Wojtyla hin als Rektor der berühmten Päpstlichen Lateran-Universität, bevor er 2002 vom Papst zum Patriarchen von Venedig ernannt wurde. Ein Jahr später verlieh Papst Johannes Paul II. Scola den roten Kardinalshut. Bereits im Jahre 1986 hatte Joseph Ratzinger Scola als Konsultor in die römische Glaubenskongregation berufen.

Bei der Berufung nach Mailand handelte es sich um den Höhepunkt einer nicht immer einfachen kirchlichen Karriere im Kielwasser der italienischen Bewegung »Comunione e liberazione«, deren »Nummer zwei« der Norditaliener in den bewegten 1960er und 68er Jahren war. Papst Benedikt und Angelo Scola kennen und verstehen einander schon seit der Zeit, als Joseph Ratzinger 1972 gemeinsam mit den großen Theologen Hans Urs von Balthasar und Henri de Lubac die internationale theologische Zeitschrift *Communio* gründete. Damals studierte der neue Erzbischof von Mailand an der Theologischen Fakultät in Fribourg/Schweiz. Als »Dritter im Bunde« der ausgezeichneten Theologen, die mit Joseph Ratzinger und Angelo Scola schon als Autoren der ersten Stunde in »Communio« für eine Erneuerung der Kirche im Sinne der Kontinuität eintraten, steht der heutige Präfekt der Vatikanischen Bischofskongregation, der aus Kanada gebürtige Kardinal Marc Quellet.

Eine weitere Gemeinsamkeit zwischen Papst Benedikt und Kardinal Scola war die geistliche Nähe zum Anfang 2005 verstorbenen Gründer der mächtigen italienischen katholischen Laienbewegung »Comunione e liberazione«, Don Luigi Giussani. Die Bewegung bringt jedes Jahr zum katholischen »Meeting« in der Adria-Stadt Rimini rund eine Million Teilnehmer auf die Beine, darunter eine große Anzahl an Jugendlichen. Papst Benedikt und Kardinal Scola hatten auch während der Bischofssynode über das Wort Gottes im Oktober 2005 Gelegenheit zum regen Austausch und zu gemeinsamen Überlegungen über eine Verbesserung der Bibelarbeit.

Als der erst seit wenigen Monaten residierende Papst den Patriarchen von Venedig zum Präsidenten der Synode berief, hatte die Autorin Gelegenheit, diesen im Vorfeld der Synode im September 2005 bei der Einweihung der venezianischen Schulstiftung »Johannes XXIII.« zu befragen und aus der Nähe zu erleben. Aus dem Stegreif hielt der Patriarch an die Jugendlichen, die aus armen Verhältnissen stammten, eine flammende Ansprache über die Notwendigkeit von Bildung. Dabei sagte er: »Auch wenn ihr Flicken an den Hosen habt wie euer Patriarch, der hier vor euch steht, sie als Bub hatte, dann könnt ihr durch Fleiß beim Lernen im Leben vorwärtskommen.«

Als neuer Oberhirte von Mailand und Gastgeber des Welt-Familientreffens im Juni 2012 konnte Scola seine Erfahrungen als Seelsorger vor Ort in

Venedig einbringen. Seine Spontanität als Mensch und seine Direktheit im Umgang mit den anderen machen ihn sympathisch, auch wenn seine komplizierten theologischen Ausführungen für den katholischen Laien manchmal weniger klar zu verstehen sind als diejenigen seines Mentors Benedikt XVI. Im nüchternen und oft nebligen Mailand dürfte dem neuen Erzbischof, der bisher mit dem schnittigen bischofseigenen Motorboot, an dem ein Wimpel mit seinem Bischofswappen flatterte, seinen pastoralen Aktivitäten in der Lagunenstadt nachkam, der Charme der nach Rom vielleicht schönsten Kunst-Stadt der Welt fehlen.

»Auch ich bin ein Sünder« – Bergoglios Gedanken zu Pontifikatsbeginn

Auch Päpste sind nur Menschen mit menschlichen Schwächen: »Sono un peccatore, ma accetto«. »Ich bin ein Sünder, aber ich akzeptiere«, hatte Papst Franziskus auf die Frage am Ende des Konklaves geantwortet, als die Zahl der Stimmen das nötige Quorum für ihn erreicht hatte. »Wir alle haben Sünden auf uns geladen, aber Gott vergibt immer«, sagte der Papst bei der Generalaudienz auch am Mittwoch, 29. Mai 2013. In seinen Predigten und Katechesen geht Jorge Bergoglio immer wieder darauf ein, dass auch Päpste zahlreiche Fehler und Unvollkommenheiten haben können, doch dass die Güte Gottes dazu beiträgt, diese zu überwinden.

»Ihr seid ja sehr mutig, bei diesem Regenwetter hier zu sein.« Mit diesen Worten hatte Papst Franziskus die rund 90 000 Pilger und Besucher auf dem Petersplatz begrüßt. Im Rahmen der Katechesen über das Glaubensbekenntnis war der Papst auf den Aspekt der Kirche als Familie Gottes eingegangen. Dieser Punkt sei in vielen Dokumenten des Zweiten Vatikanischen Konzils hervorgehoben worden, so Franziskus.

»Gott lädt uns ein, unseren Glauben gemeinsam als Familie in der Gemeinschaft der Kirche zu leben. Deshalb wollen wir uns heute fragen, ob wir die Kirche wirklich lieben, wie wir unsere Familien lieben, und ob wir für sie beten. Der Heilige Geist schenke Euch Kraft, stets das Gute zu vollbringen.« Franziskus nahm das Gleichnis vom verlorenen Sohn als Beispiel: Dort gehe es vor allem um den barmherzigen Vater, der den Plan Gottes mit der Menschheit verdeutliche. Konkret sei wichtig, dass Gott aus uns allen eine große Familie machen wolle, in der jedes Mitglied sich von ihm geliebt wisse.

»In diesem großen Projekt ist die Kirche verwurzelt, die nicht eine Organisation einiger Personen ist, sondern – wie Papst Benedikt XVI. oft unterstrichen hat – ein Werk Gottes. Die Kirche ist aus diesem Projekt der Liebe entstanden, die sich im Laufe der Geschichte dann entwickelt hat.« Man dürfe auch nicht vergessen, dass die Kirche eine Gemeinschaft der Sünder sei. »Auch der Papst, auch ich bin ein Sünder und was für einer. Aber das Schöne ist doch gerade das, dass wir wissen, Gott vergibt uns, denn Gott ist Barmherzigkeit. Die Sünde ist nicht nur eine Beleidigung gegenüber Gott, sondern immer auch eine Möglichkeit, seine Vergebung und Großzügigkeit zu spüren.«

Um den Begriff »Kirche« zu verstehen, müsse man das griechische Wort »ekklesía« kennen, das Versammlung bedeute, so der Papst. »Gott drängt uns, aus dem Individualismus auszusteigen. Nehmen wir uns Christi Liebe zu uns zum Vorbild, folgen wir ihm nach in der Gemeinschaft der Kirche und vertrauen wir darauf, dass der Heilige Geist uns zu einer neuen Schöpfung gestaltet.« In seinem Tweet nach der Generalaudienz schreibt der Papst: »Aus der Liebe Christi am Kreuz, aus seiner geöffneten Seite geht die Kirche hervor. Sie ist eine Familie, in der man liebt und geliebt ist.«

Vatikanexperte Sandro Magister berichtete im Gespräch mit der Autorin unter Berufung auf den Direktor der renommierten Jesuitenzeitschrift *Civiltà Cattolica*, Pater Spadaro SJ, es erscheine durch die Spontaneität der Aussagen des Papstes, als ob dessen Katechesen in keiner Weise vorbereitet seien, und sozusagen »aus dem Bauch kommen«. Dies sei jedoch keineswegs der Fall. Der neue Papst wiege seine Aussagen und Worte sehr sorgfältig zuvor ab und denke äußerst gezielt zuvor über das nach, was er später sage, hob Pater Spadaro SJ hervor. Dies sollte sich in der Folgezeit unter Beweis stellen.

16. März 2013: Viel Gelächter und anhaltender Applaus für Papst Franziskus, als er praktisch als erste öffentliche Amtshandlung nur wenige Tage vor seiner offiziellen Amtseinsetzung am Fest des hl. Josefs, des Arbeiters, dem 19. März 2013, rund 6000 Journalisten aus aller Welt in der Audienzhalle Paul VI.

empfängt. »Na, da habt ihr ja ganz schön hart arbeiten müssen«, sind seine ersten Worte an die Medienvertreter aus aller Welt. Und dann landet er höchstpersönlich seinen ersten »Scoop«: Er erklärt in italienischer Sprache mit spanischem Akzent, warum er den Namen Franziskus angenommen hat. »Wir waren alle tief ergriffen und bewegt«, sagt der Peruaner Roberto Mentoya im Gespräch mit der Verfasserin. »Was er uns auch immer an Wichtigem gesagt haben mag, war unerheblich. Wir haben unseren Papst aus Lateinamerika zum ersten Mal aus der Nähe sehen können Das war einfach ein irrer Augenblick.«

Warum hat der neue Papst, ein Angehöriger der Gesellschaft Jesu, den Namen des hl. Franz von Assisi für sich erwählt? Die Nachricht »aus erster Hand« wird erst zu einem späteren Zeitpunkt um die Welt gehen. Jetzt wird erst einmal mit dem neuen Papst gefeiert. Franziskus erzählt den Journalisten, wie es ihm in den Sinn gekommen ist, die Welt mit einem in der Geschichte der Päpste noch nicht dagewesenen Namen zu überraschen. Als er am Dienstag, 13. März, im fünften Wahlgang mehr und mehr Stimmen auf Kardinal Jorge Bergoglio vereint sah, soll der französische Kurienkardinal Jean- Louis Tauran gesagt haben: »Basta cosi«. (»Das genügt«.) Die zur Papstwahl nötige Zwei-Drittel-Mehrheit war erreicht und überschritten … Noch während der Stimmenauszählung hat der Erzbischof von Buenos Aires dann herzklopfend entschieden, sich als Papst nach dem heiligen Franz von Assisi zu nennen.

Papst Franziskus: »Während der Wahl saß der Alt-Erzbischof von Sao Paulo und auch frühere Präfekt der Vatikanischen Klerus-Kongregation, Kardinal Claudio Hummes, neben mir. Ein großer Freund, ein großer Freund! Als die ganze Angelegenheit ein wenig gefährlich zu werden drohte, hat er mich getröstet. Und als die Stimmenanzahl auf Zweidrittel gestiegen war, brauste der Applaus auf, den es immer gibt, wenn ein Papst gewählt ist. Daraufhin umarmte er mich, gab mir einen Kuss, und sagte zu mir: ›Vergiss die Armen nicht!‹ Und dieses Wort ist mir richtig eingegangen: Die Armen, die Armen. Dann habe ich plötzlich in Bezug auf die Armen an Franz von Assisi gedacht. Und dann habe ich an die Kriege gedacht, während die Auszählung weiterging, bis alle Stimmen fertig ausgezählt waren. Und Franziskus ist der Mann des Friedens. Und so ist in meinem Herzen der Name zustande gekommen: Franz von Assisi. Für mich ist er der Mann der Armut, der Mann des Friedens, der Mann, der die Schöpfung liebt und über diese wacht. In diesem Moment haben auch wir mit der Schöpfung nicht gerade einen guten Umgang. Oder? Und er ist der Mann, der uns diesen Geist des Friedens vermittelt, der Arme ... Ach, wie sehr würde ich mir eine arme Kirche für die Armen wünschen!«

Und weiter enthüllte Franziskus über seine Namenswahl: »Danach haben einige (Kardinäle) verschiedene humorvolle Bemerkungen gemacht: ›Aber du hättest dich Hadrian nennen sollen, weil Hadrian VI. ein Reformator gewesen ist, und es der Reformen bedarf.‹ Und ein anderer hat mir gesagt: ›Nein, nein: Dein Namen hätte Clemens sein müssen. Clemens XV.‹ ›Aber warum denn?‹ – ›So hättest Du Dich an Clemens XIV. rächen können, der den Jesuitenorden aufgelöst hat.‹« »Und welche Ironie des Schicksals«, kommentierte dazu Papst-Experte Sandro Magister, »der Papst, der im 18. Jahrhundert den Jesuitenorden aufgelöst hat, dem der neue Papst angehört, war ein Franziskaner.«

In seinen ersten Pontifikatstagen hat Papst Franziskus mehrfach an den Ordensgründer der Gesellschaft Jesu, den hl. Ignatius von Loyola, erinnert. Während einer kurzen Predigt am 15. März nur zwei Tage nach seiner Papstwahl erinnerte er bei einer Frühmesse im Vatikanischen Gästehaus Santa Marta, seinem derzeitigen Wohnsitz, an die Ordensregel des Spaniers und dessen Unterweisung zur Unterscheidung. Darin wird der Ratschlag erteilt: »In Zeiten der Trostlosigkeit sollten niemals Veränderungen vorgenommen werden, sondern es ist angesagt, auf den bereits bestehenden Vorsätzen zu beharren, und an den Entscheidungen festzuhalten, welche in Zeiten der Freude getroffen wurden ...« Andernfalls riskiere einer, wenn er sich erweichen lasse und sich von diesem Grundsatz entferne, dass der Herr ihn nicht mehr finde, wenn er sich wieder sichtbar mache.

3. Das Zwei-Päpste-Jahr 2013 und sein roter Faden

Die päpstlichen Insignien im Zwei-Päpste-Jahr

Mit der Wahl des Fischerrings und des Päpstlichen Wappens beginnt jedes Pontifikat Form anzunehmen. In diesen päpstlichen Insignien zeichnet sich symbolisch bereits der Weg ab, den der Papst beschreiten wird.

Der Fischerring Papst Benedikts XVI.

Ein Rückblick auf den April 2005: »Ringgröße 24?« »Das ist gut, das ist die doppelte Zahl der Apostel«, sagte Papst Benedikt XVI., als ihm nach der Einführungsmesse in der Sixtinischen Kapelle am Tag nach seiner Wahl am 16. April der »Fischerring« zur Anprobe gebracht wurde. Der Vizepräsident der Vereinigung der römischen Goldschmiede hatte das Privileg, zum Päpstlichen Juwelier zu avancieren, verriet Msgr. Crispino Valenziano, Berater des Büros für die liturgischen Feiern des Papstes, bei einer Pressekonferenz im Vorfeld der Amtseinführung von Benedikt XVI. Erstmals sei in dem Ring des deutschen Papstes das päpstliche Siegel, das den Nachfolger Petri auf der Barke beim wunderbaren Fischfang im Meer von Galiläa als »Menschenfischer« darstellt, mit dem Ring des Papstes vereint worden. Es handele sich dabei um eine völlige Neuheit, denn bisher sei das Siegel getrennt vom Ring aufbewahrt worden. Der Fischerring von Papst Benedikt sei von »nobler Einfachheit« und trage keinerlei Inschrift. Ob der Papst denn nun seinen Ring nutzen werde, um päpstliche Briefe als Absender mit einem Siegel zu versehen, wollte ein amerikanischer Journalist wissen. Das konnte sich Valenziano jedoch nicht vorstellen.

Der Fischerring von Papst Benedikt XVI. war – wie es die Tradition eigentlich nur beim Tod eines Papstes vorschreibt – im Vorfeld des Konklaven vom März 2013 zerschlagen worden. Der überraschende Rücktritt des deutschen Papstes am 28. Februar 2013 hatte eine Diskussion über das Schicksal der Insignien des beendeten Pontifikats ausgelöst. Die Vatikanjuristen entschieden, Papst Benedikt stehe weiterhin die Bezeichnung und Anrede »Seine Heiligkeit« zu und er dürfe weiter weiß tragen. Der Unterschied in der Kleidung im Zwei-Päpste-Jahr 2013: Der Schulterumhang über dem weißen Talar bleibt dem neuen Papst Franziskus vorbehalten.

Das Wappen des deutschen Papstes wird an verschiedenen Orten im Apostolischen Palast immer an Joseph Ratzinger erinnern. So ist es zum Beispiel bei genauer Betrachtung auch für einen Außenstehenden am vatikanischen Bronzetor zu sehen: Die Restaurierung war unter dem Pontifikat von Papst Benedikt XVI. unverzichtbar geworden.

Im April 2005 konnten Millionen von Menschen verfolgen, wie Papst Johannes Paul II. durch das Bronzetor (»Portone di Bronzo«) hindurch seine »letzte Reise« antrat. Bei der feierlichen Prozession über den Petersplatz anlässlich der Überführung des Leichnams aus der »Sala Regia« im Apostolischen Palast zur Aufbahrung in den Petersdom nahm die Welt Abschied vom polnischen Papst. In den Wochen davor war das Tor mehrmals in die Presse geraten, als einige Journalisten während der langen Krankheit von Papst Johannes Paul II. berichteten, die Wachen hätten es in der Nacht plötzlich halb geschlossen: dies wurde als Zeichen für den Tod des Papstes gewertet. Auch nach der Ermordung des Kommandanten der Schweizer Garde, Alois Estermann, war das Haupt-Eingangstor zum Apostolischen Palast halb geschlossen worden.

Zwei Jahre hatte die von Papst Benedikt XVI. in Auftrag gegebene Restaurierung des Vatikanischen Bronzetors gedauert. Die Schwelle dieses Haupteingangs zum Apostolischen Palast dürfte Joseph Ratzinger seit Beginn seiner römischen Zeit im Jahre 1982 sicher unzählige Male überquert haben. Nach seinem Rücktritt ist das Tor zu seinem früheren Haus für den »Papa emeritus« paradoxerweise tabu. Wer in die höchsten Ränge des Apostolischen Palastes vordringen darf, passiert seit Jahrhunderten dieses berühmte Portal. Da ist es kein Wunder, dass der Zahn der Zeit an den Angeln des Tores genagt hat. Es hatte sich erheblich verzogen.

Zur Geschichte des Tores, dessen Scharniere ausgewechselt wurden und dessen wieder auf Hochglanz erstrahlende Holzteile mit Stahl unterlegt wurden: In seiner gegenwärtigen Position ließ der italienische Barockkünstler Gian Lorenzo Bernini das Portal im Jahre 1663 anbringen. Es war aber schon seit 1400 in Funktion und besteht aus verschiedenartigen Stücken, die aus römischen Tempeln republikanischer Zeit stammen. Es ist nach Angaben der Vatikanzeitung *Osservatore Romano* 7,5 Meter hoch, 4 Meter breit, 48 Zentner schwer und hat in der Zeit von Kaiser Karl V. den gegnerischen Truppen widerstanden. Eine kleine Tafel am Portal erinnert jetzt daran, dass die Restaurierung während des Pontifikats von Papst Benedikt XVI. erfolgt ist. Bei der Schlüsselübergabe nach der Wiedereinsetzung des Tores sagte Papst Benedikt XVI.: Alle Personen, die das Bronzetor durchschreiten, »können sich von einer Umarmung des Papstes willkommen geheißen fühlen«. Er selbst überschritt dann als Erster die Schwelle.[6]

Das Wappen von Papst Benedikt XVI.: Ein Zeichen der Last

Am Tag nach seiner Wahl ließ Papst Benedikt XVI. einen guten Freund zu sich rufen, der lange Jahre in demselben Gebäude – nur wenige hundert Meter vom Vatikanischen Sankt-Anna-Tor entfernt – wie der Präfekt der römischen Glaubenskongregation gewohnt hat und dort heute noch wohnt: Es handelte sich um Erzbischof Andrea Lanza Cordero di Montezemolo, einen verdienten Vatikandiplomaten. Papst Benedikt berief ihn später zum ersten Erzpriester der römischen Basilika Sankt Paul vor den Mauern und zeichnete ihn mit der Kardinalswürde aus. Der aus einer bekannten italienischen Adelsfamilie Stammende war dem neuen Papst als Heraldik-Experte bekannt. Für Montezemolo war dies einer der schönsten Augenblicke in seinem Leben: Im Gespräch mit der Autorin erinnerte sich der Verwandte von Papst Benedikt XV. (1914–1922): »Ich riet dem neuen Oberhaupt der katholischen Kirche, die Elemente aus seinem Kardinalswappen und damit aus seiner altbayerischen Heimat in sein Wappen aufzunehmen. Dann fertigte ich sofort eine unkolorierte Strichzeichnung an.« Als erster Papst in der neuzeitlichen Kirchengeschichte habe Joseph Ratzinger darauf verzichtet, die Tiara, die päpstliche Krone, als Zeichen weltlicher Macht in sein Wappen aufzunehmen, hebt Kardinal Montezemolo hervor.

Die Muschel in seinem Papstwappen hat für den Theologieprofessor Joseph Ratzinger, der vielleicht einmal als Kirchenlehrer in die Geschichte eingehen wird, tiefgreifende Bedeutung: Die Muschel bezieht sich auf den Kirchenlehrer und hl. Bischof Augustinus, den der Papst in seinen Katechesen und Predigten immer wieder zitiert und erwähnt. Augustinus traf am Strand einen Knaben, der mit einer Muschel Meerwasser aus einer Grube schöpfte. Die Muschel ist damit das Symbol für das Eintauchen in das unergründliche Meer der Gottheit. Auch dieses Element war perfekt auf den deutschen Papst zugeschnitten, dessen Theologie ganz auf die Gottbezogenheit ausgerichtet ist. Weiter ist die »Pilgermuschel« ein Sinnbild für das pilgernde Gottesvolk und als »Jakobsmuschel« Sinnbild für die nach Joseph Ratzinger vorrangige Aufgabe der Kirche zur Missionierung. Die Jakobsmuschel ist auch als Glaubenssymbol für den Pilgerweg zum spanischen Wallfahrtsort Santiago de Compostela bekannt, der im September 2010 auf dem Reiseprogramm des Papstes gestanden hatte.

Zu den weiteren Symbolen des Wappens zählen neben der Muschel der »Freisinger Mohr« und der Korbiniansbär. Das Motto lautet: »Cooperatores Veritatis« (Mitarbeiter der Wahrheit). Der nach links blickende Kopf des »Freisinger Mohren« ist seit 1316 als Wappen des alten Fürstbistums Freising bezeugt. Er könnte in einem Rückblick auf das am 28. Februar 2013 beendete Pontifikat von Benedikt XVI. symbolisch für die besondere Vorliebe und die besondere Sorge von Benedikt XVI. um den »vergessenen« afrikanischen Kontinent stehen. Bis zur Säkularisation 1802/03 und auch später blieb der Kopf des Äthiopiers mit dem Wappen der Erzbischöfe von München und Freising verbunden. Ein weiteres Element im Wappen des ersten zurückgetretenen Papstes seit fast 700 Jahren ist ein Bär mit einem Packsattel, der sogenannte Korbiniansbär. Bischof Korbinian, der im achten Jahrhundert in Altbayern den christlichen Glauben verkündete, soll auf einer Reise nach Rom einem Bären befohlen haben, die Lasten zu tragen. Der Bär symbolisiert die Wildheit des gebändigten Heidentums und steht zudem als der »Lastträger« Gottes als Sinnbild für die Bürde des Amtes.

Papst Benedikt XVI. hatte den Bären in seinem Wappen bei seiner Bayern-reise im September 2006 gleich nach seiner Ankunft auf dem Münchner Marienplatz ins Spiel gebracht. Dieser aus dem Stegreif erfolgte Einschub in seine Ansprache gibt heute zu denken: Der Bär in seinem Wappen habe »sein Gepäck in Rom abschütteln können«, während er die Bürde als Nachfolger Petri »auf immer und ewig aufgeladen bekommen habe«, sagte Joseph Ratzinger. Alle, einschließlich Kanzlerin Angela Merkel, lachten schallend und freuten sich über die gelungene Charmeoffensive. Gleich bei seiner ersten Audienz für Journalisten im April 2005 hatte Benedikt XVI. ja offen ausgesprochen, dass er das Amt des Nachfolgers Petri nicht gesucht und gewünscht habe, dessen Last er nun mit allen unliebsamen Altlasten der Kirche und ihrer Mitglieder tragen musste. Der deutsche Papst sprach von dem Amt, mit dem er nicht gerechnet habe. Er erwähnte auch den Zettel, den ihm ein Mitbruder zugesteckt hatte, auf dem stand: »Wenn Du gewählt wirst, musst Du annehmen.« Der Papst sprach von jenem Augenblick im Konklave, als die Würfel gefallen waren und »als das Fallbeil auf mich herabfiel und mir ganz schwindlig zumute wurde.« Vielleicht ahnte Benedikt XVI. schon damals instinktiv, dass das Erbe, das sein Vorgänger Johannes Paul II. ihm hinterlassen hatte, ein schweres sein würde.

Bei den Papstreisen ist am Flugzeug der italienischen Luftfahrtgesellschaft Al Italia als Emblem übrigens nicht das päpstliche Wappen, sondern die Flagge des Vatikanstaates zu sehen, welche die päpstliche Tiara und zwei übereinander gekreuzte Schlüssel als Sinnbild für die Macht des Nachfolgers Petri zeigt.

Franziskus: Ein Bekenntnis zur Gesellschaft Jesu

18. März 2013. Briefing für die noch nicht direkt nach der Papstwahl abgereisten Journalisten: Pater Lombardi SJ erklärt am Tag vor der Amtseinführung des neuen Papstes die Wahl des Wappens von Papst Franziskus sowie die Bedeutung des Fischerrings und des Palliums. Die Zeremonie wird ihren Beginn am Grab des Apostels Petrus unter dem Hauptaltar des Petersdoms nehmen und auf dem Petersplatz fortgeführt, der nach alter Überlieferung auch der Ort des Martyriums des »ersten Papstes« gewesen ist. Die Überreichung der päpstlichen Insignien geschehe nach alter Tradition, führte Lombardi aus: »Das Pallium ist eine Art Wollschal, der dem Papst auf die Schultern

gelegt wird. Er erinnert an den guten Hirten, der das verlorene Lamm auf seinen Schultern trägt. Das Papst-Pallium hat rote Kreuze, die an die Wundmale Christi erinnern, während die Pallien der Metropolitan-Erzbischöfe schwarze Kreuze haben. Es wird ihm vom Kardinalprotodiakon Kardinal Jean-Louis Tauran umgelegt.« Lombardi verwies darauf, dass der sogenannte Fischerring diesen Namen in Erinnerung an den »Menschenfischer« Jesus Christus trägt. »Der Ring von Papst Franziskus ist aus vergoldetem Silber und zeigt eine Abbildung des hl. Petrus mit den Schlüsseln. Er wird dem Papst bei der Amtseinführung, dem eigentlichen Tag des Pontifikatsbeginns, durch den Dekan des Kardinalskollegiums, Kardinal Angelo Sodano, überreicht.«

Geschaffen wurde der Ring von einem berühmten italienischen Künstler, Enrico Manfrini. Der im Jahr 2004 im Alter von 87 Jahren in Mailand verstorbene Künstler hatte den Ring eigentlich für Papst Paul VI. (1963–1978), den langjährigen Erzbischof von Mailand, geschaffen. Seine Kreation hatte er der Obhut des Privatsekretärs von Papst VI., Msgr. Pasquale Macchi, anvertraut. Zeremonienmeister Msgr. Guido Marini hatte Papst Franziskus insgesamt drei Ringe aus dem Besitz des Büros für Päpstliche Zeremonien zur Auswahl vorgelegt. Der Ring von Manfrini habe Jorge Bergoglio am meisten zugesagt.

Wie Papst Benedikt XVI. hat auch der frühere Erzbischof von Buenos Aires in sein Papstwappen sein ehemaliges Bischofswappen eingefügt. Am 30. März 2013 berichtet die *Tagespost* unter Berufung auf die katholische österreichische Nachrichtenagentur *Kathpress*, das Wappen sei leicht modifiziert worden. Der Stern im linken unteren Teil sei nicht mehr fünfzackig wie bei der ersten Vorstellung des Papstwappens, sondern weise nun acht Zacken auf. Weiter seien bei der Darstellung der Narde einige Blüten hinzugefügt worden, um die Ähnlichkeit mit einer Weinrebe zu reduzieren. Der fünfzackige Stern hatte in Internetforen für Diskussionen und auch für Irritationen gesorgt, heißt es in der Kathpress-Meldung. Papst Franziskus hatte bei Amtsantritt im Wesentlichen das Wappen und den Leitspruch übernommen, welche er als Erzbischof von Buenos Aires geführt hatte. Das Wappen-Schild zeigt auf einem blauen Untergrund im oberen Teil das Emblem des Jesuitenordens – eine gelbe Sonne mit dem roten Christus-Monogramm IHS. Als Akronym bedeutet es: »Iesus Habemus Socium« (Wir haben Jesus als Gefährten).

Im unteren Teil links ist ein Stern zu sehen, der in der kirchlichen Heraldik als ein Symbol für die Muttergottes steht. Rechts zeigt das Wappen von Papst Franziskus den Ast der indischen Narde. In der Wappenkunde ist dies ein Zeichen für den hl. Josef. Über dem Wappenschild ist – wie im Wappen des emeritierten Papstes – eine Bischofsmitra zu sehen. Auch der neue Papst hatte wie sein Vorgänger auf die dreifache Papstkrone (Tiara) verzichtet. Der Wahlspruch von Papst Franziskus lautet: »Miserando atque eligendo« (Aus Erbarmen erwählt). Dieser Wahlspruch bezieht sich auf die Berufung des Apostels und Zöllners Matthäus durch Jesus. Er ist in dieser Form einem Text des auch von Papst Benedikt XVI. hochverehrten Benediktinermönchs Beda Venerabilis (673–735) entnommen.

Bei seinem ersten Angelusgebet am Sonntag nach seiner Wahl ist Papst Franziskus jedoch nicht hohen theologischen Betrachtungen nachgegangen, sondern auf seine aus der norditalienischen Region Piemont stammende Großmutter Rosa Margherita Vassallo zu sprechen gekommen. »Das Totenhemd hat keine Taschen«, zitierte er die Großmutter. Und rund hundert Tage später zeichnete er bei der Forderung, alle Gläubigen sollten zugunsten der Armen auf ein wenig Wohlstand verzichten, ein einprägsames Bild: Er habe hinter einem Leichenwagen noch nie einen Umzugswagen fahren sehen. Typischerweise betonte Papst Franziskus in einem Schreiben an einen argentinischen Priester seine Absicht, nicht von seinen Gewohnheiten als Erzbischof von Buenos Aires abzulassen: »Hier in Rom versuche ich, auf die gleiche Weise zu sein und so zu handeln wie in Buenos Aires. Wenn ich mich in meinem Alter noch ändern würde, so wäre dies lächerlich. Ich will nicht im Apostolischen Palast leben. Dorthin gehe ich nur, um zu arbeiten und für die Audienzen.« (*Il Messaggero*, 30. Mai 2013) Dieselbe Regel hatte Papst Franziskus auch in Bezug auf die Sommerfrische der Päpste angewandt: Aus Solidarität mit all jenen Armen in seiner Bischofsstadt Rom, die sich keinen Urlaub leisten können, fasste er keinen Umzug in die Sommerresidenz Castel Gandolfo ins Auge.

Sich selbst blieb Papst Franziskus auch 101 Tage nach Pontifikatsantritt treu: Am 22. Juni 2013 sagte er im letzten Augenblick seine Teilnahme an einem abendlichen Konzert in der Audienzhalle Paul VI. ab. Der leere Stuhl des Papstes bei dem von der staatlichen italienischen Fernsehgesellschaft RAI anlässlich des »Jahrs des Glaubens« organisierten Konzerts war wohl als Abschreckung für alle Arten von ähnlichen Veranstaltungen gedacht, die die Mitarbeiter der Präfektur des Päpstlichen Hauses unter Leitung von Erzbischof Dr. Gänswein für ihn vorsehen könnten. Vatikanexpertin Lucetta Scaraffia kommentierte dies im *Messaggero* (24. Juni 2013): »Seine Abwesenheit sagte mehr aus als alle Worte, Erklärungen und jedwedes Ritual. ... Was zählt, ist die Geste.« Der Papst habe mit seiner Geste Prälaten jeder Art, die gewohnt seien, »für ihre Irrtümer nicht bezahlen zu müssen«, gezeigt, dass die Zeichen umgestellt wurden. Der leere Stuhl des Papstes habe den anwesenden Kardinälen und Bischöfen die Luftveränderung vor Augen gestellt. Und es habe sich keineswegs um ein Desinteresse an Beethoven gehandelt. Offensichtlich hatte der Papst nach Überzeugung der Autorin auch keine Lust, die führenden Persönlichkeiten des Staatssenders RAI durch ein gemeinsames Foto in ihren Positionen auf wackelnden Stühlen zu bestätigen. Dass der Papst krank war, wie einige wissen wollten, konnte nicht sein, denn Leibarzt Patrizio Polisca hatte sich in einer der ersten Reihen eingefunden.

Einigkeit im Verständnis des Genius der Frau

Zum Genius der Frau dürfte Papst Franziskus eine ähnliche Einstellung haben wie der emeritierte Papst Benedikt XVI. Der frühere Erzbischof von Buenos Aires kennt als Seelsorger das Leid der Frauen in kinderreichen Familien und das Leid von in der Ehe misshandelten Frauen. Deren Schicksal steht ihm sehr viel näher als das Denken von Feministinnen in den USA oder in europäischen Ländern. Die Auswüchse der mit bloßem Oberkörper als Provokation auch bei kirchlichen Veranstaltungen auftretenden »Femen« dürften dem lateinamerikanischen Papst ein Lachen entlocken. Er kann in diesem Zeitphänomen in Europa und der damit verbundenen medialen »Sensation« wohl kaum einen Zusammenhang mit der Situation der Frauen in den armen Ländern der Welt entdecken.

Papst Benedikt XVI. hatte in seinen Ansprachen zur katholischen Soziallehre mehrfach alle staatlichen Institutionen mit Nachdruck aufgefordert, mit Hilfe einer angemessenen Sozialpolitik die Stabilität und Einheit der Ehe und eine Gleichheit von Mann und Frau »in Würde und Einheit beider« zu unterstützen. Diese These vertritt Papst Franziskus auch in seiner ersten Enzyklika *Lumen Fidei*. Hier geht es um die Rolle von »Mann und Frau, das Menschliche in seiner Ganzheit«. Der Papst aus Lateinamerika wehrt sich entschieden gegen eine Verschleierung der Verschiedenheit von Mann und Frau sowie gegen eine von Männlichkeitsdenken geprägte Einschätzung der Frauen. Er unterstützt die Notwendigkeit gegenseitiger Anerkennung und Zusammenarbeit unter Akzeptierung der Verschiedenheit der Geschlechter. »Gott hat Mann und Frau gemäß ihrer Besonderheit eine eigene Berufung und Mission in Kirche und Welt anvertraut.« Diese Einschätzung hat Papst Franziskus mehrfach in seinen morgendlichen Predigten im Gästehaus Santa Marta zum Ausdruck gebracht.

Papst Benedikt hatte des Öfteren hervorgehoben, Kinder hätten von ihrer Empfängnis an das Recht, auf Vater und Mutter zählen zu können, die sich um sie kümmern und ihr Wachstum begleiten. Der Staat müsse das Recht der Eltern und deren unersetzbare Aufgabe als Erzieher fördern. Joseph Ratzinger hatte sich während seines Pontifikats die von seinem Vorgänger Johannes Paul II. in dem Dokument *Mulieris Dignitatem* vorgegebenen Richtlinien gegen eine Diskriminierung der Frauen in Ländern der Dritten Welt zu eigen gemacht. Dort führe das kulturelle und soziale Umfeld oft zu deren Unterbewertung in ihrer Rolle als Frau, zu Gewaltakten und zu deren Ausbeutung im Bereich der Publicity und der Vergnügungsindustrie. Benedikt XVI. hatte in diesem Zusammenhang mehrfach eine erneuerte anthropologische Forschung befürwortet, welche die »große christliche Tradition in die Fortschritte der Wissenschaft einbezieht und zur Stärkung der jeweils weiblichen und männlichen Identität beiträgt, welche heute nicht selten ideologischen und willkürlichen Auslegungen ausgesetzt ist.«

In seinem Schreiben *Mulieris Dignitatem* hatte Karol Wojtyla auch festgesetzt, dass der Zugang zum Priestertum den Männern vorbehalten bleibt. Er hatte ein Ja zum Zölibat, ein Ja zur Mutterschaft wie auch zur Jungfräulichkeit befürwortet und einen nachdrücklichen Appell an die Verantwortlichen in Politik und Gesellschaft gerichtet, der Arbeit der Frau in der Sorge für die Familie eine gerechte Wertschätzung zukommen zu lassen, damit diese wegen ihrer nur häuslichen Arbeit nicht »sozial gebrandmarkt und wirtschaftlich bestraft« oder diskriminiert wird. Frauen sollten nach dem Willen der Kirche »in der Welt der Arbeit und des gesellschaftlichen Lebens gegenwärtig sein und zu verantwortungsvollen Positionen Zugang gaben, die ihnen die Möglichkeit bieten, die Politik der Völker zu inspirieren und neue Lösungen für die wirtschaftlichen und sozialen Probleme anzuregen.«

Gefragt sei der »Genius der Frauen«, nämlich deren einzigartige Fähigkeit, für den anderen zu sorgen, Widerwärtigkeiten standzuhalten, unter extremen Umständen das Leben erträglich zu gestalten, einen festen Sinn für die Zukunft zu wahren wie auch »durch Tränen an den Preis jedes Menschenlebens zu erinnern«.

Johannes Paul II. hatte die Vorgaben aus seinem Apostolischen Brief *Mulieris Dignitatem* (Über die Würde der Frau) von 1988 in einem »Brief an die Frauen« aus dem Jahre 1995 weitergeführt, in dem er sich kritisch mit den radikalen Strömungen des Feminismus und deren Auswirkungen auseinandergesetzt hatte. Die Überlegungen zur Frau stützten sich auf die Vorgaben der Schöpfungsgeschichte und der biblischen Anthropologie, der zufolge Mann und Frau von Anfang an von Gott gerufen sind, nicht nur nebeneinander oder miteinander, sondern auch »einer für den anderen« zu leben. So sei die Ehe die erste und gewissermaßen grundlegende Dimension dieser Berufung zur Zweisamkeit. »Frauen und Männer sind von Beginn der Schöpfung an unterschieden und bleiben es in alle Ewigkeit«, hieß es in dem Dokument. Die Beziehung zwischen Mann und Frau dürfe in ihrer gerechten Ordnung »nicht zu einer misstrauischen defensiven Gegnerschaft« heruntergestuft werden. Der katholischen Amtskirche sind nach wie vor Auswüchse im nordamerikanischen Feminismus ein Dorn im Auge, die zu einer Unklarheit und Vermischung des Begriffs Geschlecht beigetragen haben und vom Heiligen Stuhl bereits bei der Pekinger UN-Konferenz über die Frauen abgelehnt wurden. Die Unterschiede zwischen den Geschlechtern sollen dieser Tendenz zufolge beseitigt und als Auswirkung einer historisch-kulturellen Gegebenheit betrachtet werden. Dabei wird die leibliche Verschiedenheit, das Geschlecht, auf ein Minimum reduziert, während die streng kulturelle Dimension (Gender) in höchstem Maße herausgestrichen wird. Das Problem des »Gender« hatte Joseph Ratzinger bereits in dessen Amtszeit als Oberster Hüter der kirchlichen Lehre auf den Plan gerufen: Er hatte mehrfach darauf verwiesen, dass die Verfechter von Gender der Ansicht seien, dass diese Auffassung gewisse Perspektiven für eine Gleichberechtigung der Frau begünstigen könnten, indem sie versuche, die Frauen von einer biologischen Determinierung als Frau zu befreien. In Wirklichkeit fördert Gender nach Ansicht von Joseph Ratzinger aber Ideologien, »welche die Familie in Frage stellen, in der es naturgemäß Eltern, also Vater und Mutter gibt, und die Gleichstellung der Homosexualität mit der Heterosexualität sowie ein neues Modell polymorpher Sexualität fördern«, heißt es in einem Dokument der römischen Glaubenskongregation über Frauen.

Papst Franziskus und Deutschland

Welche Verbindungen unterhält Papst Franziskus mit Deutschland? Die Lehrenden und Studierenden der Philosophisch-Theologischen Hochschule Sankt Georgen haben Jorge Bergoglio sofort nach seiner Wahl ein Telegramm gesandt und ein Kommuniqué auf ihrer Webseite herausgegeben. Darin heißt es: »Wir freuen uns über die Wahl von Kardinal Jorge Mario Bergoglio zum Bischof von Rom und zum Oberhaupt der katholischen Kirche. Der frühere Provinzial der argentinischen Jesuitenprovinz ist unserer Hochschule verbunden, weil er anlässlich eines Studienaufenthalts in Deutschland Mitte der 1980er Jahre einige Monate in Sankt Georgen verbrachte, um sich mit einzelnen Professoren über ein Dissertationsprojekt zu beraten. Zu einem Abschluss in Sankt Georgen ist es nicht gekommen«. Doch welches Thema hatte den heutigen Papst für eine Doktorarbeit interessiert? Es heißt aus deutschen Jesuitenkreisen in Rom und Sankt Georgen, Jorge Bergoglio hege große Bewunderung und eine besondere Vorliebe für den Religionsphilosophen und Theologen Romano Guardini (1885–1968).

Der katholische Priester weist in seinem Lebenslauf einige Ähnlichkeiten mit dem Bergoglios auf: Er hatte zwei Semester Chemie in Tübingen und drei Semester Nationalökonomie in München und Berlin studiert, bevor er sich entschied, katholischer Priester zu werden. Der argentinische Kardinal dagegen hatte als Chemielaborant gearbeitet, bevor er sich zum Priestertum entschied. Beide Geistlichen wurden an einem 17. geboren. Beide Geistlichen mussten sich gegen ein totalitäres Regime zur Wehr setzen: Während Jorge Bergoglio die Auswüchse der argentinischen Diktatur zu spüren bekam und sich gegen deren Übergriffe zur Wehr setzte, kämpfte Guardini gegen Hitler. Während der Zeit des Nationalsozialismus musste er einige Kompromisse mit den Machthabern schließen, die ihn ab 1934 bespitzeln ließen. Seinen passiven Widerstand ließ er in seine Schriften *Der Herr* und *Welt und Person* einfließen, die seinen Lesern bereits damals als durchgängige Widerlegung der nationalsozialistischen Ideologie galten. Insgesamt gilt Guardini heute gleichermaßen als Konservativer mit Blick nach vorn wie auch als Erneuerer mit Blick zurück.

Mit seiner ersten größeren Schrift *Vom Geist der Liturgie* (1917) hat Romano Guardini Maßstäbe für die Liturgische Bewegung und Liturgische Erneuerung gesetzt und damit die Liturgiereform des Zweiten Vatikanischen Konzils wesentlich geprägt. Der wesentliche Unterschied zwischen Guardini und Franziskus besteht in der Verschiedenheit der Schwerpunkte, die beide sich in ihrem Leben gesetzt haben. Guardini ist ein großer Gelehrter wie viele Jesuiten, während der Jesuit Bergoglio ein großer Seelsorger mit Charisma ist. Beide wiederum widersetzen sich jeder auf seine eigene Art den Machtansprüchen der säkularen Welt. Pater Peter Gumpel SJ sagte im Gespräch mit der Autorin über Jorge Bergoglio: »Charisma ist bei den Jesuiten nicht besonders gefragt. Ein Jesuit, der über Charisma verfügt, macht sich in der Gesellschaft Jesu eher verdächtig.«

Kampf gegen Pädophilie – das neue Vatikanische Strafgesetz vom 11. Juli 2013

11. Juli 2013: Der von dem emeritierten Papst Benedikt XVI. begonnene Kampf gegen Pädophilie geht weiter. Im Vatikan wird eine weitreichende Reform des vatikanischen Strafgesetzbuches vorgestellt. Mit der Reform, so erklärte der Präsident des Vatikanischen Gerichtshofes Giuseppe Dalla Torre bei einer Pressekonferenz im Vatikanischen Pressesaal, gleiche der Heilige Stuhl seine Gesetzgebung an herrschende internationale Standards und insbesondere an internationale Konventionen an.

Diese wurden vom Heiligen Stuhl als Völkerrechtssubjekt unterschrieben und werden mit der aktuellen Reform nun auch normativ in die vatikanische Rechtsprechung einbezogen. Außerdem wurde das Höchstmaß für Haftstrafen von lebenslang auf 35 Jahre reduziert und die direkte strafrechtliche Verantwortlichkeit von juristischen Personen eingeführt sowie Empfehlungen des Expertenkomitees Moneyval zur Angleichung an internationale strafgesetzliche Standards bei der Geldwäschebekämpfung eingearbeitet. Bei der Pressekonferenz im Vatikanischen Pressesaal sagte Dalla Torre: »Sehr wichtig im Zusammenhang mit der Einführung internationaler Normen in staatliches Recht ist die Anpassung der Normen zum Schutz von Minderjährigen vor Delikten wie Gewalt und Missbrauch.« Der vatikanische Gesetzgeber gleicht sich mit dieser Änderung den internationalen Standards an. All das zusammengenommen wird durch ein Motuproprio (Erlass aufgrund persönlicher Initiative) von Papst Franziskus ergänzt. Mit diesem Akt treten die Gesetze nicht nur auf dem Territorium des Vatikanstaates in Kraft, sondern erstrecken sich auf den gesamten Bereich des Heiligen Stuhls wie Nuntiaturen oder andere Funktionsträger. Ein ähnliches Motuproprio hatte Benedikt XVI. im Jahr 2010 verabschiedet, um die vatikanische Gesetzgebung an internationale Standards im Hinblick auf die Bekämpfung von Geldwäsche und Terrorismusfinanzierung anzugleichen.

»Was die Verbrechen gegen Minderjährige betrifft, so wurden komplementäre Strafgesetze zur Einführung der internationalen Konventionen geschaffen. Als minderjährig gelten dabei ohne Ausnahmen Personen unter 18 Jahren. Namentlich genannt sind die Delikte Verkauf, Prostitution, Anwerbung und sexuelle Gewalt gegenüber Kindern, die Pädopornografie, der Besitz von pädopornografischem Material und sexuelle Akte mit Kindern.« Diese Verbrechen, so präzisierte Dalla Torre, waren bereits vor der Reform strafbar, doch sie wurden dort weitaus allgemeiner unter dem Begriff von Gewalt gegenüber Kindern zusammengefasst. Die Präzisierung der Normen in diesem, aber auch in anderen Bereichen erlaube nun auch einen reibungsloseren internationalen Austausch bei der Verbrechensbekämpfung und Strafverfolgung.

Das vatikanische Strafgesetzbuch basiert nach wie vor zu großen Teilen auf dem italienischen Codice Zanardelli von 1889 und der Strafprozessordnung von 1913, die mit den Lateranverträgen 1929 vom Vatikan übernommen wurden. Die aktuell veröffentlichten neuen Gesetze werden ab dem 1. September 2013 in Kraft treten und sind auf der Homepage des vatikanischen Governatorates unter *www.vaticanstate.va* einsehbar. Weitere Gesetze, die vor allem verwaltungstechnischer Natur sind, werden nach der Sommerpause erwartet.

Homosexualität – im Vatikan und in der Kirche ein Tabuthema

Der vorbildhafte Rückzug des Keith O'Brien

Zum Konklave im März 2013 schreibt der englische Rom-Korrespondent von *The Italian Insider* und Buchautor Philip Willan im April 2013: »Wolken von Weihrauch und Schwaden von weißem Rauch gehören der Tradition zufolge zu den althergebrachten Riten einer Papstwahl. Doch die Kardinäle, die hinter der Wahl von Kardinal Jorge Bergoglio standen, wollten einer unerfreulichen Brise von Skandal und Scheinheiligkeit entgegenwirken.« Willan weiter: »Sexueller Missbrauch durch Geistliche, Finanzskandale und Homosexualität waren alles Themen, die auf dem Kalender der 115 Papstwähler im März 2013 standen.«

Das Thema »Homosexualität im Vatikan« ist in offiziellen Rom-Kreisen ein Tabuthema. Aus der Autorin zugänglichen Quellen der italienischen Geheimdienste verlautet, dass der untreue Kammerdiener von Papst Benedikt XVI., Paolo Gabriele, eine bisexuelle Veranlagung hatte. Er hatte diese den Geheimdienstquellen zufolge bereits als Halbwüchsiger entwickelt. Damals sei er gern in Kleidung der englischen Folk-Liedermacher aufgetreten. Von seinen Kameraden sei er aufgrund seiner überaus engen Bindung an den Pfarrer einer Kirche im römischen Zentrum als »il ragazzo del parocco« (der Junge des Pfarrers) betrachtet worden. War es mangelndes Selbstbewusstsein eines von seinen Kameraden eher als »Schwachkopf« eingestuften jungen Mannes, der Paolo Gabriele zum weltweit bekannten Verräter machte?

In dem 300 Seiten langen Bericht vom Dezember 2012 der drei »Detektiv-Kardinäle«, die Papst Benedikt XVI. zur Aufdeckung von Gabrieles

Drahtziehern eingesetzt hatte, dürften zahlreiche Wahrheiten auch zum Thema Homosexualität zu finden sein. Der Rücktritt von Papst Benedikt XVI. am 11. Februar 2013 wird mit dem Nachlassen der körperlichen Kräfte des bayerischen Papstes ebenso wie mit der Kenntnisnahme dieses Berichts in Verbindung gebracht. Ob noch kompromittierende Fotos aus dem von der Vatikanischen Gendarmerie beschlagnahmten Archiv Paolo Gabrieles in Umlauf kommen und Einzelheiten aus dem 300 Seiten langen Bericht der Presse zugänglich werden? Im Vatikan versucht man, sich darüber keine Gedanken zu machen. Die Brisanz möglicher neuer Enthüllungen dürfte nach dem Pontifikatsende am 28. Februar 2013 für die Medien unerheblich sein, hoffen hohe Würdenträger.

Während des Vorkonklaves hatte der Rückzug des Kardinals Keith O'Brien (Jahrgang 1938), Erzbischof von Saint Andrews und Edinburgh, aus der Schar der Papstwähler wegen schwerwiegender Verfehlungen weltweit Aufsehen erregt. Bereits im November 2012 hatte O'Brien Papst Benedikt XVI. seinen Amtsverzicht als Diözesanbischof zum Ablauf seines 75. Lebensjahres am 17. März 2013 mitgeteilt. Doch dann entschied sich Benedikt, den Rücktritt O'Briens bereits zum 25. Februar anzunehmen, nachdem Presseberichte über das unangemessene Verhalten des Kardinals erschienen waren. Die Selbstanklage Anfang März 2013 und der Verzicht des ersten Kardinals in der jüngeren Kirchengeschichte auf die Teilnahme an einem so weltbewegenden Ereignis wie einer Papstwahl sollten Schule machen. Der Fall sollte für alle künftigen Papstwahlen als Vorbild dienen. Er sollte aber auch in Zeiten, in denen der Stuhl Petri regulär besetzt und die Kirche aufgrund einiger hoher Würdenträger in Misskredit geraten ist, eine Mahnung an das Gewissen der Mitglieder des höchsten Senats der Kirche sein. Die Autorin ist überzeugt: Alle Kardinäle, die aufgrund ihres persönlichen Verhaltens, in ihrer Amtsführung als Erzbischöfe in den Diözesen in aller Welt oder in der Ausübung ihrer Kurienämter der Kirche und deren Glaubwürdigkeit schaden, sollte der amtierende Papst ihrer Kardinalswürde entheben, falls diese nicht bereit sind, freiwillig auf ihren Kardinalshut und die damit verbundenen Privilegien zu verzichten.

Für seinen freiwilligen Verzicht auf die Teilnahme am Konklave im März 2013 hatte der Kardinal aus Schottland mit seinem moralischem Fehlverhalten aus einer dreißig Jahre zurückliegenden Vergangenheit argumentiert: Sein sexuelles Verhalten sei »unter dem Standard dessen gewesen, was von einem Priester erwartet wird«, hatte es in dem unter den Journalisten Aufsehen erregenden Kommuniqué geheißen. Darin hatte der Kardinal öffentlich homosexuelle Beziehungen zu einem Untergebenen zugestanden. Während der täglichen Pressekonferenzen im Vorkonklave waren die Korrespondenten aus aller Welt in ihren Fragen an den Direktor des Vatikanischen Pressesaals, Pater Federico Lombardi SJ, regelmäßig auf den Fall O'Brien zurückgekommen. Daraufhin war selbst dem für seinen Langmut und seinen Humor von den Journalisten aus aller Welt bewunderten Jesuiten schließlich der Geduldsfaden gerissen: »Wir können nicht die ganze Woche damit verbringen, über Kardinal O'Brien zu sprechen«, so Lombardi im Vorfeld der Wahl von Papst Franziskus. Ein dem Apostolischen Nuntius in London vorliegender Bericht über die Verfehlungen soll die Entscheidung von O'Brien zum Verzicht auf die Teilnahme am Konklave ebenso wie dessen Aussagen zur Abschaffung des Zölibats in einem BBC-Interview beeinflusst haben. Dass der Heilige Stuhl dem Kardinal zum Rückzug geraten habe, gilt eher als unwahrscheinlich. Dann hätte dieser auch anderen Papstwählern wie dem Wiener Kardinal Christoph Schönborn OP denselben Rat erteilen müssen. »Als ich jung war, heirateten Priester nicht, und das war es ganz einfach«, habe der Kardinal gegenüber der britischen BBC am 22. Februar 2013 erklärt. Gleichzeitig habe er darauf hingewiesen, dass die priesterliche Ehelosigkeit nicht göttlichen Ursprungs sei und dieses Thema wohl neu diskutiert werden müsse.

Mir gegenüber hat einmal der inzwischen verstorbene langjährige Generalvikar des Militärbischofsamtes in Bonn, ein plausibles Argument für das Festhalten der katholischen Kirche am Zölibat genannt. Er fragte, wie die Kirche denn ihre Struktur und ihre Mitglieder finanziell erhalten oder die Verbreitung des Evangeliums garantieren solle, wenn Priester heiraten dürften. »Was passiert zum Beispiel, wenn ein Priester heiraten darf und mit seiner Frau in der Ehe vielleicht drei Kinder und mehr in die Welt sctzt. Danach erkennt er plötzlich, dass er seine Frau nicht mehr liebt, und trennt sich von ihr. Dann verliebt er sich erneut, heiratet wieder und bekommt erneut Nachwuchs. Das heißt, die Kirche, die bisher die Existenz ihrer

Mitglieder garantieren kann, muss für die soziale Versorgung der neuen Patchwork-Familien innerhalb der Kirche aufkommen. Wird durch die Abschaffung des Zölibats nicht der gesamte Aufbau der Kirche und der Vorgaben ihrer Lehre wie die Unauflöslichkeit des Sakraments der Ehe untergraben?«

Jorge Bergoglio und die Homo-Ehe – noch immer ein »Werk des Teufels«?

Löst sich die harte Linie der katholischen Kirche gegenüber einer Legalisierung gleichgeschlechtlicher »Ehen« langsam auf? Als Spiegelbild für den allmählichen Wandel im Denken der Kirche von heute erscheint ein Interview mit einem der »großen Papstwähler« von Jorge Bergoglio, dem früheren belgischen Primas, Kardinal Godfried Danneels. Im Gespräch mit der belgischen Zeitung *Le Soir* erklärte der langjährige Erzbischof von Mechelen-Brüssel kurz vor seinem 80. Geburtstag am 4. Juni 2013, die Kirche habe sich nie der Tatsache gegenüber verschlossen, dass es gleichgeschlechtliche Verbindungen in einer »Form von Ehe« gibt. Er hob hervor, dass in diesem Zusammenhang von einer »der Ehe ähnlichen« Verbindung die Rede sei. Es handele sich dabei in den Augen der Kirche nicht um eine »wahre Ehe«, so wie diese zwischen Mann und Frau bestehe. Es sei also notwendig, im Falle homosexueller Verbindungen ein anderes Wort an Stelle des Begriffs Ehe »für das Wörterbuch« zu finden. Die Kirche habe nichts dazu zu sagen, dass entsprechende Verbindungen durch das Gesetz legitimiert werden, so der streitbare Kardinal.

Als Godfried Danneels sich zur Endzeit des Pontifikats von Papst Johannes Paul II. offen heraus als möglichen Nachfolger des polnischen Papstes auf dem Stuhl Petri angeboten hatte, hatten viele Kurienkardinäle an den Hebeln der absoluten Macht im Apostolischen Palast den Kopf geschüttelt. Nach Überzeugung von Kardinal Danneels, der sich mit Erreichen des 80. Lebensjahres auch aus allen Aufgaben in Kurienbehörden verabschiedet hat, ist die Position der katholischen Kirche in Fragen der Morallehre »durchlässiger« geworden. Als Beispiel dafür hatte Danneels auch die veränderte Haltung der Kirche gegenüber Selbstmördern herangezogen. Heute ziehe die Kirche die betroffenen Personen und deren jeweilige Situation »in ihrer Gesamtheit« in Betracht. Selbstmördern sei dagegen früher die Beisetzung in geweihter Erde und ein kirchliches Begräbnis verweigert worden.

Viele der »großen Papstwähler« aus dem progressiven Flügel innerhalb des Kardinalskollegiums trauen Papst Franziskus Kehrtwendungen zu. Doch bisher weisen alle Zeichen darauf hin, dass diese sich einer Illusion hingeben: Jorge Bergoglio bleibt seinen früheren Positionen treu, scheint es. Als richtiger Jesuit ist er ein Individualist und geht seinen eigenen Weg. Es ist dabei unerheblich, ob es sich um eine mögliche Legalisierung von der »Ehe ähnlichen« gleichgeschlechtlichen Verbindungen oder um die vor allem in deutschen Landen häufig geforderte Weihe von »Diakoninnen« handelt. Er dürfte es den jeweiligen Ortskirchen wie in Frankreich oder auch in Kroatien überlassen, Position »für und wider« zu beziehen.

Am 19. März 2013 – sechs Tage nach der Wahl von Papst Franziskus – hatte die *New York Times* hervorgehoben, der frühere Erzbischof von Buenos Aires sei für einen Kompromiss im Hinblick auf »Gay-Ehen« eingetreten, als sich in Argentinien zwischen 2009 und 2010 die Diskussion über die gesetzliche Anerkennung gleichgeschlechtlicher Verbindungen in Form einer Zivilehe entflammt war. Sandro Magister schreibt dazu am 10. Juni 2013 in seinem Blog: »Was wirklich geschehen ist, bedeutet genau das Gegenteil: Nach anderen glaubwürdigen journalistischen Quellen wurde von den argentinischen Bischöfen bei einer Versammlung der Bischofskonferenz darüber diskutiert, wie die Frage angegangen werden sollte. Schließlich überwog nicht die Linie der ›Tauben‹, die in der Person von Jorge Bergoglio repräsentiert war, sondern die der ›Falken‹ unter Führung des Erzbischofs von La Plata, Hector Ruben Aguer. Es ging nicht um die Frage, ob man sich den ›Gay-Ehen‹ entgegenstellen solle oder nicht, sondern um eine Wortwahl, welche den Begriff ›Ehe‹ ausschaltete. Nur wenige Wochen vor der Approbation der Gesetzgebung in Argentinien am 15. Juli 2010 über die Anerkennung von homosexuellen Ehen und die Adoption von Kindern durch diese Paare schrieb Jorge Bergoglio einen Brief an die vier Schweigeklöster der Karmelitinnen in Buenos Aires, es handele sich nicht einfach nur um einen Gesetzesentwurf, sondern ›um eine Gebärde des Vaters der Lüge, welcher versucht, die Kinder Gottes zu verwirren und zu täuschen‹. Er bat die Ordensfrauen für ihr Gebet, ›damit der Herr bei der bevorstehenden Abstimmung seinen Geist über die Senatoren sende‹. Diese sollten sich in ihrem Votum nicht vom Irrtum oder von unwesentlichen Beweggründen leiten lassen, sondern von dem, was das Naturgesetz und das Gesetz Gottes ihnen eingibt.«

Nach den Informationen von Sandro Magister sah Bergoglio in dem neuen Gesetz »den Neid des Teufels wirken, der durch die Sünde in die Welt getreten ist: ein Neid, der in schlauer Weise versucht, das Bild Gottes zu zerstören, das heißt, dass Mann und Frau dazu berufen wurden, sich zu vermehren und sich die Erde untertan zu machen.« Der Erzbischof von Buenos Aires zog es vor, sein Anliegen den Gebeten der Klausurschwestern anzuvertrauen, als öffentliche Anklagen zu erheben, feierliche Erklärungen zu machen oder Kundgebungen zu organisieren. »Es gibt keine Anzeichen dafür, dass er als Bischof von Rom seine Verhaltensweise geändert hat«, urteilt der italienische Vatikanexperte.

Noch unter Papst Benedikt XVI. hatte der Heilige Stuhl eine strenge Linie vorgegeben: Homosexuelle Ehen widersprechen dem Naturrecht. Nur die Ehe zwischen Mann und Frau ist als Grundlage der Gesellschaft und der christlichen Familie schutzwürdig und trägt zum Gemeinwohl bei. Das Thema gehörte zu den nicht verhandelbaren Vorgaben für die Zugehörigkeit zur katholischen Kirche. Jetzt fragen sich Vatikanexperten, ob es unter dem Pontifikat von Papst Franziskus vielleicht eine schrittweise Annäherung an die immer größer werdende Gruppe gläubiger Homosexueller geben kann. Es geht um die mögliche Anerkennung einer Zivilehe von gleichgeschlechtlichen Paaren, die ihre Position sanktionieren wollen. Noch vor zehn Jahren war die Richtschnur ein absolutes Nein des kirchlichen Lehramts. Doch in jüngster Zeit haben sich einige Kardinäle und mehrere Erzbischöfe in verschiedenen Teilen der Welt dafür eingesetzt, dass von der Kirche zumindest eine Ziviltrauung ohne Proteste von Seiten der örtlichen Bischofskonferenzen akzeptiert werden kann. Damit ist noch lange keine positive Option für Adoptionen durch homosexuelle Paare verbunden. Die Seelsorge für homosexuelle Paare sieht Respekt für deren Wahl einer bestimmten Lebensform vor, aber keine Rechtfertigung.

4. Die ersten 100 Tage des Pontifikats von Franziskus

»Servus Servorum« (»Erster Diener aller Diener Gottes sein«) – das Papstmotto seit Gregor des Großen (590–604)

Macht und Ohnmacht einzelner hoher Würdenträger der Kirche und der Päpste haben sich einander während der Papstwahlen im 19. und 20. Jahrhundert abgewechselt. Benedikt XV. (1914–1922), der Papst, der den Ersten Weltkrieg verhindern wollte, war ohnmächtig gegenüber dem Kriegsgeschrei der Nationen. Pius XI. (1922–1939) war ohnmächtig gegenüber den Schicksalsmächten nach dem Ende des Kirchenstaates, die ihn zum Gefangenen im Vatikan machten, bis die Lateran-Verträge von 1929 unterzeichnet wurden. Seine Wahl resultierte aus einem Machtkampf vieler verschiedener Interessengruppen in der Kurie und in der Kirche. Pius XII. (1939–1958) war die Nachfolge auf den Leib geschrieben. Papst Johannes XXIII. (1958–1963), der das Zweite Vatikanische Konzil einberufen hatte, designierte Papst Paul VI. (1963–1978) zu Lebzeiten zu seinem idealen Nachfolger. Doch dessen Wahl – ein Konklave während des Konzils – erwies sich als Machtkampf ohnegleichen. Papst Johannes Paul I. (1978) war ein Reformer im Schafspelz, der während des Konklaves von 1978 selbst einen Lateinamerikaner (Aloisio Lorscheider, Erzbischof von Fortaleza) wählte, dem eine fromme Kirche der Armen – nach den Vorstellungen des brasilianischen Bischofs Hélder Câmara, des Vorkämpfers für die Armen während des Zweiten Vatikanischen Konzils – vorschwebte. Papst Johannes Paul II. (1978–2005) hatte nach seiner

Wahl im Sinn, das Joch des Kommunismus abzuschütteln, und wollte der Welt zeigen, dass der Kapitalismus die Weltwirtschaft und die Menschen auf Irrwege jenseits der Gottesfürchtigkeit führt. Nach dem emeritierten Benedikt XVI. (2005–2013) steht nun ein Papst am Ruder des Schiffes Petri, der sich ein ambitioniertes Programm auf seine Flagge geschrieben hat: den Weg zur Glaubenserhaltung fortzusetzen, sich intensiv um eine bessere Personalpolitik in der Verwaltung der Weltkirche zu kümmern und die Vatikanbank IOR von ihren dunklen Machenschaften zu befreien.

An Papst Franziskus wird nach den finsteren Skandaljahren 2010–2013 die Glaubwürdigkeit der römisch-katholischen Kirche gemessen werden – nicht nur in der Wahrnehmung der Katholiken, sondern ebenso vonden anderen christlichen Konfessionen und monotheistischen Weltreligionen.

Wer hilft dabei, das Schiff Petri wieder auf Kurs zu bringen? Papst Franziskus ist für die Unterstützung aller Strömungen innerhalb der katholischen Kirche, die er auch als Erzbischof von Buenos Aires hat wirken sehen, dankbar. Er ist dankbar, wenn die als Gegenstück der Jesuiten geltende katholische Personal-Prälatur Opus Dei oder die inzwischen weltweit verbreitete italienische Gemeinschaft Comunione et Liberazione Führungspersonal ausbildet und »gute Leute« auch unter den Laien ausfindig macht. Bereits bei seiner ersten Privataudienz hat der spanische Ordensgeneral der Gesellschaft Jesu, Pater Nicholas, seinem Mitbruder Papst Franziskus die »Personen wie auch die Struktur der Gesellschaft Jesu« zu dessen voller Verfügung gestellt. So wird Franziskus bei seinen Mitbrüdern im Jesuitenorden einen »Gegencheck« machen können, wenn er Informationen aus dem Vatikanischen Staatssekretariat über Vorgänge in den verschiedenen Ländern der Welt erhält.

Es war schon im Vorkonklave klar: Nach dem zarten Schöngeist und Intellektuellen Joseph Ratzinger, Papst Benedikt XVI., bedurfte es eines Papstes mit einer starken Hand. Doch mit welchem seiner Vorgänger könnte Franziskus am ehesten verglichen werden? Vielleicht mit Papst Sixtus V. (1585–1590), der auch als »Städtebauer-Papst« in die Kirchengeschichte eingegangen ist? Energisch hatte dieser während seiner Amtszeit das Gesicht der Stadt Rom verwandelt und Misswirtschaft ausgemerzt. Oder mit dem reformfreudigen »Canossa«-Papst Gregor VII. (1073–1085), der aufgrund seines Eifers bezüglich Kreuzzügen ins Heilige Land von Historikern als der

»kriegerischste« aller Päpste dargestellt wird? Am ehesten könnte Papst Franziskus nach Ansicht von Erzbischof Loris Capovilla, dem hochbejahrten Privatsekretär von Papst Johannes XXIII., mit »Papa Giovanni« verglichen werden. Als dieser auf Papst Pius XII. folgte, war bei den höfischen Regeln im apostolischen Palast Revolution angesagt. Capovilla im Gespräch mit der Autorin: »Es begann damit, dass Johannes XXIII. sich von den Kardinälen, die ihn gewählt hatten, nicht mehr die Füße küssen lassen wollte.« Dazu der italienische Historiker und linksliberale Intellektuelle Raniero La Valle in einem Interview mit dem italienischen staatlichen Radiosender GR1 (30. Juni 2003): »Früher trugen die Päpste Samtpantoffeln, damit sie sich die Füße küssen lassen konnten. Stellen wir uns einmal vor, heute wollte jemand die schwarzen ausgetretenen Schuhe des Papstes küssen!« Und La Valle erinnerte daran, dass der neue Papst in einer seiner ersten Predigten gefordert hatte, die Hirten der Kirche möchten »nach Schaf« riechen und sich als Vorbild für die Gläubigen in Bescheidenheit üben.

Schon mit der Tatsache, dass Franziskus den roten Umhang gleich nach seiner Wahl zurückgewiesen hatte, habe er vorgegeben, dass er die Zeichen der Macht des Papsttums nicht annehmen wolle, so La Valle. Anfang Juli 2013 hatte Papst Franziskus weiterhin klargestellt, dass er keine neuen »Gentiluomini di Sua Santita« benennen werde. Zwei dieser »Edelleute des Papstes« waren in den vergangenen Monaten vom Dienst suspendiert worden, nachdem die italienische Staatsanwaltschaft gegen sie Untersuchungsverfahren wegen Korruption und Geldwäsche eingeleitet hatte. In diesem Zusammenhang sei auch darauf verwiesen, dass die »Edelleute des Papstes« dank ihrer Position ein Konto bei der Vatikanbank IOR eröffnen dürfen.

Zu dieser ersten Maßnahme in Richtung einer allmählichen Abschaffung der Gentiluomini hatte der Angehörige einer alten römischen Adelsfamilie, Prinz Lillio Ruspoli, gegenüber einem der Sender von RAI-TV erklärt, Papst Franziskus habe völlig richtig gehandelt. Seit Papst Paul VI. die sogenannte Guardia nobile – die nur aus Adligen bestehende Nobelgarde der Päpste – abgeschafft hat, seien die sogenannten Edelleute rund um den Papst vor ihrer Berufung nicht ausreichend geprüft worden. Immer mehr Geldadel sei nur auf die Empfehlung eines Kardinals hin zu diesem prestigeträchtigen Amt des »Gentiluomo di Sua Santita« zugelassen worden. Das letzte Wort bei der

Einstellung eines Gentiluomo hat jedoch nach Auskunft des – dem Opus Dei angehörigen – Dekans der Gentiluomini, Dottore Pellegrini, im Gespräch mit der Autorin der vatikanische »Innenminister«. Den Dekan der Gentiluomini persönlich zu kennen, ist ein Privileg. Es bedeutet eine Einengung der außerordentlichen Machtbefugnisse des Präfekten des Päpstlichen Hauses und seines engsten Mitarbeiters, des Vizepräfekten, wie folgendes Beispiel – ein von der Autorin erlebter Fall am 6. Januar 2011 – belegt: Die Präfektur des Päpstlichen Hauses hatte einer exklusiven Gruppe die schlechtesten Sitzkarten zur Feier des Dreikönigsfestes im Petersdom zugesandt. Ein freundlicher Wink des Dekans genügte und leer gebliebene Sitzplätze in der Nähe des Altars konnten von den Produzenten des einzigen Kinofilms über Papst Benedikt XVI., *Francesco und der Papst*, besetzt werden.

Wenn Staatsbesuche im Vatikan angesagt sind, dann nimmt ein höfisches Zeremoniell seinen Lauf, dem uralte Regeln zugrunde liegen. Eine Papstaudienz, bei dem der hohe Gast mit dem Papst persönlich sprechen darf, hinterlässt bei diesem selbst und seinem Gefolge einen tiefen Eindruck. Über die vielen Helfer, die für einen würdigen und reibungslosen Ablauf des bereits unter Papst Benedikt XVI. stark vereinfachten Zeremoniells sorgen, weiß die Öffentlichkeit nur wenig. Wenn Staatsgäste wie zum Beispiel Fürst Albert II. von Monaco im Damasus-Hof des apostolischen Palastes eintreffen, dann werden sie von befrackten und mit vielen Orden geschmückten Edelleuten, den erwähnten »Gentiluomini di Sua Santita«, empfangen. Zu der Phalanx gehörte auch Don Gino Coppa Solari, wie er mir, der Autorin, erzählte. So habe er beim Empfang des monegassischen Fürsten Albert II. zu dessen Erstaunen daran erinnert, dass er ihn an dieser Stelle vor mehr als vierzig Jahren schon einmal begrüßt habe: Damals war dieser als Achtjähriger mit seiner Mutter Grazia Patrizia (Grace Kelly), seinem Vater Fürst Rainier III. und seinen Geschwistern von Papst Paul VI. zu einem Staatsbesuch im Vatikan empfangen worden. Don Gino Coppa Solari gehört seit vielen Jahrzehnten der exklusiven Schar der »Edelleute Seiner Heiligkeit« an, die heute von dem eleganten Dottore Pellegrini als Dekan an oberster Stelle vertreten werden.

Vor der Reform des päpstlichen Hofes im Jahre 1968 waren die Gentiluomini als »Camerieri segreti di Spada e Cappa« (Geheime Kammerherren mit Degen und Mantel) bekannt. Bis zu den Reformen des vatikanischen

Zeremoniells im Kielwasser des Zweiten Vatikanischen Konzils trugen die Gentiluomini spanische Hoftracht. Heute tragen sie einen (schwarzen) Frack und legen eine dreireihige goldene Halskette zu großen Anlässen an, die mit den päpstlichen Insignien – der Papstkrone (Tiara) und den gekreuzten Schlüsseln Petri – geschmückt ist. In vergangenen Zeiten gehörten die Gentiluomini römischen Adelsfamilien an, heute sind sie zum großen Teil bürgerlicher Herkunft. Ihre heikle Aufgabe: Sie fungieren als unmittelbare Begleiter der Gäste des Papstes auch als dessen »Aushängeschild«. Formvollendet betreuen sie die Besucher und erklären ihnen edle Kunstgegenstände und die Geschichte des apostolischen Palastes und der Päpste. Sie betreuen bei einem Staatsbesuch auch die Mitglieder des Gefolges, während der Papst mit dem hohen Staatsgast unter vier Augen spricht. Oft dauert es lange, manchmal aber auch nicht, bis dann die Personen des Gefolges in die Privatbibliothek des Papstes zu einer Vorstellung und einem gemeinsamen Foto zugelassen werden. Die Edelleute des Papstes haben auch den Ordnungsdienst und die Platzanweisung bei großen päpstlichen Zeremonien im Petersdom wie auch bei den am Mittwoch stattfindenden Generalaudienzen in der Audienzhalle Paul VI. und auf dem Petersplatz inne. Mit geschultem Blick mustern sie die Gäste und deren Einladungen und weisen Ehrengästen und den Mitgliedern des am Heiligen Stuhl akkreditierten Corps die für sie reservierten Plätze zu. Pflichtbewusstsein, Höflichkeit und Diskretion sind die Kriterien, nach denen die Gentiluomini ihren Dienst versehen.

Durch das Tragen eines malvenfarbigen Fracks unterscheiden sich die »Addetti di Anticamera« (Attachés der päpstlichen Vorzimmer) von den Gentiluomini. Ihre Amtskette ist zweireihig und aus Silber gefertigt. Bei allen Audienzen spielen auch die »Sediari«, die früheren Sänftenträger des Papstes, eine Rolle. Sie trugen in der Vergangenheit bei feierlichen Anlässen den päpstlichen Tragsessel auf ihren Schultern. Johannes Paul I., der 33-Tage-Papst (26.8.–28.9.1978), war das letzte Oberhaupt der Kirche, das diesen Dienst in Anspruch genommen hat. In der jüngeren Kirchengeschichte werden die Sediari nur noch in ihrer althergebrachten Funktion herangezogen, wenn der Papst stirbt: zur Überführung von dessen Leichnam aus der Sala Clementina, wo der Verstorbene – wie 2005 Johannes Paul II. – zur Verabschiedung von der römischen Kurie aufgebahrt ist. Der letzte Weg eines

Papstes führt durch eine kleine Tür ungefähr in der Mitte der schönen eleganten Treppen hinunter zum Bronzetor und über den Petersplatz hinweg bis zur Aufbahrung in der Petersbasilika.

Erste Gesten und Reisen von Papst Franziskus

8. Juli 2013. Ortstermin auf der Afrika vorgelagerten italienischen Insel Lampedusa: Von den Lippen des Papstes kommend wird eine »Kirche der Armen« erneut als Vorbild für Barmherzigkeit und als eine »unfehlbare Denkweise« für alle Gläubigen vorgegeben. Erstmals hatte Papst Franziskus während seiner ersten inneritalienischen Reise fast vier Monate nach Pontifikatsantritt um Vergebung für Unterlassungssünden gegenüber den am Rande der Gesellschaft stehenden Menschen gebeten. In einer von »außerordentlicher Menschlichkeit und gleichzeitig außerordentlicher Härte« (*www.affari italiani.it*) geprägten Predigt hatte Papst Franziskus gesagt: »Bitten wir den Herrn um die Gnade, über unsere Gleichgültigkeit und über die Grausamkeit in der Welt, in uns und in denen weinen zu können, die – ohne sich namentlich zu erkennen zu geben – sozialpolitische und wirtschaftliche Entscheidungen treffen, mit denen sie den Weg für Grausamkeiten freimachten, wie sie an diesem Ort erfolgten.« Mit seinen Worten bezog der Papst sich auf das weltweite Flüchtlingsdrama, so wie dieses mit westlichen Augen betrachtet wird. Hier prallen die Pflicht zur menschlichen Solidarität und die Gesetze zur Verteidigung »einer Kultur des Wohlstands« zusammen, welche »uns den Hilfeschreien der anderen gegenüber unsensibel macht«, so der Papst weiter. Mit diesen Worten hatte sich das Oberhaupt der katholischen Kirche eine geradezu »universale Übereinstimmung« sowohl unter den Freunden der Kirche wie auch unter deren erbittertsten Feinden gesichert. Zu Letzteren gehören auch diejenigen, welche die Kirche »so verarmt sehen möchten, dass sie von selbst verschwindet«, kommentierte Vatikanexperte Sandro Magister.

Bei seiner auf die Insel Lampedusa unternommenen Reise handelte sich Papst Franziskus lediglich Kritik aus den Reihen des rechtsgerichteten politischen Lagers Italiens ein. Die katholische italienische Zeitschrift *Famiglia*

Cristania geißelte am 10. Juli 2013 das »beschämende und peinliche Schweigen« der italienischen Politiker auf die aufrüttelnden Worte des Papstes. So hatte der Politiker Fabrizio Cicchitto vom rechten Flügel der von Silvio Berlusconi gegründeten Partei »Pol der Freiheit« (PDL) erklärt: »Die religiöse Predigt ist eine Sache, eine andere ist die Handhabung eines so komplizierten, komplexen und auch heimtückischen Phänomens wie das der Einwanderung.« Diese sei nur zu oft von kriminellen Gruppierungen geleitet, welche Profit aus der nicht regulären Einwanderung auf Lampedusa und von dort aus nach Italien und ins übrige Europa Nutzen ziehen.

Radio Vatikan bezeichnete die Reise nach Lampedusa als beredtes Zeichen. Der Blumenkranz, den der Papst für die Verstorbenen dem Meer übereignet habe, spreche für sich. Dies hob Pater Federico Lombardi SJ in seiner Funktion als Intendant des Vatikansenders in einem Kommentar hervor. Durch die Sündengeschichte der Menschheit von Adam und Kain angefangen, ziehe sich bis heute die anklagende Frage Gottes an Kain: »Wo ist dein Bruder?« Diese sei angesichts des Flüchtlingselends auch an uns gestellt. Mit dem Mächtig-Sein, dem Wunsch nach dem Groß-Sein wie Gott, sogar wie Gott selbst zu sein, habe eine Kette von Fehlern, eine Kette des Todes begonnen. Diese »führe dazu, dass das Blut des Bruders vergossen wird!«[7] Als er die Nachrichten von den Toten auf dem Meer gehört habe, sei in ihm der Wunsch gereift, nach Lampedusa zu kommen, hatte Papst Franziskus gestanden. Er, der auch aus seiner eigenen Familie das Emigrantenschicksal kennt – seine Großeltern waren einst aus Armut aus dem italienischen Piemonte nach Argentinien ausgewandert –, wollte damit die Gewissen aufrütteln. Papst Franziskus zelebrierte die hl. Messe übrigens vor einem Kreuz, das aus dem Holz der gekenterten Boote der Flüchtlinge aus Eritrea u.a. gezimmert war.

Auf der italienischen Insel Lampedusa waren in der Nacht zum Dienstag, dem 9. Juli 2013 150 weitere Flüchtlinge angekommen. Wenige Stunden nach dem Besuch von Papst Franziskus am Montag wurden die Neuankömmlinge bei Tagesanbruch zu einer Sammelunterkunft auf der Insel gebracht. Unterdessen wurden bereits weitere Boote mit Flüchtlingen südlich von Lampedusa gesichtet. Das UN-Flüchtlingskommissariat UNHCR hatte den Papstbesuch auf Lampedusa als eine Geste mit großer menschlicher und symbolischer Bedeutung bezeichnet. Der UNHCR-Beauftragte für Italien und Südeuropa, Laurens Jolles, erklärte, dass schon in diesen ersten Monaten des Pontifikats die Nähe Franziskus' zu den Interessen der Migranten und Flüchtlingen spürbar gewesen sei. Ihn freue es sehr, dass auf Lampedusa jetzt eine Delegation von Migranten dem Papst von ihren Fluchtmotiven und den Gefahren der Überfahrt erzählen konnte. Jolles betonte, dass der Besuch die Bevölkerung sicherlich im Hinblick auf die Flüchtlingsproblematik sensibilisieren werde. Auf der ganzen Welt seien 45 Millionen Menschen gezwungen, ihre Behausung aufgrund von Krieg und Verfolgung zu verlassen. Besonders denke man in diesen Tagen auch an diejenigen, die ihr Leben bei dem Versuch, sicheres Ufer zu erreichen, verloren haben, so Jolles weiter. Der Hohe Flüchtlingskommissar der Vereinten Nationen (United Nations High Commissioner for Refugees, UNHCR) schützt und unterstützt Flüchtlinge auf der ganzen Welt. Außerdem engagiert sich der UNHCR im Bereich der humanitären Hilfe für Flüchtlinge, Binnenvertriebene und Rückkehrer.

Nach dieser ersten Inlandsreise führte die erste Auslandsreise Papst Franziskus vom 22. bis 29. Juli 2013 nach Rio de Janeiro, Brasilien, zum Weltjugendtag. Die besondere Hingabe an die Muttergottes, deren unbefleckte Empfängnis in der Enzyklika *Lumen fidei* bekräftigt wird, verbindet Papst Franziskus mit seinen Vorgängern Papst Benedikt XVI. und Papst Johannes Paul II. Im Vorfeld seiner Teilnahme am Weltjugendtag in Rio de Janeiro hatte Papst Franziskus dem berühmten Wallfahrtsort der Schwarzen Madonna in Aparecida einen Besuch abgestattet.

»Es ist eine besondere Reise, weil der ›Papst vom anderen Ende der Welt‹« auf den Kontinent seiner Herkunft reist«, hatte Vatikansprecher Pater Federico Lombardi SJ bei einer Pressekonferenz zur Vorstellung der ersten Auslandsreise von Papst Franziskus hervorgehoben. Lombardi: »Die Reise war schon entschieden, aber das Programm wurde nach dem Wechsel im Pontifikat für Papst Franziskus um die Pilgerreise nach Aparecida, dem Besuch einer ›Favela‹ (einem ›Elendsviertel‹) und in einem Krankenhaus erweitert.« Insbesondere der Besuch in Aparecida sei von Papst Franziskus ausdrücklich gewünscht worden, so Lombardi. Damit wolle er an das Dokument von Aparecida von 2007 erinnern. Papst Franziskus habe diesen Text sehr präsent, nicht nur, weil dieser unter seiner Ägide erstellt wurde. Es handelt sich um das Abschlussdokument der Bischofsversammlung Lateinamerikas. Seit seiner Wahl überreiche der Papst jedem besuchenden Staatoberhaupt eine Kopie dieses Textes. Franziskus habe außerdem Änderungen im Stil von Papstreisen vorgenommen: So werde es auf dem Hinflug während des Treffens mit den Journalisten im Flugzeug nicht in der gewohnten Weise ein Wechselspiel von Frage und Antwort geben. Der Papst habe ihm gesagt, dass er während einer persönlichen Begegnung im Flugzeug alle Journalisten begrüßen wolle, so Lombardi.

Franziskus hat als dritter Papst Brasilien besucht, Johannes Paul II. war viermal dort gewesen, Papst Benedikt XVI. während seines wesentlich kürzeren Pontifikats nur einmal im Mai 2007, auch er hat Aparecida besucht. Gleich einige Tage nach seiner Wahl habe Franziskus der Reise zugestimmt. »Es ist ein wichtiger Moment im Leben der Kirche. Die Idee zu Weltjugendtagen stammt von Johannes Paul II.«, erinnerte Lombardi. Ein Weltjugendtag ohne die Anwesenheit des Papstes sei gar nicht denkbar, da sie eines der grundlegenden Elemente dieses Ereignisses sei.

Ich erinnere in diesem Zusammenhang an eine Schlüsselaussage von Pater Lombardi zum Rücktritt des deutschen Papstes anlässlich einer Buchvorstellung im Sitz von Radio Vatikan im Juni 2013: Vatikanjournalistin Angela Ambrogetti hatte bei dieser Gelegenheit eine Sammlung von Journalistenfragen und Antworten von Papst Benedikt XVI. bei »fliegenden Pressekonferenzen« präsentiert. »Moderator« Lombardi enthüllte, nach der Libanonreise Mitte September 2012 habe Papst Benedikt XVI. ihm angedeutet, dass dies seine letzte Reise ins Ausland war. Er habe nachdenklich gesagt: »Aber ein Papst muss schon in Rio dabei sein«, und dabei insgeheim seine Rücktrittsidee preisgegeben.

Der Weg der Gesellschaft Jesu führt an die Grenzen der Welt

Ende Januar 2008. Mit der Wahl eines Spaniers zum neuen Ordensgeneral hatte die Gesellschaft Jesu eine neue Ära in ihrer Geschichte eingeläutet und ihrer Missiontätigkeit an den Grenzen der Welt neuen Schwung verliehen: Zum neuen Ordensgeneral und 29. Nachfolger des Ordensgründers Ignatius von Loyola der Jesuiten wählten 217 Delegierte aus allen Ordensprovinzen der Gesellschaft Jesu nach langen geheimen Beratungen den spanischen Theologen Adolfo Nicolás (Jahrgang 1936). Er wurde mit Hola-Ovationen von seinen Mitbrüdern gefeiert, als er die Wahl annahm. Sandro Magister hebt in einem Kommentar vom 23. Januar 2008 ein doppeltes Merkmal der Kontinuität zwischen dem neuen Ordensgeneral und dessen Vorvorgänger zwischen 1965 und 1983, Pedro Arrupe, hervor: Beide sind in Spanien geboren und beide haben lange Jahre ihres Lebens in Japan verbracht. Auch Pater Giuseppe Pittau, der während der langen Krankheit von Padre Arrupe die Gesellschaft Jesu leitete, hatte als Rektor an der 1913 von den Jesuiten gegründeten Sophia-Universität in Tokio gewirkt. Adolfo Nicolás hatte seit 1964 im Fernen Osten gelebt und spricht außer seiner Muttersprache Spanisch Italienisch, Englisch und Französisch oder auch fließend Japanisch. Der neue Ordensgeneral macht dem ersten großen Missionar im Fernen Osten, dem hl. Franz Xaver, alle Ehre. An kritischen Fronten der Kirche wie der Asien-Mission zu arbeiten, ist für einen Jesuiten eine Ehre. Im Gegensatz zu einem Geistlichen in einem Mönchsorden kennen die Jesuiten keinen ihnen angestammten Platz wie ein Heimatkloster.

Was könnte sich mit dem Jesuiten-Papst Franziskus an der Spitze der Weltkirche zum Beispiel in Sachen China-Mission im Gegensatz zum Pontifikat von Papst Benedikt XVI. ändern? Nach Überzeugung der Autorin könnte er ähnlich wie der Erfinder der Vatikanischen Ostpolitik, Kardinal Agostino Casaroli, zur Zeit des Kalten Krieges agieren: Um das Evangelium und die Spendung der Sakramente nicht unter dem Kommunismus aussterben zu lassen, hatte dieser auch Priester akzeptiert, die mit den jeweiligen Regimen Kompromisse geschlossen hatten, um ihre Arbeit fortzuführen. Damit würde Papst Franziskus einen sehr »jesuitischen« Weg für Asien einschlagen. Er würde die von der Kirche in Rom abgespaltenen Geistlichen der »patriotischen Vereinigung« hofieren, um diese für die Amtskirche in Rom wiederzugewinnen. Eine solche »Politik« würde im Gegensatz zu der bisher unter der Leitung von Kardinal Ferdinando Filoni in Sachen China verfolgten Ausrichtung der Vatikanischen Kongregation für die Glaubensverbreitung stehen. Das Christentum ist in Asien heute im Vergleich zu den anderen Kontinenten am wenigsten verbreitet. In der Vergangenheit war dies anders:

Die Verbreitung der Frohen Botschaft in Richtung Persien, Indien und China war vor allem der Gesellschaft Jesu und ihrer großen Gestalten wie dem italienischen Missionar Matteo Ricci[8] zu verdanken. Im Einvernehmen mit dem Papst könnte Ordensgeneral Nicolás eine neue Blüte der Asien-Mission der Gesellschaft Jesu anstreben. Papst Johannes Paul II. und Papst Benedikt XVI. hatten in wiederholten Gesten gegenüber der Volksrepublik versucht, die Eiszeit in den Beziehungen zwischen dem Heiligen Stuhl und Peking aufzutauen. Die spannende Frage lautet also: Kann der »Schwarze Papst« – wie der Ordensgeneral auch genannt wird – mit dem in Weiß gekleideten Ordensbruder auf dem Stuhl Petri eine Wende in der Asien-Mission einleiten?

Der seit fünf Jahren amtierende Ordensgeneral Adolfo Nicolás hat Papst Franziskus bei zwei Sonderaudienzen die volle Verfügbarkeit seiner »Strukturen« und seiner einst als Elitetruppe der Päpste bezeichneten Jesuiten[9] zugesichert. Mit insgesamt 17.637 Brüdern und Priestern (Stichtag 1.1.2012) ist der Jesuitenorden zahlenmäßig der größte Orden der katholischen Kirche. In einem Artikel der internationalen theologischen Zeitschrift *Concilium* (Nr. 3) hatte Nicolás bezüglich der Beziehungen zwischen dem Christentum und den anderen Religionen und Kulturen Positionen eingenommen, die nicht immer mit der offiziellen Lehre der Amtskirche übereinstimmten. Wird Papst Franziskus sich in der Frage der Asien-Mission von den Positionen der römischen Kurie absetzen? Wird er sich mit einer Annahme neuer Herausforderungen an den Grenzen der Welt, und nicht nur an den Grenzen der Peripherie der Armen in Lateinamerika und Afrika, neue Gegner innerhalb der Verfechter von festgefahrenen Bahnen in der Vatikanischen Außenpolitik schaffen? Laut Adolfo Nicolás hat die katholische Kirche die Verpflichtung, den »religiösen Reichtum anderer Religionen und die reale Erlösung, welche diese über Tausende von Generationen hinweg ihren Anhängern bieten«, anzuerkennen. Diese These dürfte mit hochgezogenen Augenbrauen in den hohen Rängen des Vatikanischen Staatssekretariats und auch in der römischen Glaubenskongregation zur Kenntnis genommen werden, kommentiert Vatikanexperte Sandro Magister. In seiner ersten Ansprache als neuer Ordensgeneral erklärte Nicolás am 20. Januar 2008, dem Tag nach seiner Wahl zum neuen Ordensgeneral: »Wir müssen einen bedingungslosen

Dienst in der Kirche leisten, weil nur Gott die treibende Kraft in der Kirche ist«. Ein Zeichen dafür, dass sich die Aufmerksamkeit der Kirche wieder in Richtung Ferner Osten gewandt hat, war die Seligsprechung des Jesuiten Pietro Kibe Kasui und seiner 187 Gefährten am 24. November 2008 in Nagasaki. Die neuen Seligen waren zwischen 1603 und 1639 als Märtyrer für den Glauben gestorben.

War es der fortschrittliche Holländer Kolvenbach gewesen, der Joseph Ratzinger auf den Weg zum Rückzug aus einem auf Lebenszeit ausgerichteten Amt führte? Erstmals in der Geschichte der vom hl. Ignatius von Loyola (1491–1556) gegründeten Gesellschaft Jesu hatte ein auf Lebenszeit gewählter Jesuitengeneral aus Altergründen um seinen Rücktritt angefragt. Mit der Annahme dieses Rücktritts durch die Generalkongregation des Ordens wurde im Januar 2008 ein Präzedenzfall geschaffen. Jesuitengeneral Hans-Peter Kolvenbach (damals 77 Jahre alt) hatte Papst Benedikt XVI. bei einer Audienz vor Weihnachten 2007 von seinem seit längerer Zeit gehegten Wunsch unterrichtet, die Leitung des mit – damals – rund 20 000 Mitgliedern immer noch größten Männerordens in der Welt abzugeben. Papst Benedikt hatte diese Absicht zur Kenntnis genommen und sich mit ihr einverstanden erklärt.

Sein Vorgänger Johannes Paul II. dagegen hatte den während der Endzeit des Pontifikats vorgetragenen Rücktrittsplan des Jesuitengenerals abgewiesen, um einen Vergleich zu seiner eigenen Situation zu vermeiden, erklärte Pater Peter Gumpel SJ im Gespräch mit der Autorin in Rom. Der am 30. November 1928 in den Niederlanden geborene Kolvenbach wollte nicht in die Diskussion über einen eventuellen Rücktritt Johannes Paul II. in den letzten Jahren seiner Krankheit verwickelt werden.[10] Deshalb hatte er seine Rücktrittsabsichten noch einmal zurückgestellt. Ebenso wie der Papst ist auch der wegen seiner schwarzen Ordenskleidung »Schwarzer Papst« genannte Jesuitengeneral im Gegensatz zu allen anderen Ordensoberen in der Welt den Statuten der Gesellschaft Jesu zufolge auf Lebenszeit gewählt. Über einen Rücktritt kann er allerdings im Gegensatz zum Papst nicht selbst entscheiden. Kolvenbach leitete die Gesellschaft Jesu seit 1983. Er war bei der 34. Generalkongregation der Gesellschaft Jesu zum Nachfolger des verstorbenen Spaniers Pedro Arrupe gewählt worden.

Unter dem Pontifikat von Franziskus dürften die früher in Konkurrenz zueinander stehenden Elitetruppen der katholischen Kirche – Jesuiten und Opus Dei – eher erstmals Hand in Hand für eine Weitergabe des Glaubens arbeiten. Denn der Jesuit auf dem Stuhl Petri hat eine weite Sicht und schätzt jeden, der auf seine Art zum Fortbestand des katholischen Glaubens beiträgt. Einem Jesuiten liegt das Einschlagen einer kirchlichen Karriere von seiner inneren Einstellung her fern – sonst würde er nicht in den Jesuitenorden eingetreten sein. Für alle Ordenskongregationen in der Welt gilt die Regel, dass deren Angehörige die beim säkularen Klerus übliche Promotion zum Monsignore überspringen und vom Papst – wenn überhaupt – direkt zum Bischof oder auch zum Kardinal ernannt werden. Warum vor Papst Franziskus noch niemals ein Jesuit – im Gegensatz zu seinen Mitbrüdern aus anderen Orden in der Geschichte der Kirche – den Papstthron bestiegen habe, fragen sich manche Gläubige. Die Antwort findet sich in der Ordensregel des hl. Ignatius von Loyola. Der Spanier, der 1534 in Paris den Jesuitenorden gestiftet hatte, war der Meinung, die Jesuiten sollten das Erklimmen der kirchlichen Karriereleiter den anderen überlassen. Er bestimmte, dass den Jesuiten keine hohen kirchlichen Ämter anvertraut werden sollten, damit ihre Mobilität – das heißt ihr ständig wechselnder Einsatz an den Brennpunkten der Mission – erhalten bleibe. Jesuiten, die auf Wunsch des Papstes dennoch in hohe kirchliche Ämter aufsteigen, verlieren nach der Regel des hl. Ignatius nach einiger Zeit automatisch ihre Rechte im Orden. Sie dürfen auch an keinen Generalkongregationen mehr teilnehmen. Dennoch gibt es heute in der Welt zwischen siebzig und achtzig Jesuiten-Bischöfe, allerdings fast nur in armen Entwicklungsländern, wo sie zuvor als Missionare tätig waren. Der Ordensgeneral hat die Aufgabe, beim Papst Bedenken anzumelden, wenn dieser die Mitglieder der Gesellschaft Jesu in den Bischofsrang erheben oder mit der Kardinalswürde auszeichnen will. Ihre Unabhängigkeit geht den Jesuiten über alles – auch wenn sie sich in Sachen der Mission noch heute als die Elitetruppe des Papstes verstehen und die »Speerspitze« der Kirche in der Glaubensverbreitung darstellen. Zu ihrer vorrangigen Aufgabe machten sie die Missionierung besonders in schwierigen »Grenzgebieten« wie China, Japan, Südamerika, aber auch Afrika (Äthiopien), aber auch in Russland und in den ex-kommunistischen Staaten Ost- und Mitteleuropas.

Ihre außerordentliche Klugheit und Bildung hatte sie in der Vergangenheit zu Beratern an Königs- und Kaiserhöfen gemacht. Nach dem Zweiten Vatikanischen Konzil erregten die Jesuiten viele Jahre lang weltweites Aufsehen wegen ihres manchmal, für einen Geistlichen, zu weit gehenden Einsatzes für Gerechtigkeit und Frieden. Ihr politisches Engagement für die Armen in Lateinamerika, oft an der Seite von linksgerichteten Ideologen, zwang den Papst mehrere Male, die Jesuiten zur Ordnung zu rufen und sie daran zu erinnern, dass die Übernahme eines politisches Amtes und politische Parteinahme für einen Priester nicht mit seinem Amt zu vereinbaren ist. Diese Spannungen sind heute weitgehend ausgeräumt.

Der bekannteste Jesuit in der Welt war der Erzbischof der größten Diözese der Welt, der Mailänder Kardinal Carlo Maria Martini SJ (Jahrgang 1927). Seit seiner Kardinalskreierung durch Johannes Paul II. am 2. Februar 1983 galt der Turiner Bibelwissenschaftler als »papabile par excellence«. Von 1969 bis 1978 war der 1952 zum Priester geweihte Martini Rektor des Päpstlichen Bibelinstituts in Rom. Seit 1979 stand er an der Spitze der Diözese des hl. Ambrosius und des hl. Karl Borromäus, die traditionell für die bedeutendste Diözese überhaupt gehalten wird. Giovanni Battista Montini, Papst Paul VI., leitete die Erzdiözese Mailand, bevor er zum Nachfolger von Johannes XXIII. gewählt wurde. Vor seiner Ernennung als Erzbischof von Mailand hätte Martini bei der Wahl eines Jesuitengenerals gute Erfolgschancen gehabt. Aufgrund seiner außerordentlichen Bildung und Intelligenz sowie seiner absoluten Seriosität und seiner Erfahrung hätte Martini wohl als Einziger neben dem Präfekten der römischen Glaubenskongregation, Kardinal Joseph Ratzinger, und späteren Papst Benedikt XVI. das perfekte geistige Rüstzeug für einen neuen Papst gehabt. Er wurde es nur nur deshalb nicht, weil das Pontifikat von Johannes Paul II. so lange währte und er selbst wie der Papst aus Polen zur Zeit des Konklaves 2005 an der Parkinson-Krankheit litt.[11]

Zusätzlich zu Martini hatte Papst Johannes Paul II. am 21. Februar 2001 zwei neue Jesuitenkardinäle kreiert. Einer davon gehörte zum engsten Team seines Pontifikats: Kardinal Roberto Tucci SJ, der langjährige Päpstliche Reisemarschall und Präsident der Verwaltungskommission des traditionell von Jesuiten geleiteten Vatikansenders Radio Vatikan. Bei dem anderen handelte es sich um den Erzbischof von Buenos Aires/Argentinien, Kardinal Jorge

Maria Bergoglio. Damals hatte wohl noch keiner geahnt, dass Jorge Bergoglio am 13. März 2013 zum neuen Papst gewählt werden würde. Übrigens: Im Gegensatz zu den anderen Orden in der Welt schließt die Gesellschaft Jesu die Gründung eines weiblichen Ordenszweigs bisher kategorisch aus. »Es hat ja auch keine ›Ignatia‹ gegeben«, erklärte der deutsche Jesuitenpater Georg Sans im Gespräch mit der Autorin zu diesem Thema.

Aufruf zur Bescheidenheit – die Kirche der Armen im Blick

Werden aus Freunden mit der Zeit Feinde?

Bei der Generalaudienz am 5. Juni 2013 hatte Papst Franziskus bewegende Worte zum Umweltschutz und zur Wegwerfkultur der Menschen in den Industrieländern gefunden. Der neue Papst bekräftigte in dieser fast programmatischen Ansprache auch seine strikte Haltung zum Beispiel in Sachen Lebensschutz. Wer sich von den überzogenen Hoffnungen liberaler Kardinäle vor allem aus dem deutschsprachigen Raum hatte »blenden« lassen, musste spätestens an diesem Tag Abstriche machen. Ob aus Freund mit der Zeit Feind wird? Nach 100 Tagen Pontifikat schwimmen die Wähler Bergoglios aus dem progressiven Flügel innerhalb des Kardinalskollegiums auf der weltweiten Symphathiewelle für Franziskus mit. Sie ahmen ihn nach. Aber sie tun ihm nicht nach.

Sie ahmen ihn nach, indem sie ihre mit Smaragden und Rubinen besetzten goldenen Brustkreuze nun durch einfache Metallkreuze ersetzen. Eine Versilberung gilt gerade noch als angebracht, weil ja auch der Fischerring von Franziskus versilbert ist. Doch was bedeutet: Sie tun ihm nicht nach? Das Wort »Entweltlichung« ist für viele hohe Würdenträger ein Fremdwort. Papst Benedikt XVI. hatte diesen Begriff in seiner in Deutschland viel diskutierten Predigt bei einem großen Gottesdienst in Freiburg im Breisgau zum Abschluss seines dritten Deutschlandbesuchs ins Spiel gebracht: Entweltlichung heißt Entsagung. Es geht darum, auf äußeren Reichtum zu verzichten und die Sorge der Kirche für die Armen auch im eigenen Lebensbereich wahrzunehmen. Markus Reder schreibt am 20. Juni 2013 in seinem Kommentar zu »100 Tagen Pontifikat« in der Würzburger *Tagespost*: »Wie eine Brücke verbindet das Thema Entweltlichung die beiden Pontifikate. ... Nur eine Kirche, die sich und ihrer Sendung ganz treu bleibt, ist in der Lage, an jene Ränder zu gehen und jenen Dienst am Menschen zu tun, zu dem der Heilige Vater ruft. Wer bei Benedikt nicht verstehen wollte, erhält nun Nachhilfe bei Papst Franziskus. Welch ein Geniestreich des Heiligen Geistes.« Weiter hebt Markus Reder hervor: »›Schonzeit‹ nennen politische Journalisten jene ersten hundert Tage, die man einem neuen Amtsträger zugesteht. ›Schonzeit‹ ist ein brutaler Begriff, weil in ihm bereits anklingt, dass bald die Jagd beginnt. Man wünscht das niemandem. Überraschen würde es nicht. Das war auch nach der anfänglichen Begeisterung für Papst Johannes Paul II. so. Das war bei Benedikt XVI. nicht anders. Es liegt im Wesen des Petrus-Amtes, dass dessen Inhaber nicht nur ein Fels in der Brandung, sondern auch immer ein Stein des Anstoßes ist. Kommt der Gegenwind, zeigt sich rasch, wer auch dann an der Seite des Papstes steht, wenn es für Petrus-Treue keinen Beifall gibt. Der Papa emerito kann ein Lied davon singen«, endet Reder.

Kurios mutet an, dass der Rom-Korrespondent der *Tagespost*, Guido Horst, in einem Kommentar sieben Tage zuvor auf der ersten Seite der *Tagespost* quasi ins Horn gestoßen hat, um die Jagd auf den neuen Papst einzuläuten. Der Grund: Dieser hatte es gewagt, den Begriff »Gay-Lobby« in einem privaten Gespräch mit Angehörigen der chilenischen Ordensoberen-Konferenz CLAR zu nutzen. Das »out off records« geführte Gespräch gelangte jedoch über lateinamerikanische Wege an die Öffentlichkeit. Die Überschrift des Beitrags von Guido Horst in der Ausgabe vom 13. Juni 2013 lautet: »Papst schlägt Schwulen-Alarm«. Die letzten Zeilen klingen wie eine Drohung: »Noch macht Franziskus, was er will. Doch dann werden bald umgekehrt die Medien mit ihm machen, was sie wollen.« Der Grund für den Ärger ist ebenfalls im Kommentar zu finden: Der Präfekt des Päpstlichen Hauses, Erzbischof Georg Gänswein, hat nichts von der Begegnung mit den CLAR-Mitgliedern gewusst.

Ein Papst, der »macht, was er will«, ist als »unartig« einzuordnen, liest man zwischen den Zeilen des Kommentars. Erst bleibt Franziskus im Gästehaus Santa Marta wohnen und empfängt dort Freund und Feind. Sinn der Sache ist, sich unvoreingenommen ein Bild über die Menschen zu machen, mit denen er als Oberhaupt der Weltkirche zu tun hat. Er verlegt »Audienzen«, die nicht von der Präfektur aussortiert worden sind, ebenfalls der Einfachheit und der Vertraulichkeit halber in das Haus Santa Marta und auf die freien Nachmittage. Dies ärgert viele hohe Würdenträger im am Nachmittag leer stehenden Apostolischen Palast, die zuvor beim Papst mit einer Tasche von Dokumenten unter dem Arm ein- und ausgingen. Das leer stehende Appartamento dürfte auch der Truppe der Schweizer Gardisten missfallen. Die Gardisten sind innerhalb der Leoninischen Mauern exklusiv für den Apostolischen Palast zuständig. Immerhin bewachen diese am Nachmittag nach der Beendigung des offiziellen Teils der Papstaudienzen nur noch wertvolle Gemälde in prunkvollen Gemächern. Für die Bewachung des Papstes im Vatikanischen Gästehaus sind im Gegensatz zu früher lediglich wenige Mann nötig. Ein Papst darf sich der Meinung der Kurienbeamten zufolge nie der Kontrolle seiner Mitarbeiter entziehen. Tut er das, macht er sich Feinde.

Dies bestätigt auch ein Artikel, den der argentinische Journalist, Schriftsteller und ehemalige Schüler von Jorge Bergoglio, Jorge Milia, nach dem Telefonat mit dem Papst in der Zeitschrift *Terre D'America* veröffentlicht hat, wie die *Tagespost* vom 16. Juli 2013 berichtet. Der Anfang seiner Arbeit als Papst, habe ihm Franziskus anvertraut, sei nicht einfach gewesen. Im Vatikan gebe es viele Herren (»padroni«) des Papstes mit »einer langen Dienstzeit«. Die Durchsetzung seiner Arbeitsweise stoße bei den langjährigen »Chefs« im Dienste des Heiligen Stuhls oft auf Schwierigkeiten. Jede Änderung, die er, der Papst, eingeführt habe, habe ihn »Anstrengungen« gekostet. Die größte von diesen Anstrengungen sei es gewesen, sich die eigene Agenda nicht von Sekretären diktieren zu lassen. »Ich entscheide selber, wen ich sehen muss, und nicht meine Sekretäre«, habe der Papst in dem Telefonat gesagt. Deshalb habe er auch nicht im Apostolischen Palast wohnen wollen. Denn, so Franziskus, »viele Päpste seien als ›Gefangene‹ ihrer Sekretäre« geendet. Zugleich habe der Papst in dem Gespräch mit seinem argentinischen Freund gesagt, er wäre ein »Dummkopf«, wenn er die Ratschläge einer Persönlichkeit wie Benedikt XVI. nicht beherzigen würde. Er hege große Bewunderung für die »Bescheidenheit und Weisheit seines Vorgängers«. Dieser habe auch den größten Teil der Arbeit an der Enzyklika *Lumen Fidei* erledigt. Franziskus habe über den emeritierten Benedikt gesagt: »Er ist ein erhabener Denker, der vom größten Teil der Leute nicht erkannt und verstanden worden ist.«

»Du kannst Dir die Demut und Weisheit dieses Mannes nicht vorstellen«, gibt Milia die Worte seines Freundes Bergoglio wieder.

Von seinem Vorgänger hat Papst Franziskus den Päpstlichen Zeremonienmeister Msgr. Guido Marini übernommen. »Er zügelt mein Temperament«, hatte Papst Franziskus humorvoll geantwortet, als er von italienischen Bischöfen gefragt worden war, warum er Marini nicht auswechsele, denn dieser sei doch ein »Traditionalist«. Ebenso wie Msgr. Guido Marini hat Papst Franziskus auch den nie auffälligen sympathischen zweiten Privatsekretär des Papstes, den aus Malta gebürtigen Msgr. Alfredo Xuareb übernommen. Xuareb, ein Sprachgenie, ist jetzt für die Öffentklichkeit im Jeep mit dem Papst bei den Generalaudienzen zu sehen. Der noch von Papst Benedikt XVI. zum Präfekten des Päpstlichen Hauses und zum Erzbischof ernannte Freiburger Msgr. Dr. Gänswein ist dagegen bei Papst Franziskus nicht mehr in vorderster Front zu erblicken. Was wird aus ihm? Wie kann er – der nach wie vor als Privatsekretär auch des »Emeritus« aus Bayern fungiert – gleichzeitig zwei Herren dienen? Der ehrgeizige Präfekt des Päpstlichen Hauses muss sich jetzt in vieler Hinsicht einschränken. Er muss Anfragen von Behinderten und ihren Begleitpersonen bearbeiten und genehmigen – hochkarätige Audienzbesucher sind bei Papst Franziskus nicht gefragt. Strebt er die Nachfolge von Kardinal Joachim Meisner in Köln an oder vielleicht einen hohen Posten innerhalb der ihm nahestehenden Prälatur Opus Dei? Lässt er sich vielleicht von Papst Franziskus als Apostolischen Nuntius ins Repräsentantennetz des Heiligen Stuhls einreihen, obwohl er kein Absolvent der Päpstlichen Diplomatenakademie ist? Durch seinen oft brüsken Umgang mit Menschen, die Papst Benedikt persönlich sprechen wollten, hat sich Erzbischof Gänswein viele Feinde gemacht. Die Tatsache, dass er nicht bemerkte, was der untreue Kammerdiener Paolo Gabriele am Schreibtisch nebenan kopierte, hat den Erzbischof bei den ausländischen Kardinälen mit Ausnahme des dem Opus Dei nahen Erzbischofs von Madrid, Kardinal Rouco Varela, einiges Ansehen gekostet. Seine Fähigkeiten als guter Manager streitet dem aus dem Schwarzwald stammenden Bauernsohn jedoch keiner ab, der ihn aus der Nähe kennt.

Die Mission der Entweltlichung im Vatikan hat mit Papst Franziskus in dem Augenblick begonnen, als er beim Aufsperren des Päpstlichen Appartements durch die Vielzahl der Räume schritt und erstaunt feststellte: »Hier hätten ja dreihundert Menschen Platz!« Was wäre denn, wenn der Papst für immer auf die Wohnung im Apostolischen Palast verzichten würde? Er könnte das Appartement – wie der spanische König Juan Carlos seinen Sommerpalast Zarzuela – dem Weltkulturerbe der UNESCO unterstellen. Welch ein Horror für die Kurie! Und wie wäre es, wenn der Papst beispielweise einer Idee der Autorin folgen und das unbewohnte Papst-Appartement am Nachmittag für zahlende Touristen öffnen würde? Schließlich sind auch die Vatikanischen Gärten seit einigen Jahren am Vormittag für das allgemeine Publikum geöffnet. Dass es dabei in den »heiligen« Gärten oft wie auf einem Jahrmarkt zugeht, stört inzwischen keinen mehr. Und wie steht es mit dem Autopark, über den der Papst verfügt? Das Oberhaupt der katholischen Kirche kann auf die gepanzerte Limousine bei seinen Ausfahrten als Bischof von Rom im Gegensatz zu seinen Amtsbrüdern in aller Welt nicht verzichten. Auch die mit Panzerglas ausgestatteten »Papamobili« sind für Papstreisen mit großem Sicherheitsrisiko unverzichtbar. Nach Rio de Janeiro zum Weltjugendtag Ende Juli wurden vom Päpstlichen Reisemarschall Alberto Gasbarri gleich zwei der berühmten weißen Jeeps mit Glasaufsatz per Schiff vorausgeschickt. Gasbarri im Gespräch mit der Autorin: »Es muss immer damit gerechnet werden, dass mal aufgrund von Hitze oder sonstigen ungünstigen Umwelt-Einflüssen ein Papstmobil stehen bleibt.« Immerhin sind sowohl der Papst emeritus wie auch Franziskus Sicherheitsstufe Nummer eins. Es handelt sich um dieselbe Sicherheitsstufe wie die von US-Präsident Barack Obama. Da hat der Papst bei aller Bescheidenheit ganz einfach nicht die Wahl. Als der Präsident der römischen städtischen Nahverkehrsgesellschaft ATAC dem neuen Papst am Rande einer Generalaudienz einen »für ewig« gültigen Fahrausweis mit der Aufprägung Papst Franziskus überreichte, blickte Jorge Bergoglio plötzlich traurig und seufzte: »Ach, das wäre ja so schön, wenn ich diesen auch benützen könnte.«

Besonders in reichen deutschen Landen ist es eine Frage des Prestiges auch für kirchliche Würdenträger, ein teures Auto zu fahren. Bei einer Umfrage der Münchner *Abendzeitung* war an den Tag gekommen, aus welchem Grund die deutschen Kardinäle nicht verraten wollten, welche Dienstautos sie fahren. Einige Fotos zeigten dann sehr deutlich, warum: Sie benutzen dicke gepanzerte Wagen aus bekannten großen deutschen Autohäusern. Der Berliner Kardinal Woelki war der einzige deutsche Kardinal, der dann sofort meinte, eigentlich sei so ein Riesenschlitten gar nicht nötig. Er werde sich ein bescheideneres Fahrzeug anschaffen. Ein solches passe auch besser zu seinem Wohnsitz in dem Berliner Arbeiterbezirk Wedding.[12] Woelki kam damit ganz dem Appell von Papst Franziskus an seine Priester nach, bescheidene Autos zu fahren. Wie die Nachrichtenagenturen *AP/dpa* am 12. Juli 2013 meldeten, nahm Franziskus dementsprechend auch die Parkgarage im Vatikan »unter die Lupe«: »Dazu habe sich der Papst spontan entschlossen, hieß es aus Vatikankreisen. Zuvor hatte Franziskus gemahnt, es tue ihm im Herzen weh, wenn ein Priester das neueste Modell eines Autos fahre. Vielmehr sollten die Geistlichen auf bescheidenere Wagen umsteigen und die Ersparnisse den Armen geben.«

Kampf dem Konsumismus

Die erwähnte Rede von Papst Franziskus bei der Generalaudienz am 5. Juni 2013 war den ersten Seiten der Bibel gewidmet. Der Auftrag, die Schöpfung zu bebauen und zu hüten (Genesis 2,15), gehöre zum göttlichen Heilsplan, so der Papst. »Heute erteilt nicht der Mensch die Befehle, sondern das Geld: Das Geld ist es, das die Befehle erteilt. Gott, unser Vater, hat aber nicht dem Geld den Auftrag erteilt, die Erde zu hüten, sondern uns. Den Männern und Frauen auf dieser Erde«, sagte der Papst. Es sei unsere Aufgabe. Doch stattdessen würden Menschen den Götzen des Profits und des Konsums geopfert. »Wenn ein Computer kaputt geht, dann ist das eine Tragödie. Doch die Armut, die Not, die Tragödie so vieler Menschen werden am Ende als etwas Normales betrachtet. Wenn in einer Winternacht wie hier in der nahen Via Ottaviano zum Beispiel ein Mensch erfriert, dann ist das keine Nachricht. Wenn in vielen Teilen der Welt Kinder nichts zu essen haben, dann ist das auch keine Nachricht. Es erscheint uns normal … Wenn die Börse in einigen Städten zehn Punkte verliert, dann stellt dies dagegen eine Tragödie dar. Ein Mensch, der stirbt, ist keine Nachricht. So werden die Menschen weggeworfen, als wären sie Abfall.« Weiter sagte Franziskus, diese »Wegwerfkultur« tendiere dazu, zur allgemeinen Einstellung zu werden, welche alle anstecke. Der Respekt vor dem menschlichen Leben und den

Personen werde nicht mehr als vorrangiger Wert empfunden, welchen es zu achten und zu schützen gelte, insbesondere dann, wenn der Mensch arm oder behindert sei. Oder wenn er noch keinen Nutzen bringe, wie das Ungeborene, oder keinen Nutzen mehr bringe wie die alten Menschen. Diese Wegwerf-Kultur habe auch gegenüber dem Verschwenden und Wegwerfen von Lebensmitteln unempfindlich gemacht. Dies sei umso verwerflicher, als in allen Teilen der Welt Menschen an Hunger und Unterernährung litten, vor allem auch viele Familien. Papst Franziskus ging dann einmal mehr auf seine Großeltern ein, die aus der italienischen Region Piemont nach Argentinien ausgewandert waren: »Früher haben unsere Großeltern sehr darauf geachtet, kein übrig gebliebenes Essen wegzuwerfen«. Daher appellierte Franziskus: »Wir sollten uns sehr genau ins Gedächtnis rufen: Das Brot, das weggeworfen wird, wird gewissermaßen vom Tisch derer, die Hunger haben, gestohlen! Ich fordere alle dazu auf, über das Problem der Verschwendung von Nahrungsmitteln nachzudenken, um Wege und Möglichkeiten zur Solidarität und zum Teilen mit den Bedürftigsten zu finden«. Das sei auch der Auftrag Jesu an seine Jünger bei der wunderbaren Brotvermehrung (Lukas, 9,17) gewesen: Als die übrig gebliebenen Brotstücke eingesammelt wurden, hätten diese zwölf Körbe voll ergeben. Jesus habe seine Jünger ermahnt, dass »nichts verloren geht«.

Die Gay-Lobby

Freitag, 18. Juli 2013. Um den Vatikan jagt ein Skandal den anderen: Die italienische Wochenzeitschrift *L'Espresso* enthüllt, wie sich nach dem Rücktritt von Bankdirektor Paolo Cipriani und dessen Vize Tulli wieder neue Schatten um die Vatikanbank IOR verdichten: Vatikanexperte Magister deckt mit Hilfe gut dokumentierter Argumente auf, wie Papst Franziskus mutmaßlich von seinen stärksten Gegnern – der Gay-Connection im Vatikan – getäuscht wurde: Es handelt sich um eine offenbar »dunkle Stelle« im Leben seines am 15. Juni 2013 überraschend zum »IOR-Prälaten ad interim« ernannten engsten Mitarbeiters und Vertrauten, Msgr. Battista Ricca. Wackelt jetzt der Stuhl des als »Gay« geouteten Geistlichen aus dem norditalienischen Brescia innerhalb der Vatikanbank IOR? Was wird aus dessen exklusiven Posten als Direktor von drei Vatikanischen Gästehäusern, darunter das Gästehaus Santa Marta, das der Papst sich als Wohnsitz erwählt hat?, fragen sich die Vaticanisti. In seiner dreifachen Direktorenfunktion hatte Ricca die Möglichkeit genutzt, sich das Vertrauen vieler hoher und weniger hoher kirchlicher Würdenträger zu erwerben, die für einen Aufenthalt in Rom eines der Gästehäuser gewählt hatten. Zu der Reihe der »case del clero« (Häuser des Klerus) gehört auch das Haus in der zwischen dem Pantheon und der Piazza Navona im Stadtzentrum gelegenen Via della Scrofa (»Sauen-Weg«). Dort hatte Jorge Bergoglio als Erzbischof von Buenos Aires während seiner Rom-Aufenthalte wie auch im Vorkonklave vom März 2013 Quartier bezogen.

Hat Msgr. Ricca sich das Vertrauen des Papstes erschlichen, um seine Diplomatenkarriere mit einem Schlüsselposten innerhalb der Vatikanbank zu krönen? Zur Schlussredaktion dieses Buches war nur bekannt, dass der Papst Msgr. Ricca noch am Freitag, 18. Juli, dem Tag des Erscheinens der Zeitschrift *L'Espresso*, zu einem Gespräch einberufen hatte. Ein freiwilliger Rücktritt von Msgr. Ricca, der glücklicherweise »ad interim« berufen worden war, wäre angebracht gewesen, meinten die Vatikanjournalisten unter sich. Msgr. Ricca solle es Papst Franziskus ersparen, vielleicht erneut mit einer handschriftlichen Verfügung eine peinliche Entmachtung seines inzwischen wohl Ex-Vertrauten vornehmen zu müssen. Die Ernennung Riccas zum IOR-Prälaten war allgemein als erster revolutionärer Schritt hin zu einer Säuberung an der Spitze der Vatikanbank gewertet worden. Er ermöglichte dem Papst-Vertrauten »freie Hand« bei der Einsicht in alle Unterlagen und Vorgänge der Vatikanbank. Die Ernennung war einigen »mächtigen Gegnern« des Papstes im Apostolischen Palast offenbar so unangenehm, dass dort in den oberen Rängen sofort über die mutmaßliche Homosexualität Msgr. Riccas geraunt wurde. Vor der Ernennung Riccas zum IOR-Prälaten »ad interim« hatte der Papst einige Mitglieder der römischen Kurie konsultiert, und diese hatten die Berufung ohne Einschränkung als positiv eingeschätzt. Der Papst war anscheinend von höchster Stelle im Vatikanischen Staatssekretariat gezielt »hereingelegt« worden. In den dem Papst vorgelegten Papieren über Msgr. Battista Ricca war von dessen Gay-Skandal zu seiner Zeit als diplomatischer Vertreter des Heiligen Stuhls in Uruguay nichts erwähnt gewesen. Die skandalöse »dunkle Stelle« im Leben des Monsignore war offensichtlich in seiner Personalakte gestrichen worden.

18. Juli 2013, 19.43 Uhr: Über die Fernschreiber im Verein der Auslandspresse in Rom tickert eine lakonische Stellungnahme von Pater Federico Lombardi zum Fall Ricca. Der Vatikansprecher dementiert gegenüber der italienischen Nachrichtenagentur Ansa die Enthüllungen von *Espresso*, denen auch die Titelseite gewidmet war. Diese seien als »nicht glaubwürdig« einzustufen. »Armer Pater Lombardi«, schrieb Sandro Magister daraufhin in einem Postskriptum zu seinem Artikel im *L'Espresso* in seinem Blog »Settimo Cielo« (Siebter Himmel)[13]. Der Vatikansprecher habe auf Anweisung aus dem Vatikanischen Staatssekretariat hin wohl »gegen besseres Wissen« die vorliegenden Informationen als unzuverlässig hinstellen müssen. Magister bot in seiner Nachschrift allen, die seine Enthüllungen über das skandalöse Vorleben von Msgr. Ricca in Frage stellen, an, die ihm vorliegenden Unterlagen selbst in Augenschein zu nehmen.

»Du brauchst keine Angst zu haben, wenn du darüber in deinem Buch schreibst, meine Informationen sind sehr gut dokumentiert und abgesichert«, hatte Sandro Magister im Gespräch mit mir versichert, nachdem er mir im Vorfeld des Erscheinens von *L'Espresso* eine »Medien-Bombe« in Aussicht gestellt hatte. Die Blogs von Magister sind innerhalb der in Rom lebenden und tätigen Geistlichen aus aller Welt eine beliebte Lektüre. Als ich mich im Frühjahr 2013 einmal in dem bekannten Kleriker-Restaurant »Roberto« im römischen Viertel Borgo Pio mit Magister zum Mittagessen traf, standen zwei lateinamerikanische Geistliche am Nebentisch auf und fragten den Kollegen hocherfreut: »Sind Sie nicht Sandro Magister?« Und sie versicherten ihm: »Ihr Blog kommt für uns gleich nach dem Evangelium.«

Die Wahrheit über Msgr. Ricca war Papst Franziskus offenbar bereits bei einem Treffen mit den Apostolischen Nuntien aus aller Welt anlässlich des »Jahres des Glaubens« am Wochenende des 22. und 23. Juni 2013 zu Ohren gekommen. Der Nuntius in Uruguay hatte sich auf Informationen bezogen, die im Archiv in der Apostolischen Nuntiatur in Montevideo vorliegen. Das Verhalten von Ricca sei damals von den in der Hauptstadt Uruguays und innerhalb des Landes tätigen Ordensleuten wie auch dem an der Nuntiatur angestellten Personal als unglaublich empfunden worden. Deshalb seien diese auch bereit gewesen, über den so lange Jahre zurückliegenden Fall Auskunft zu erteilen. Zu den Zeugen des *Espresso* gehören neben einigen Bischöfen und der Geistlichkeit in den unteren Rängen auch Sicherheitsbeamte und Feuerwehrleute. Mit seiner Berichterstattung hatte der Nuntius in Montevideo dem Papst sicherlich eine große menschliche Enttäuschung bereitet, meint die Autorin. Da Franziskus nicht naiv ist, hatte er nähere Nachforschungen über die Vergangenheit von Msgr. Ricca angeordnet. Interessant erscheint ihr auch die Tatsache, dass der langjährige Kardinalstaatssekretär Angelo Sodano – der heute noch mächtige Mann der »alten Nomenklatura« unter Papst Johannes Paul II. und Dekan des Kardinalskollegiums – offensichtlich von dem Gay-Skandal im Zusammenhang mit dem Diplomaten Kenntnis besaß. Er blendete sein Wissen aber aus und entsandte Msgr. Battista Ricca nach Uruguay lediglich »in die Wüste«, ohne diesen aus dem diplomatischen Dienst des Heiligen Stuhls zu entlassen. Papst Franziskus hat die Nuntien in aller Welt bei dem Gipfeltreffen Ende Juni ermutigt, ihn bei dringenden Fragen direkt zu kontaktieren. Das Filtern des Vatikanischen Staatssekretariates von Nachrichten aus der Weltkirche für den Papst schien dem ersten Jesuiten auf dem Stuhl Petri vom ersten Augenblick seines Pontifikats an bereits ein Dorn im Auge zu sein.

21. Juli 2013. Hat sich Papst Franziskus von der radikalen Umkehr von Msgr. Ricca überzeugen lassen oder wurde er von der Gay-Lobby gelinkt? Auf der Webseite »Katholisches.info – Magazin für Kirche und Kultur« wurde am Sonntag, 21. Juli verbreitet, dass der Generalsekretär der Uruguayischen Bischofskonferenz die Enthüllungen des Vatikanjournalisten Sandro Magister über den von Papst Franziskus erst vor einem Monat ernannten und mit Sondervollmachten ausgestatteten Prälaten der Vatikanbank IOR, bestätigt habe.[14] Einige Medien hätten versucht, den Bericht als »Intrige« zur Verhinderung von Kurienreformen darzustellen (Vatican Insider, Kipa, KNA). Das klinge zwar gut, treffe aber keineswegs den Punkt der ganzen Angelegenheit, da »die Zielsetzung und die handelnden Personen einfach nicht zusammenpassten.« Peinlich sei die Angelegenheit besonders, weil Papst Franziskus eine Woche lang »nicht reagiert« habe, obwohl Magister ihn »mit großer Zurückhaltung und Respekt« auf die ihm vorliegenden Informationen vorab auf-

merksam gemacht habe. Die auf diese Weise gebotene Reaktionszeit sei nicht genutzt worden. Magister, ein »seriös und präzise arbeitender Vatikan-Experte«, versicherte, die Angaben mehrfach und von verschiedenen, unabhängigen Quellen belegt erhalten zu haben. »Inzwischen beginnen uruguayische Medien seine Angaben zu bestätigen. Es bestehe weder Grund zur Annahme, dass Magister dem Papst schaden wollte, noch, dass er unbewusst einer Desinformations-Kampagne aufgesessen ist und manipuliert wurde«, hieß es auf der Webeseite »Katholisches.info – Magazin für Kirche und Kultur« am 21. Juli 2013 weiter. Magister sei der Überzeugung, dass Papst Franziskus von der Gay-Lobby im Vatikan hintergangen worden sei, die ihm die nötigen Informationen vorenthalten und ihn daher wissentlich in die Falle tappen gelassen habe. »Zweifel an dieser verständlichen und wohlwollenden Darstellung, es geht immerhin um das katholische Kirchenoberhaupt, scheinen jedoch angebracht«, so das Magazin. Weiter wurde dort kommentiert: »Nach bisherigem Wissensstand scheint eine Mischung aus vorenthaltener Information, wohl durch eine Gay-Seilschaft im Vatikan, und eigenwilligen Entscheidungsformen des neuen Papstes unglücklich zusammengetroffen zu sein«. Die Ernennung von Msgr. Battista Ricca zum »Hausprälaten« der Vatikanbank vom 15. Juni sei ein »riskantes Unterfangen« gewesen, da es sich dabei um »zu viel Machtfülle für jemanden, der so leicht erpressbar ist«, gehandelt habe.

Wann die Beziehung zu seinem Schweizer Geliebten P. H. (Magister hatte, wie in Italien üblich, den vollständigen Namen des Hauptmanns der Schweizer Armee veröffentlicht) geendet habe, sei noch nicht klar. Diese Beziehung dürfte aber einige Jahre zurückliegen, so das Magazin. Ob damit eine kategorische Umkehr und eine Abkehr von einem homosexuellen Lebenswandel verbunden gewesen sei, sei »noch gänzlich unklar«. Der italienische Meinungsmacher Giuliano Ferrara hatte in einem Leitartikel von *Il Foglio* »mit gutem Grund« daran erinnert, dass die Zeitschrift *Espresso* als »Schlachtschiff der Gay-Propaganda« gelte. Die Zeitschrift setze sich derzeit für ein Gesetz gegen »Homo-Phobie« ein, und sei deshalb »wenig als Plattform für eine Gay-Story im Vatikan geeignet«. Es sei eine »Frage des Geschmacks«, wenn linksliberale Medien in Italien sich »Feigenblätter« vorhielten. Diese »Feigenblätter« leisteten aber »immerhin gute Arbeit in unguter Umgebung«. Wenn der *Espresso* Magisters Artikel in dieser Form veröffentlicht habe, dann sei die Absicht sicherlich gewesen, »der Kirche zu schaden«. »Da darf es sogar einmal indirekt gegen die Homosexuellen gehen«, kommentiert das Magazin. Das Forum ändere aber nichts daran, dass Sandro Magister eben der Korrespondent dieses Blattes sei, ebenso wie Matthias Matussek diese Aufgabe für den *Spiegel* in Deutschland wahrnehme. Inzwischen habe der Generalsekretär der Uruguayischen Bischofskonferenz (CEU), Msgr. Heriberto Bodeant, den Bericht über Riccas »dunkle Vergangenheit« in Montevideo bestätigt. Gegenüber dem *Montevideo Porta* »habe Msgr. Bodeant erklärt, dass Ricca »entweder sein Verhalten geändert hat, oder, leider, ohne sein Verhalten zu ändern nur vorsichtiger geworden ist, um nicht erneut einen Skandal zu verursachen.« Der Generalsekretär bestätigte damit, dass Riccas Lebenswandel in seiner Zeit in Montevideo ein »Skandal« war. Über die Zeit seit seiner Abberufung aus Uruguay 2001 könne er nichts sagen. Der erste Schritt, so Msgr. Bodeant, sei bei einem »unangemessenen Verhalten«, dass die entsprechende Person vom Vorgesetzten aufgefordert werde, ihr Verhalten zu ändern. »Wenn dies dennoch nicht geschieht, gibt es Mechanismen in der Kirche, um auf dieses Fehlverhalten zu reagieren«. Ein »Doppelleben« sei »untragbar«. Die betreffende Person sei vor die Alternative eines Entweder-Oder zu stellen. Im schwerwiegendsten Fall könne die Kirche die Entfernung des Betreffenden aus dem Kleriker-Stand verhängen. Was von diesen Mechanismen im Fall von Msgr. Battista Ricca funktionierte oder nicht funktioniert habe, »müsse sich erst noch zeigen«. Der amtierende Apostolische Nuntius in Montevideo, Msgr. Anselmo Guido Pecorari, meinte gegenüber der uruguayischen Tageszeitung *El Observador* lediglich: »Die ganze Sache liegt in den Händen des Heiligen Vaters, der in seiner Weisheit weiß, wie sie zu behandeln ist.« Während Vatikansprecher Pater Lombardi am Vortag gegenüber der Presse noch kategorisch dementierte und Magisters Bericht als »unglaubwürdig« bezeichnet hatte, sprach Nuntius Pecorari von durch den Heiligen Stuhl eingeleiteten »Ermittlungen«.

Postskriptum: Sonntag, 21. Juli 2013, 13 Uhr, Hat die Gay-Lobby nun doch einen Rückzug gemacht? Der gewöhnlich gut informierte Vatikan-Korrespondent der katholischen französischen Nachrichtenagentur I.MEDIA,

Antoine Izoard, berichtet in einer kurzen Agenturmeldung, Msgr. Battista Rizza hätte am Samstag, 20. Juli bei Papst Franziskus um seinen Rücktritt als »IOR-Prälat« ersucht. Im Bulletin des Heiligen Stuhls war über eine Annahme des Rücktritts durch den Papst bis zum Redaktionsschluss dieses Buches noch keine entsprechende offizielle Meldung zu finden.

Ein Rückblick: Als der Papst mit den CLAR-Mitgliedern Klartext sprach

Im Vatikan gilt es als »politisch unkorrekt«, das Wort »Gay-Lobby« offen auszusprechen. Die eiskalte Dusche ereilte die unter Vatikanbeobachtern »berühmt-berüchtigte Gruppe« der »Cricca omosessuale« (Homosexuellen-Gang) im Zweiten Stock des Apostolischen Palastes, im Governatorat des Staates der Vatikanstadt und in einigen Kurienbehörden auf dem zum Vatikan gehörigen »extraterritorialen Gebiet« in Rom am Abend des 11. Juni 2013. Kaum zwei Monate nach seiner Wahl war der erste große Skandal perfekt: Papst Franziskus hatte es gewagt, die »unaussprechlichen Worte« in einer vertraulichen Begegnung mit Mitgliedern der Konföderation Lateinamerikanischer Bischöfe (CLAR) auszusprechen. Im Zusammenhang mit einer Frage nach der Durchführung der von den Kardinälen im Vorfeld der Papstwahl geforderten Kurienreform hatte er die Homosexuellengruppe als einen Stolperstein für sein Vorhaben hingestellt. Zum besseren Verständnis des »Ausrutschers« war es nötig, die Worte des Papstes in einer Zusammenfassung des Gesprächs auf der chilenischen Website »Reflection y Liberation« im Zusammenhang zu lesen. Nach der Übernahme durch den weltweit viel gelesenen katholischen Blog »Rorate Caeli« war der Text von Affariitaliani.it ins Netz gestellt worden. Der Papst hatte gegenüber den CLAR-Mitgliedern versichert, er werde sein Versprechen aus dem Konklave bezüglich einer Verkleinerung der Kurie hin zu einer weniger bürokratischen und besser auf die Bedürfnisse der Ortskirchen zugeschnittenen Institution einlösen. Und dann sagte er: »In der Kurie arbeiten sicherlich sehr viele Menschen, die nicht anders als heilig bezeichnet werden können. Das ist die Wahrheit. Es gibt da ganz bestimmt viele heilige Leute. Daneben existiert jedoch eine Strömung der Korruption ... das ist so, wie es ist, auch eine Wahrheit ... nun ja ... Man spricht von einer ›Lobby Gay‹. Wir werden sehen, was wir machen können.« Der römische *Messaggero* schreibt dazu am 12. Juni 2013: »Unnütz zu sagen, dass dieser Passus sofort die Aufmerksamkeit der Massenmedien auf sich gezogen und ein unglaubliches Wespennest im Vatikan entfacht hat«. Franziskus hatte ins Wespennest gestochen, weil er »seiner Natur gemäß die innerhalb der Kurie herrschende vorsorgliche Bedachtsamkeit bei der Wortwahl nicht zu nutzen weiß«, schreibt der *Messaggero*. »Er ist ein direkter, klarer Mann, der es liebt, ja zu ja oder nein zu nein zu sagen … der Rest kommt vom Teufel.« Weiter hieß es im *Messaggero*: »Die private Konversation des Papstes mit den mit ihm befreundeten Ordensoberen scheint den Inhalt des berühmten Berichts der drei ›007‹-Kardinäle zu bestätigen, die von Joseph Ratzinger als eine parallele Untersuchung gleichzeitig mit der von der italienischen Justiz geführten Nachforschungen im Fall Vatileaks in Auftrag gegeben worden war.« Unter dem Verschwiegenheitssiegel des Beichtgeheimnisses hatten die Kardinäle Jozef Tomko, Herranz und De Giorgi monatelang hinter verschlossenen Türen Kardinäle, Bischöfe, Behördenleiter, Angestellte, Portiers und Sekretärinnen befragt. Diese hätten in aller Ehrlichkeit geantwortet, ohne auch nur das kleinste Detail auszulassen. Dies habe den »Kardinals-Detektiven« die Feststellung erlaubt, dass die Mehrheit der im Vatikanstaat und am Heiligen Stuhl Angestellten gewissenhaft, treu und zuverlässig arbeitet. Es habe sich aber bereits seit geraumer Zeit eine »weit verzweigte und mächtige Gay Lobby an den Hebeln der Macht eingenistet«. Das in einem Safe gut verschlossene Dossier, in dem auch von Neid, Eifersucht und Korruption die Rede ist, dürfte der neue Papst »zumindest durchgeblättert haben«, schließt der *Messaggero* seinen Bericht über die Enthüllungen des chilenischen Blogs.

Am Morgen des 15. Juni 2013 trat dann die von Papst Franziskus angesprochene Lobby der Homosexuellen auf den Plan: Auf Twitter schossen sie gegen den Papst und gegen dessen achtköpfige »Kardinals-Bande« los. Mit der »Kardinals-Bande« war das von Papst Franziskus einberufene achtköpfige Beratergremium gemeint, das aus acht Kardinälen in Vertretung der Weltkirche besteht. Unter »Fratres Venerabilis« – einer Website, auf der auch eindeutige »Suchanzeigen« zu finden sind, erhoben sie ihre Stimme gegen Kardinalstaatssekretär Tarcisio Bertone, den »zweiten Mann« im Vatikan nach dem Papst während des Pontifikats von Papst Benedikt XVI. Es wird die Frage gestellt: »Und warum erhebt niemand den Zeigefinger gegen die Lobby ›SDB‹?« (SDB steht für Gesellschaft Don Bosco.) Dies spielt darauf an, dass Bertone Joseph Ratzinger 2011 dazu bewogen hatte, eine ganze Reihe seiner Freunde innerhalb des italienischen Klerus in Schlüsselpositionen der römischen Kurie zu berufen und sie mit der Kardinalswürde zu ehren. Kurz darauf erschien in dem Blog eine Fotomontage mit Papst Franziskus, auf der dieser inmitten von Teilnehmern an einem »Gay-Pride«, einer Homosexuellen-Parade, erscheint. Als die Autorin dieses Foto mit ihren Kollegen im Verein der Auslandspresse herunterlädt, müssen alle wider Willen lachen. Da erscheint der Papst wie aus einem Film mit den beiden Hauptdarstellern des Films *Blue Boys,* umgeben von Gendarmen mit Sonnenbrillen, einem Gay mit Cowboy-Hut und einem anderen mit einem Indianer-Kopfschmuck. »Niemand scheint daran interessiert zu sein, von der Gay Lobby außerhalb des Vatikans zu sprechen«, heißt es dazu auf Twitter. »Wieso? Vielleicht weil es diese nicht gibt?«

Um 8.37 Uhr am 15. Juni 2013 war nach Angaben von »Affariitaliani.it« ein Tweet erschienen: »The Curia's Gay Lobby« oder »wie die römische Kurie verteufelt wird, um die Macht des Papstes zu schwächen«. Eine »Bande von Kardinälen« sei am Werk, die vom Papst ernannt wurden. Die Reform würde die päpstliche Macht einschränken. Oder vielleicht sei es ja auch der Papst selbst, der seine eigene Macht »selbst beschneidet«, nachdem er insistiere, sich als Bischof von Rom zu bezeichnen. Existierten vielleicht Personen, die Jorge Bergoglio falsche Ratschläge einflüstern, lautet eine andere vom de Gay-Link gestellte Frage. Nach Meinung der »Fratres Venerabilis« sind die Mitglieder des vom Papst persönlich ernannten Kardinalsrates »nicht in der Lage, ihren Auftrag in richtiger Weise auszuführen«. Um 10.51 Uhr warnt »VENERABILIS.TK«: »Erste Zensur« erfolgt. Dann: »Spam«. Danach gibt es zwei Mitteilungen: Die Ende Juli vorgesehene »Jahresversammlung ist bestätigt« und »Zu den 56 eingeschriebenen Mitgliedern kommen elf neue hinzu.« Danach erfolgt die Anweisung: »Büro-Telefone vermeiden und Handys benutzen.« Per SMS folgt das Schlüsselwort mit einer Warnung zur Vorsicht: »In der Zentrale wird mitgehört«. Am 13. Juni 2013 werden daraufhin »mehr als 6000 Zugriffe am Tag« vermeldet – wie lange wird die Gay-Website noch aushalten? »Diese übertriebene Publicity wird unserer Website nicht nützen«. Um 14.41 Uhr des 15. Juni 2013 sind sich alle Nutzer einig. Unter dem Motto »Die Macht zählt« heißt es: »Die römische Kurie ist ein heimliches Versteck von Homosexuellen – jetzt haben sie die Entschuldigung für ihre Pseudo-Reform gefunden.«

Auch Sandro Magister bezieht am 13. Juni 2013 zu den Enthüllungen unter Berufung auf die Begegnung des Papstes mit der CLAR Stellung: Er berichtet, dass einer der von Papst Franziskus berufenen Kardinäle einen früheren Direktor der amerikanischen Firma McKinsey in München, Thomas von Mitschke-Collande, gebeten habe, Vorschläge für die Kurienreform zu machen. Magister nennt in diesem Zusammenhang den »nicht gerade beruhigenden« Titel des im Jahr 2012 erschienenen Buches des deutschen Managers: *Schafft sich die Kirche selbst ab?* Der »mächtige Mann« innerhalb der Deutschen Bischofskonferenz, Pater Hans Langendörfer SJ, sei Mitauftraggeber gewesen, will Magister erfahren haben. Insgesamt habe der Papst aber neben dem McKinsey-Guru noch mindestens ein Dutzend andere Experten auf internationaler Ebene mit Vorschlägen für ein »Abspecken« der Kurie betraut. Diese sollten bei der ersten Sitzung des anfänglich als »Kronrat« bezeichneten Beratergremiums von Papst Franziskus begutachtet werden. Magister: »Jorge Bergoglio ist ein Jesuit. Als solcher hat er die Absicht, die für die Regierung der Gesellschaft Jesu typischen Methoden auf sein Pontifikat zu übertragen. Das bedeutet: Er entscheidet allein.« Das interessanteste Detail in dem durch CLAR enthüllten Gespräch mit dem Papst ist jedoch nach Auffassung der Autorin nicht die von den Medien hochgespielte Aussage, dass eine Gay Lobby im Vatikan agiere, sondern das völlig ehrliche Eingeständnis des populären Papstes, dass er selbst »sehr unorganisiert« sei. In der Erklärung, warum er die acht Kardinäle aus aller Welt nominiert habe, sagte er: »Bei der Kurienreform handelt es sich um eine Angelegenheit, die praktisch wir alle Kardinäle in den Generalkongregationen vor dem Konklave gefordert haben, auch ich. Die Reform kann ich aber mit allen Problemen, welche die Verwaltung mit sich bringt, nicht alleine machen.« Er fügte hinzu: »Ich bin sehr unorganisiert, ich bin in solchen Dingen nie besonders tüchtig gewesen«. Die Kardinäle aus der Kommission werden die Kurienreform vorantreiben, fügte der Papst gegenüber den lateinamerikanischen Ordensoberen hinzu. Insbesondere verwies er auf den aus Honduras stammenden Kardinal Rodríguez Maradiaga. »Er ist der Chef«, so der Papst. Dann nannte er noch den chilenischen Kardinal Errazuriz und attestierte den Kardinälen, »sehr entschlussfreudig« zu sein. Und auch »der Erzbischof von München wisse gut Entscheidungen zu treffen.« »Sie sind es, welche die Reform vorwärtsbringen«, sagte der Papst.

Der Kronrat: Die »G-8« von Papst Franziskus

Löst der von Papst Franziskus einberufene »Kronrat« oder »G-8«-Kardinalsrat in Zukunft das Kardinalskollegium als höchste beratende Instanz eines Papstes ab? Es ist noch zu früh, um darüber zu spekulieren, meinen Vatikaninsider. Immerhin ist das Kardinalskollegium bisher der exklusivste Club der Welt und bildet den Senat der Kirche. Bei einem Kardinal handelt es sich um den höchsten Würdenträger nach dem Papst, einen Kirchenfürsten, der in vergangenen Zeiten – man denke an den früher für wichtige Kardinäle verwendeten Begriff »Fürstprimas« – sogar eine Art Vizekönig in einer Monarchie darstellte. In seiner internationalen Zusammensetzung spiegelt das Kardinalskollegium die Universalität der auf allen fünf Kontinenten verbreiteten katholischen Kirche wider. Es liegt allein in der Entscheidung des Papstes, wen er wann mit der Kardinalswürde auszeichnet.

Mit über 1,2 Milliarden Katholiken ist die Kirche die größte funktionierende internationale Organisation der Welt. Von den 5132 Bischöfen in der Welt sind nur wenige Kardinäle.[15] Bei einer Vielzahl von ihnen gehört der rote Purpur traditionell zu deren Bischofssitz wie es zum Beispiel in Deutschland in Köln, Berlin und München der Fall ist. Fast alle wichtigen Kurienbehörden haben an ihrer Spitze einen hohen Würdenträger, zu dessen Amt die Kardinalswürde gehört. Dies könnte sich mit Papst Franziskus ändern: Er dürfte eine Revolution einleiten, wenn er möglicherweise entscheidet, dass Kardinäle in Zukunft nicht mehr nach dem Kriterium ihrer exklusiven antiken Bischofssitze oder ihrer hohen Funktionen in der römischen Kurie automatisch mit dem roten Purpur ausgezeichnet werden, sondern nach persönlichen Verdiensten. Ob Franziskus jenen Kardinälen, die trotz Verfehlungen moralischer Art oder trotz Korruption und Deckung pädophiler Geistlicher an ihrer exponierten Stelle bleiben, vielleicht nahelegt, den Kardinalshut zurückzugeben? Allein diese Überlegung wäre ein Stein des Anstoßes, der ihm unter den Erzbischöfen, die beim letzten Konsistorium von Papst Benedikt XVI. »in der Warteschleife« verblieben sind, in der Weltkirche und in der Kurie erbitterte Gegner eintragen könnte.

Das den Kardinälen bei der Lateransynode im Jahre 1059 von Papst Nikolaus II. (1059–1061) zugestandene Privileg, den Papst zu wählen, können im Prinzip nur wenige Kardinäle wirklich wahrnehmen. Die meisten haben das von Papst Paul VI. für die Teilnehmer eines Konklaves festgesetzte Alter von achtzig Jahren erreicht, bevor eine Papstwahl stattfindet. Eine Ausnahmesituation wie das »Drei-Päpste-Jahr« 1978 und das »Zwei-Päpste-Jahr« 2013 wird sich vielleicht erst in einigen hundert Jahren wiederholen. Vom Alter her wird ein Bischof oder Erzbischof frühestens mit Ende fünfzig mit der Kardinalswürde ausgezeichnet, meistens jedoch in einem eher fortgeschrittenen Alter. Papst Benedikt XVI. hatte in seinem Pontifikat einige wenige Ausnahmen geschaffen: So gehören der Erzbischof von Manila, Kardinal Luis Antonio Tagle (Jahrgang 1957), der Berliner Erzbischof Kardinal Rainer Maria Woelki (Jahrgang 1956) sowie der Erzbischof von München und Freising, Kardinal Reinhard Marx (Jahrgang 1953), und der Erzbischof von Budapest, Kardinal Peter Erdö (Jahrgang 1952), zu den jüngsten Kardinälen auf der Welt.

Papst Franziskus beginnt seine Revolution auf ungewöhnliche Art und Weise: Er ernennt am Samstag, den 13. April 2013 – genau einen Monat nach seiner Wahl zum Papst – acht im Vatikanischen Kommuniqué rigoros in alphabetischer Form aufgeführte Kardinäle und einen Sekretär, die ihm mit Rat und Tat zur Seite stehen sollen. Mit der Maßnahme setzt der Jesuiten-Papst eine entsprechende Anregung aus dem Vorkonklave um. Mit der eurozentrischen Regierung in der Kirche ist es damit vorbei – in einer globalisierten Welt bedarf es einer neuen Struktur. Auch der Ordensgeneral der Jesuiten verfügt in seiner Regierung über einen »Rat der Weisen« für alle Erdteile, in denen die Gesellschaft Jesu tätig ist. Die Vatikanjournalisten bezeichneten den neuen Rat zunächst als »Kronrat«, später der Einfachheit halber als »G-8«-Rat. Der erste Auftrag des neu geschaffenen Gremiums: Es soll ein Projekt für die Revision der Apostolischen Konstitution »Pastor Bonus«, nach der die römische Kurie gegliedert ist, erarbeiten. In der Mitteilung des Vatikanischen Staatssekretariats wird auch der erste Sitzungstermin genannt: Die erste Zusammenkunft steht vom 1. bis 3. Oktober 2013 auf dem Programm. Der Papst sei »ab sofort« mit den Mitgliedern des Rates in Kontakt, heißt es weiter.

Die Gruppe setzt sich aus folgenden Personen zusammen: Kardinal Giuseppe Bertello, italienischer Präsident des Governatorats (Staatsverwaltung) der Vatikanstadt; Kardinal Francisco Javier Errázuriz Ossa, emeritierter Erzbischof von Santiago del Chile (Chile); Kardinal Oswald Gracias, Erzbischof von Bombay (Indien); Kardinal Reinhard Marx, Erzbischof von München und Freising (Deutschland); Kardinal Laurent Monsengwo Pasinya, Erzbischof von Kinshasa (Demokratische Republik Kongo); Kardinal Sean Patrick O'Malley, Erzbischof von Boston (Vereinigte Staaten); Kardinal George Pell, Erzbischof von Sidney (Australien); und schließlich – in der Funktion eines Koordinators – Kardinal Óscar Andrés Rodríguez Maradiaga, Erzbischof von Tegucigalpa (Honduras). Zu dem Gremium zählt außerdem der italienische Bischof von Albano, Marcello Semeraro, in der Funktion eines Sekretärs.

Sofort nach Bekanntgabe dieser medienwirksamen »Bombe« betonte in einem Interview mit *Radio Vatikan* Pater Federico Lombardi in seiner Funktion als Vatikansprecher und Intendant dieses »päpstlichen Sprachrohrs«, dass Papst Franziskus vor allem mit dem Datum – exakt einen Monat nach seiner Wahl – ein Zeichen habe setzen wollen: dass er nämlich die Rat- und Vorschläge seiner Mitbrüder, der Kardinäle, während des Vorkonklaves aufmerksam verfolgt und verinnerlicht habe und dass er nun den Erwartungen der von den Kardinälen repräsentierten Weltkirche nachkommen wolle. Pater Lombardi verwies mit Nachdruck auf eine Besonderheit: Es handele sich nicht um ein »Komitee«, ebenso wenig um eine »Kommission« oder um einen »Rat« im üblichen Sinne. Es sei eine Gruppe im eher weiten Sinne, die für »jede Bezeichnung offen ist«. Sie stelle die Möglichkeit einer Beratung sicher, die der Papst von Seiten angesehener Vertreter des Weltepiskopats wie auch von Seiten des Kardinalskollegiums auf universaler Ebene erwarte. In der Zusammensetzung der ernannten Personen steche deren Herkunft von verschiedenen Kontinenten ins Auge. Wunsch des Papstes sei es, weiterhin den Horizont der Weltkirche zu berücksichtigen und die Stimme der Kirche in den verschiedenen Erdteilen zu hören. Die Beratergruppe stelle ein Art Zusatz zu den verschiedenen Dikasterien dar, während die Präsidenten der verschiedenen Kurienbehörden ihre Verantwortlichkeit bei der Unterstützung des Papstes in seiner täglichen Arbeit für die Weltkirche behielten.

Mit Ausnahme des australischen Vertreters im G-8-Rat gehören alle Kardinäle dem moderaten oder progressiven Flügel innerhalb des »Senats der Kirche« an. Koordinator Kardinal Rodriguez Maradiaga war einer der allerersten Personen, die vom Papst nach seiner Wahl zu einem Mittagessen »unter vier Augen« eingeladen worden war. In einer ersten Reaktion auf ihre Ernennung in den »Beirat« des Papstes hatten die Kardinäle Maradiaga und George Pell nach Angaben von Radio Vatikan ihre Genugtuung über die Einführung eines »Rates« zum Ausdruck gebracht. Der honduranische Kardinal Oscar Andrés Rodriguez Maradiaga freute sich auf seine künftige Aufgabe im Vatikan: »Wir werden mit dem Papst über viele Themen reden – sicher auch über die Vatikanbank IOR und nicht nur über die Kurienreform«, sagte er einem italienischen Fernsehsender. »Ich glaube, wir werden über all das sprechen, was im Vorkonklave auf den Tisch gekommen ist«, fuhr er fort. Mehrere Kardinäle hatten vor dem Konklave in den vertraulichen Sitzungen kritische Fragen zur Vatikanbank gestellt. Kardinal Maradiaga erklärte, die Kardinäle würden dem Papst »vor allem Informationen aus erster Hand über einige Situationen bieten, die ihm nicht genügend bekannt sind.« Im »Kontakt mit den Bischofskonferenzen« wollten die acht Kardinäle »ihm andere Perspektiven aufzeigen als die, die beim Heiligen Stuhl eintreffen«. Kardinal George Pell aus Sydney meinte in einer Stellungnahme im australischen Rundfunk, aus seiner Sicht gehe es dem neuen Papst »um mehr Disziplin«. Es habe im Vatikan »einige Probleme gegeben, wie jeder weiß«, doch seien »die meisten Vatikanmitarbeiter exzellente Personen«, hob Pell hervor.

Der langjährige römische Bischofsvikar, Kardinal Camillo Ruini, hatte noch am Abend der Papstwahl erklärt, in der Kurie müssten »Understatement« sowie ein nüchterner Stil herrschen. Das Strukturproblem der Kurienbehörden sei während des Zweiten Vatikanischen Konzils angegangen worden, doch die Konzilsväter hätten damals keine angemessene Lösung gefunden. Er setze großes Vertrauen in Papst Franziskus, dass dieser eine

Umstrukturierung der Behörden verwirklichen werde. »Die Kurie muss ein Instrument im Dienst des Papstes sein und darf die Ausübung des Petrusamtes und die damit verbundenen Beziehungen zu den Bischöfen in aller Welt nicht konditionieren«, so der hochbejahrte Kurieninsider. Kardinal Ruini begrüßte die Ernennung von acht Kardinälen als Berater des Papstes. Auch die Form der Ernennung entspreche dessen »einfachem Stil«.

Doch wer sind die Kardinäle, die den Papst beraten sollen? Und mit welchen Problemen sind sie in ihren Ortskirchen konfrontiert?

Der Koordinator: Óscar Andrés Rodríguez Maradiaga

Er gilt als unkonventionell und hat starke Kämpfergene aufgrund seiner wohl indianischen Abstammung: Der Erzbischof von Tegucigalpa (Honduras) und Präsident der Caritas Internationalis, Kardinal Óscar Andrés Rodríguez Maradiaga (Jahrgang 1942) hat nicht nur Theologie, sondern auch Physik, Mathematik, Musik und Psychologie studiert. Er spielt Klavier und Saxofon und besitzt einen Pilotenschein. Sein Hauptthema ist die Entschuldung der Dritten Welt. Papst Franziskus hat seinem großen »Papstmacher« und Freund aus dem Salesianer-Orden innerhalb des von ihm eingesetzten G-8-Rates eine Schlüsselrolle übertragen: Er ist der Koordinator des aus acht Kardinälen aus aller Welt bestehenden Rates von Franziskus. Deren Aufgabe ist brisant: Die römische Kurie soll verschlankt und völlig reformiert werden. Den Ortskirchen sollen mehr Kompetenzen eingeräumt werden. Die Funktion der Apostolischen Nuntiaturen soll geändert werden. Papst Franziskus hat die Vatikandiplomaten aus aller Welt bei einem Treffen im Juni 2013 gebeten, ihn persönlich zu informieren, wenn besondere Probleme auftauchen.

Beim Konklave im April 2005 galt Kardinal Maradiaga als Außenseiter, weil er noch vor dem internationalen Bankenkrach für die Möglichkeit eines Schuldenerlasses für die oft von den reichen Industrieländern »ausgesaugten« Ländern der Dritten Welt plädiert hatte. Mit seiner Kampagne zugunsten einer Entschuldung der Dritten Welt lag Kardinal Maradiaga auf der Linie von Papst Johannes Paul II. Dieser hatte bei seinen Reisen häufig flammende Appelle an die reichen Staaten gerichtet, den vom Kolonialismus geknechteten und von den großen Wirtschaftslobbys in der Welt gesteuerten Völkern in Lateinamerika eine neue Chance zur Autonomie zu gewähren. Die Idee der

Entschuldung ist nicht nur in deutschen Bankerkreisen ein heikles Thema. So musste der Bankier Alfred Herrhausen (Jahrgang 1930) mutmaßlich deswegen durch ein Attentat, das der Roten Armee Fraktion (RAF) zugeschrieben wurde, sein Leben lassen. Der aus einfachen Verhältnissen stammende Finanzexperte hatte eine Bilderbuchkarriere im Land des Wirtschaftswunders gemacht. Er verknüpfte Politik mit Geschäft und war wegen seiner unorthodoxen Ideen in Finanzgeschäften umstritten. Der an der Megafusion von Daimler-Benz mit MBB beteiligte Finanzexperte trat auch für die Entschuldung der Dritten Welt ein. Er konnte sich jedoch in seiner eigenen Bank nicht durchsetzen. Als er die Deutsche Bank einer radikalen Reform unterziehen wollte, begehrten die anderen Manager auf. Herrhausen erwog daraufhin den Rücktritt. Nur zwei Tage später, am 30. November 1989, fiel er einem Attentat zum Opfer.

Kardinal Óscar Andrés Rodríguez Maradiaga gehört dem Salesianerorden seit dem 3. Mai 1961 an. Er ist ein »All-Round-Genie«. Erfahrungen in der Jugend-Seelsorge und im Lehramt sammelte er dank seiner Zugehörigkeit zum Salesianer-Orden in verschiedenen Ländern Lateinamerikas. Der Erzbischof von Tegucigalpa/Honduras wurde am 29. Dezember 1942 in Tegucigalpa geboren. Von 1949 bis 1959 war er Schüler am Salesianer-Institut San Miguel in seiner Heimatstadt. Nach dem Abitur wirkte er als Grundschullehrer an der vom Orden Don Bosco gegründeten Schule Masterrer in El Salvador. Von 1962 bis 1965 lehrte er Physik, Naturwissenschaften und Chemie am Institut Don Rua in El Salvador. Die Priesterweihe erhielt der hochintelligente Salesianer am 28. Juni 1970 in Guatemala. Am Konservatorium von San Salvador, der Hauptstadt von El Salvador, hatte er zuvor zwischen 1960 und 1963 Musik studiert. Danach folgten von 1967 bis 1970 Studienjahre in Komposition in Guatemala und in Newton/New Jersey, USA. An der Päpstlichen Salesianer-Hochschule in Rom promovierte Maradiaga anschließend in Theologie. 1974 folgte eine Promotion in Moraltheologie an der Päpstlichen Lateran-Universität. Ein Diplom in klinischer Psychologie und in Psychotherapie erwarb Maradiaga im österreichischen Innsbruck im Jahr 1975. Sein hauptsächlicher Wirkungsort war Guatemala, wo er dreizehn Jahre lang am Salesianer-Kolleg Don Bosco Chemieunterricht erteilte. Am 28. Oktober 1978 wurde er zum Weihbischof in seiner Heimatdiözese Tegucigalpa ernannt, wo er fünf Wochen später die Bischofsweihe empfing. Als Mitglied des Rates der Lateinamerikanischen Bischofskonferenzen CELAM, deren Präsident er von 1995 bis 1999 war, erwarb er sich Prestige bei den Mitgliedern aller Lateinamerikanischen Bischofskonferenzen. Von Papst Johannes Paul II. war Maradiaga im Konsistorium am 21. Februar 2001 ins Kardinalskollegium aufgenommen worden. Papst Benedikt XVI. erkannte das Genie des Lateinamerikaners und berief ihn im Juni 2007 zum Präsidenten der Caritas Internationalis. In dieser bedeutenden Funktion hat der Kardinal die Aufsicht über die Aktivitäten auch der nationalen Caritas-Organisationen in der Welt und deren Finanzen inne. Der emeritierte deutsche Papst hatte mehrfach bereits als Präfekt der römischen Glaubenskongregation die Befürchtung geäußert, die katholische Kirche könnte zu einer sozialen Dienstleistungs-Organisation ohne ethische Grundsätze wie das Rote Kreuz herabgestuft werden, wenn die Caritas-Organisationen in der Welt sich in ihrer Arbeit nicht auch an ihrer Mission der Nächstenliebe und der Glaubensverkündigung orientierten.

Kardinal Rodríguez Maradiaga kennt die Probleme der Kirche in Lateinamerika ebenso gut wie Papst Franziskus: Die Pfingstler haben längst mehr Zulauf als die katholische Kirche. Sie bieten gegen – vor allem aus den Vereinigten Staaten kommendes – Geld gute Positionen in der Gesellschaft und soziale Absicherung an. Gegen ihre Macht ist die karitative Aktion der katholischen Kirche ein Tropfen auf den heißen Stein, meint der mit den Problemen in Lateinamerika vertraute deutsche Medienberater Stephan Ley im Gespräch mit mir. Viele Lateinamerikaner wechselten auch die Mitgliedschaft zu Pfingstlern wie ihr Hemd, meint er, denn die Armut zwinge viele Menschen zu Kompromissen und zu Wankelmütigkeit im religiösen Bekenntnis. Man springe auf den Karren, der ein Fortkommen und ein Stillen des Hungers biete, koste es was es wolle. Selbst Bischöfe aus Lateinamerika müssen zugeben, dass die »neuen religiösen Bewegungen« wie eine große unaufhaltsame Welle den lateinamerikanischen Kontinent überrennen. Die Würzburger *Tagespost* schreibt dazu am 18. Mai 2013: »Die starke Betonung des Heiligen Geistes und dessen Wirken in jedem Einzelnen und in der Kirche hat einen gewissermaßen ›biographisch-geographischen‹ Hintergrund. Ganz anders als im protestantisch-staatskirchlich angekränkelten Deutschland wirkt die Kirche in Lateinamerika vor dem Hintergrund der fast explosionsartigen Verbreitung der evangelikalen und charismatischen Bewegungen, die aus den Pfingstkirchen hervorgegangen sind und der katholischen Kirche schwer zu schaffen machen.« In den letzten Jahrzehnten hätten die Pfingstler der katholischen Kirche von der fast zu hundert Prozent katholischen Bevölkerung Lateinamerikas rund vierzig Prozent »weggeschnappt«. Sie würden »direkter kommunizieren und auf die Nöte der Menschen – vor allem der Frauen – besser eingehen als die Vertreter der katholischen Kirche.« Bei den einfachen Leuten vor allem holten sie die Alltagssorgen ab – »natürlich mit Hilfe unlauterer Maßnahmen der Mitgliederwerbung und Public Relation«. Auch ein irrationaler Bibel-Fundamentalismus gehöre zu den Methoden, mit denen die Evangelikalen und Charismatiker die Menschen anzögen. Ihr Erfolg liege darin, dass sie mit schlichten, aber eingängigen Gesten den Glauben erfahrbarer machten: Der »Pentekostalismus« stelle heute schon nach der katholischen Kirche die »zweitgrößte Religion in der weltweiten Christenheit dar.« Die Wahl des Argentiniers Jorge Bergoglio sei als »Teil der Antwort« des »Senats der katholischen Kirche« gegen das Vordringen der Evangelikalen und Charismatiker in den USA und in Lateinamerika einzuschätzen, so die *Tagespost* weiter.

Giuseppe Bertello

Der aus Turin gebürtige Norditaliener Giuseppe Bertello (Jahrgang 1942) ist ein erfahrener Vatikandiplomat. Er muss sich als Gouverneur im Staat der Vatikanstadt mit den Problemen auseinandersetzen, die ihm sein Vorgänger Kardinal Giovanni Lajolo hinterlassen hat. Unnötige Ausgaben und überteuerte Aufträge – für den Aufbau der Krippe auf dem Petersplatz beispielsweise wurden jedes Jahr in der Vorweihnachtszeit unglaubliche Summen aufgewendet – waren schon vor dem Dienstantritt Bertellos von dem früheren »zweiten Mann« im Governatorat, Msgr. Carlo Maria Viganò, gestoppt worden. Dieser war von Kardinalstaatsekretär Tarcisio Bertone – als »Dank« für seine Aktion gegen Vetternwirtschaft und Korruption innerhalb des Gouvernatorats – kurzerhand aus dem Vatikan entfernt und als Apostolischer Nuntius nach Washington entsandt worden. Über diesen Schritt hatte sich Msgr. Viganò, der auf die Nachfolge von Lajolo gehofft hatte, in einem persönlichen Schreiben an Papst Benedikt XVI. beschwert und eine Rücknahme der

Maßnahme gefordert. Der Brief des heutigen Nuntius in Washington war im Zuge der Vatileaks-Affäre an die Öffentlichkeit und in die Hände des italienischen Enthüllungsjournalisten Gianluigi Nuzzi gelangt. So hatte Msgr. Viganò seinerzeit unter anderem die Praxis unterbunden, Aufträge des Governatorats nur »bestimmten Firmen« zu erteilen, ohne einen vergleichenden Kostenvoranschlag von anderer Seite einzuholen. Damit hatte er sich viele Gegner geschaffen.

Kardinal Bertello dürfte den Papst wohl kaum mit den Geschäften des Governatorats im Staat der Vatikanstadt behelligen. Nach einer brillanten Karriere als Vatikandiplomat dürfte er ihm eher als Ratgeber in diplomatischen Fragen zur Seite stehen. Er hat den Vorteil, vor Ort zu sein, den Papst, wenn es nötig ist, als dessen »Nachbar« im Vatikan auch täglich zu sehen, während die meisten anderen Kardinäle für ein Gespräch mit Franziskus erst aus der Ferne anreisen müssen.

Seit Oktober 1987 hatte Giuseppe Bertello als Vertreter von Papst Johannes Paul II. als Apostolischer Nuntius in Westafrika (Togo, Ghana und Benin) gewirkt. Seine Bischofsweihe hatte er am 28. November 1987 durch den damaligen – heute noch legendären – Kardinalstaatssekretär Agostino Casaroli erhalten. Von 1991 bis 1995 vertrat Bertello den Heiligen Stuhl im von Bürgerkrieg und Stammesfehden erschütterten Ruanda. Weitere Erfahrungen – diesmal auf dem diplomatischen Parkett in Europa – sammelte er danach als Ständiger Vatikanbeobachter bei den UN-Behörden in Genf und der Welthandelsorganisation. Von 2000 bis 2007 vertrat er den Heiligen Stuhl als Apostolischer Nuntius in Mexiko. Im Jahr 2007 berief ihn Benedikt XVI. zum Nuntius in Italien, bevor ihm am 3. September 2011 sein heutiges Amt als Präsident der Päpstlichen Kommission für den Staat der Vatikanstadt und als Chef des Governatorats übertrug. Der mit seiner neuen Funktion verbundene Kardinalspurpur wurde Bertello beim Konsistorium am 18. Feburar 2012 von Benedikt XVI. verliehen.

Francisco Javier Kardinal Errázuriz Ossa

Francisco Javier Kardinal Errázuriz Ossa (Jahrgang 1933) ist das einzige Mitglied im »Senat der Kirche«, dem Kardinalskollegium, das der angehört, die 1914 von dem deutschen Pater Josef Kentenich[16] begründet wurde. Der emeritierte Erzbischof von Santiago de Chile ist aufgrund seiner Zugehörigkeit zur Schönstatt-Bewegung ein guter Bekannter in katholischen Kreisen in Deutschland wie auch in der Schweiz und Österreich. Mit Papst Franziskus verbindet ihn nicht nur die gemeinsame Herkunft aus Lateinamerika, sondern auch eine besondere Devotion zur Muttergottes, wie ein Foto aus Bergoglios Zeit als Erzbischof von Buenos Aires belegt: Dort ist ein strahlender Jorge Bergoglio bei einer Begegnung mit Schönstatt-Mitgliedern in seiner Diözese neben einer Abbildung des von den Schönstättern verehrten Marienbildes zu sehen.

Francisco Javier Errázuriz Ossa hatte sich nach seiner Schulzeit der Schönstatt-Bewegung angeschlossen. Nach der Priesterweihe am 16. Juli 1961 erwarb er in einem Aufbaustudium an der Universität Freiburg (Schweiz) das Lizenziat in Theologie. Anschließend wirkte er als Kaplan für Studenten und Geistliche und als Regionaloberer der Schönstatt-Bewegung in Chile. 1971 wurde er als Mitglied der Generalleitung der Schönstatt-Patres nach Deutschland berufen. Von 1974 bis 1980 war er Generaloberer der Schönstatt-Patres und seit 1979 Vorsitzender des Generalpräsidiums der Schönstatt-Bewegung. Am 25. April 1998 war er von Papst Johannes Paul II. zum Erzbischof von Santiago de Chile ernannt worden. Als Präsident der Chilenischen Bischofskonferenz fungierte er von 2003 bis 2007 auch als Präsident der Lateinamerikanischen Bischofskonferenz CELAM. Am 21. Februar 2001 erfolgte seine Aufnahme ins Kardinalskollegium. Neun Jahre später, am 15. Dezember 2010, nahm Papst Benedikt XVI. sein altersbedingtes Rücktrittsgesuch an.

Oswald Gracias

Papst Franziskus hat durch die Berufung des indischen Kardinals Oswald Gracias in sein neu geschaffenes Beratergremium der Weltkirche seine besondere Zuneigung zum asiatischen Kontinent unter Beweis gestellt. Der Jesuitenorden ist seit Jahrzehnten in Asien und vor allem in Vietnam und Indien auf dem Vormarsch. In Indien ist große Vorsicht angeraten, wenn es um christliche Kritik am Kastensystem der Hindus geht. Die katholische Kirche hatte schon unter Indira Ghandi (1917–1984) einen schweren Stand. Angesichts der Überbevölkerung Indiens propagierte die Premierministerin Sterilisation und künstliche Verhütungsmittel, während die katholische Kirche natürliche Methoden der Empfängnisverhütung befürwortete.

In diesem Zusammenhang könnte sich das internationale Beratergremium G-8 folgende spannende Frage stellen, wenn es im Oktober 2013 erstmals zusammentritt: Wird unter Papst Franziskus eine neue Öffnung in Fragen der Sexualmoral und der Empfängnisregelung möglich sein? Papst Benedikt XVI. hatte in seinem Buch *Licht der Welt* (2010) im Gespräch mit Peter Seewald eine vorsichtige Wende hin zu einer eingeschränkten Möglichkeit des Kondomeinsatzes angedeutet: Die katholische Kirche sieht die Verwendung von Kondomen »nicht als wirkliche und moralische Lösung an. Im einen oder anderen Fall kann es in der Absicht, Ansteckungsgefahr zu verringern, jedoch ein erster Schritt sein auf dem Weg hin zu einer anders gelebten, menschlicheren Sexualität.«[17]

Die Verbundenheit indischer Katholiken mit dem Oberhaupt der katholischen Kirche hat sich am 2. Juni 2013 anlässlich des von Katholiken weltweit begangenen gemeinsamen »Anbetungstags« eindrucksvoll gezeigt: »Über 19 Millionen katholische Gläubige in Indien haben sich mit dem Heiligen Vater am 2. Juni 2013 zu einer feierlichen Anbetung des Allerheiligsten zugeschaltet. Pfarreien, Klöster und andere religiöse Einrichtungen in ganz Indien haben die Initiative zum ›Jahr des Glaubens‹ wahrgenommen.« Auch in den Kirchen von Orissa, wo im Jahr 2008 antichristliche Massaker verübt worden waren, wurde gebetet, berichtete der Erzbischof von Bombay und Präsident der Indischen Bischofskonferenz, Kardinal Oswald Gracias, gegenüber dem Vatikanischen Fides-Pressedienst. Viele Jugendliche hätten »in einer tief empfundenen Gemeinschaft mit Papst Franziskus ihre unendliche Liebe für Christus im Jahr des Glaubens bezeugt.« Es sei auch für einen wirksameren Einsatz im Kampf gegen Armut und Gewalttätigkeit gebetet worden. Gracias: »Es liegt noch ein langer schwieriger Weg vor uns: die patriarchalische Mentalität muss sich ändern, sexuelle Diskriminierung und die Diskriminierung in allen ihren Formen muss ein Ende haben, die gleiche Würde von Mädchen und Frauen muss zur gesellschaftlichen Norm werden.« Frauen und junge Mädchen erleiden häufig unsägliche häusliche und außerhäusliche Gewalt, weibliche Föten und Neugeborene werden getötet.

Der Erzbischof von Bombay erinnerte auch an die Vergewaltigung der Ordensfrau Meena Barwa während der Massaker von Orissa 2008, welche noch heute ungestraft sei. Die Anbetung des Allerheiligsten Sakraments sei am 2. Juni 2013 im Pastoralzentrum Dibyajyoti (Distrikt Kandhamal) in Orissa, wo sich während des antichristlichen Pogroms sexuelle Gewalt in fürchterlicher Weise entfesselt hatte, »besonders tief empfunden worden«, so Kardinal Gracias. »Die katholische Kirche ist mit Hilfe ihrer sozialen Dienste und ihrer Erziehungseinrichtungen in unermüdlicher und uneigennütziger Weise an vorderster Front zugunsten der Gleichheit aller Menschen tätig«, fügte er hinzu.

Kardinal Oswald Gracias, Erzbischof von Bombay (Indien), ist wegen seiner Freundlichkeit und seines bescheidenen Auftretens ein gern gesehener Mann innerhalb des Weltepiskopats. Er wurde am 24. Dezember 1944 in Mahim, Mumbai, in der Erzdiözese Bombay geboren. Das Sakrament der Priesterweihe wurde Gracias am 20. Dezember 1970 durch seinen Namensvetter und Amtsvorgänger auf dem Stuhl des Erzbischofs von Bombay, Valerian Kardinal Valerian Gracias[18], gespendet. Oswald Gracias studierte erst am Priesterseminar in Bombay Philosophie und Theologie. Später erwarb er bei weiterführenden Studien in Rom ein Lizenziat in Kirchengeschichte an der Päpstlichen Urbaniana-Universität sowie ein Diplom in Kirchenrecht an der Päpstlichen Gregoriana-Universität in Rom. 1981 promovierte er zum Thema »Die juristische Relevanz ehelicher Liebe für einen gültigen Ehekonsens«. Nach seelsorglichen Erfahrungen in Santa Cruz und in der Erzdiözese Bombay wirkte er als Kanzler und Sekretär des Bischofs von Janshedpur (1971–1976). Dieselben Funktionen übte er nach seiner Rückkehr aus Rom nach Bombay 1982 im Dienst des Erzbischofs von Bombay (1982–1997) aus. Weiter lehrte er als Gastprofessor am Priesterseminar von Bombay.

Am 28. Juni 1997 ernannte ihn Papst Johannes Paul II. zum Weihbischof der Erzdiözese Bombay und Titularbischof von Bladia. Die Bischofsweihe empfing er am 16. September desselben Jahres durch den damaligen Erzbischof von Bombay und späteren Präfekten der Vatikanischen Kongregation für die Glaubensverbreitung (»Propaganda fide«), Kardinal Ivan Dias, einem engen Vertrauten von Papst Benedikt XVI. Am 7. September 2000 erfolgte die Ernennung Gracias' zum Erzbischof von Agra durch Papst Johannes Paul II., am 14. Oktober 2006 zum Erzbischof von Bombay durch Papst Benedikt XVI. Die Amtsübernahme erfolgte am 14. Dezember. Gracias war zuvor als Spezialist in Kirchenrecht für Eheannullierungen an den Diözesangerichten verschiedener Diözesen Indiens tätig gewesen. Von 1987 bis 1991 war er auch als Präsident der indischen Gesellschaft für kanonisches Recht tätig und brachte seine Kenntnisse als Konsultor im Päpstlichen Rat für die Auslegung von Gesetzestexten ein. Beim Konsistorium am 24. November 2007 nahm ihn Papst Benedikt XVI. ins Kardinalskollegium auf. Eine besondere Ehre war es für Kardinal Oswald Gracias, gemeinsam mit dem Erzbischof von São Paulo, Brasilien, Odilo Pedro Kardinal Scherer – einem der »Papstkandidaten« der römischen Kurie und »Konkurrenten« von Jorge Bergoglio im Konklave 2013 – und dem Präfekten der römischen Glaubenskongregation, Kardinal William Joseph Levada, zu delegierten Präsidenten der zwölften Bischofssynode (5.–26. Oktober 2008) ernannt zu werden. Wegen antichristlicher Ausschreitungen in Indien hatte Gracias aber an der Synode nicht teilnehmen können. Oswald Gracias ist langjähriger Vorsitzender der Indischen Bischofskonferenz (CBCI). Seit 21. Oktober 2011 hat er auch das Amt des Präsidenten der Föderation der Asiatischen Bischofskonferenzen (FABC) inne.

Reinhard Marx

Papst Benedikt XVI. hat ebenso wie Papst Franziskus die Kardinäle der katholischen Kirche immer wieder beschworen, ihrer Verpflichtung zur besonderen Treue gegenüber der Kirche und dem Nachfolger Petri wie auch zur Einheit untereinander nachzukommen. Ihre Mission als »einzigartige und wertvolle Mitarbeiter« des Papstes sei nicht die Krönung eines »eigenen Ehrgeizes«, sondern ein »Akt der Demut und des Dienstes an Christus«, hatte Papst Benedikt bei der Verleihung der Kardinalswürde am 20. November 2010 unter anderem an den Erzbischof von München und Freising, Reinhard Marx, gesagt. In der Kirche gehe es nicht um das menschliche Modell der Herrschaft, sondern um die »Logik, sich niederzubeugen und die Füße zu waschen«. Es gehe um die »Logik des Dienens«. »Die Logik des Kreuzes ist die Grundlage jeder Ausübung von Autorität«, hatte der heute emeritierte Papst hinzugefügt. »Niemand ist in der Kirche der Herr«, aber alle seien berufen, sich von der göttlichen Gnade leiten zu lassen. Jedes kirchliche Amt sei eine Antwort auf den Ruf Gottes, hatte er in seiner Predigt hervorgehoben. Des Papstes Wort in Gottes Ohr, seufzten schon damals die Vatikanjournalisten untereinander.

Als Kardinal Marx am 22. März 2012 zum Präsidenten der Kommission der Bischofskonferenzen der Europäischen Gemeinschaft (COMECE) gewählt wurde, schrieben die Agenturen: »Es gibt einen neuen katholischen ›Mister Europa‹.« Diesem Gremium gehörte der Europa-Berater von Papst Franziskus' G-8 seit März 2006 als Delegierter der Deutschen Bischofskonferenz an. Seit März 2009 hatte er bereits das ehrenvolle Amt eines Vizepräsidenten der COMECE inne. Der gewichtige Westfale ist dafür bekannt, mit harter Hand durchzugreifen: Mit einer Umformung der Behörden im – unter seinem Vorgänger Kardinal Friedrich Wetter weit verzweigten – Erzbischöflichen Ordinariat München und Freising hat er sich nicht nur Freunde geschaffen. Auch sein energisches Vorgehen gegen Orden, die angeblich Geistliche, die sich der Pädophilie in Internaten schuldig gemacht hatten, gedeckt hätten, wurde in Bayern öfters kritisiert.

Der am 21. September 1953 als Sohn eines Schlossermeisters im westfälischen Dorf Geseke geborene Marx studierte nach dem Abitur in Paderborn und in Paris Theologie und Philosophie. Am 2. Juni 1979 wurde er durch Erzbischof Johannes Joachim Degenhardt zum Priester geweiht und wirkte zwei Jahre lang als Vikar in Arolsen. Nach weiteren Studienjahren in Bochum und Münster wurde Marx 1988 an der Katholisch-Theologischen Fakultät der Ruhr-Universität Bochum bei dem Fundamentaltheologen Hermann Josef Pottmeyer mit der Dissertation: »Ist Kirche anders? – Möglichkeiten und Grenzen einer soziologischen Betrachtungsweise« promoviert. 1989 wurde er Direktor des Sozialinstituts *Kommende Dortmund* in Dortmund-Brackel, des Sozialinstituts des Erzbistums Paderborn. Am 21. Juni 1993 verlieh ihm Papst Johannes Paul II. den Titel »Kaplan Seiner Heiligkeit«, 1996 erfolgte die Berufung zum außerordentlichen Professor für Christliche Gesellschaftslehre an der Theologischen Fakultät Paderborn.

Am 23. Juli 1996 ernannte Johannes Paul II. ihn zum Titularbischof von Petina und zum Weihbischof im Erzbistum Paderborn, am 20. Dezember 2001 berief er ihn als Nachfolger Hermann Josef Spitals zum 102. Bischof von Trier. Marx ist seit 1999 Vorsitzender der Deutschen Kommission Justi-

tia et Pax (»Gerechtigkeit und Frieden«), die von der Deutschen Bischofs-
konferenz und dem Zentralkomitee der deutschen Katholiken getragen wird.
In Nachfolge von Anton Schlembach wurde Marx 2006 Großprior der
Deutschen Statthalterei des Ritterordens vom Heiligen Grab zu Jerusalem.
Papst Benedikt XVI. ernannte ihn schließlich am 30. November 2007 zum
Erzbischof von München und Freising. Kraft dieses Amtes ist er zugleich
Vorsitzender der Freisinger Bischofskonferenz. Am 29. Juni 2008 empfing
Marx als Metropolit der Kirchenprovinz München und Freising im Peters-
dom zu Rom das Pallium. Als Nachfolger des Eichstätter Bischofs Gregor
Maria Hanke wurde er am 1. Februar 2010 zum Großkanzler der Katholi-
schen Universität Eichstätt-Ingolstadt ernannt, im selben Jahr nahm ihn
Papst Benedikt XVI. im feierlichen Konsistorium vom 20. November als
Kardinalpriester mit der Titelkirche San Corbiniano in das Kardinalskolle-
gium auf. Bis zur Kreierung Rainer Maria Woelkis im Februar 2012 war
Kardinal Marx jüngstes Mitglied des Kardinalskollegiums.

Eine zentrale Größe in Marx' Denken ist der Begriff »Freiheit«, der sich
auch in seinem Wappen wiederfindet. Marx versteht die Freiheit des Menschen von der christlichen Anthropologie her. Den modernen Freiheitsbe-
griff betreffend formuliert Marx drei Positionen: 1. Er wolle kein Zurück in
eine alte Welt; 2. die Aufklärung beantworte nicht, was Inhalt der Freiheit
sein solle, so dass Marx das Projekt einer Dialektik der Aufklärung, einer
aufgeklärten Aufklärung fordert; und 3. müsse im Zentrum diesen Projektes
der Mensch und seine Würde stehen, die auch in der Welt der Wirtschaft
immer wieder in Gefahr sei. Die Rolle der Kirche dürfe dabei nicht die des
Moralproduzenten sein. Sie müsse vielmehr das Evangelium verkünden, das
den Menschen einen Zugang zu Gott eröffnen wolle und eine Wirklichkeit
verkünde, die größer als der Mensch sei und sich trotzdem um diesen kümmere. In nahezu allen Äußerungen zu wirtschaftspolitischen oder sozialethi-
schen Themen kommt bei Marx zum Vorschein, dass die Freiheit eines Menschen von Gott herrühre und daher nicht verhandelbar sei. Auch in der
Wirtschaftspolitik müsse gelten: Die Ökonomie ist für den Menschen da,
nicht umgekehrt.

Kardinal Marx ist Mitglied der Vatikanischen Kongregation für das Katholische Erziehungswesen, der Vatikanischen Kongregation für die Orientali-

schen Kirchen sowie im Päpstlichen Rat für Gerechtigkeit und Frieden (Iustutia et Pax). Mit der Gay-Lobby legte er sich vor einigen Jahren durch Kritik an der Legalisierung gleichgeschlechtlicher Verbindungen in Form einer »Ehe« an. Er gilt als starker Verfechter des dem Naturrecht entsprechenden Menschenbildes, welche eine Verbindung von Mann und Frau begründet.

Laurent Monsengwo Pasinya

Mit dem Erzbischof von Kinshasa / Demokratische Republik Kongo, Kardinal Laurent Monsengwo Pasinya, hat Papst Franziskus einen mutigen Vorkämpfer für Menschenrechte in ganz Afrika in sein oberstes Beratergremium berufen. Sein Heimatland war in der Vergangenheit jahrelang von einem Bürgerkrieg geschüttelt worden. Der Kardinal ist der erste Afrikaner, der am traditionell von Jesuiten geleiteten Päpstlichen Bibelinstitut in Exegese promovierte. Er studierte unter anderem auch an der Zweigstelle des Päpstlichen Bibelinstituts in Jerusalem. In dieser Zeit erlernte der gelehrte Afrikaner auch modernes Hebräisch.

Innerhalb des Kardinalskollegiums ist Kardinal Monsengwo Pasinya einer der wenigen »Senatoren der Kirche«, die fließend Latein sprechen. Bei einer Bischofssynode muss er sich nicht wie die meisten seiner Mitbrüder unter den Synoden-Vätern Kopfhörer aufsetzen, wenn Papst Benedikt XVI. – wie bei der letzten unter seinem Pontifikat ausgerichteten Synode über die Neuevangelisierung im Oktober 2012 – auf Latein intervenierte. Auch das biblische Griechisch ist dem Afrikaner vertraut. Bei den Exerzitien für die römische Kurie in der Fastenzeit hatte er mehrere Jahre lang seine intellektuellen Fähigkeiten und seine spirituelle Energie eingesetzt, um vor dem Theologenpapst Joseph Ratzinger und der Kurie bestehen zu können. In seiner herausragenden Aufgabe als Fastenprediger hatte er zahlreiche Kurienkardinäle aus der Nähe kennengelernt.

Kardinal Laurent Monsengwo Pasinya wurde am 7. Oktober 1939 in Mongobele/Demokratische Republik Kongo geboren. Er entstammt einer Familie, die zu den königlichen Familien des Stammes der Basakata gehört. Der Familienname »Monsengwo« bedeutet »Enkel des traditionellen Häuptlings«. Nach einem Studium der Philosophie in seiner afrikanischen Heimat wurde er 1960 an das der Vatikanischen Kongregation für die Glaubensverbreitung angegliederte Priesterkolleg »Collegio Urbano de Propaganda Fide« entsandt, wo er Theologie studierte. Am 21. Dezember 1963 empfing er in Rom durch den damaligen Präfekten der Vatikanischen Kongregation für die Glaubenverbreitung (oder Evangelisierung der Völker), Kardinal Grégoire-Pierre Agagianian, das Sakrament der Priesterweihe. Von 1972 bis 1980 hatte Monsengwo Pasinya verschiedene administrative Ämter inne: 1972–1975 wirkte er neben seiner Dozententätigkeit als beigeordneter Generalsekretär der Bischofskonferenz von Zaire, 1976 war er Mitbegründer der Journées Bibliques Africaines (JBA), 1976–1980 Generalsekretär der Bischofskonferenz von Zaire. Am 4. Mai 1980 wurde der Afrikaner königlichen Geblüts von Papst Johannes Paul II. in der Kathedrale Notre Dame du Congo in Kinshasa zum Bischof geweiht. Am 1. September 1988 folgte seine Ernennung zum Erzbischof von Kisangani. Am 6. Dezember 2007 berief ihn Papst Benedikt XVI. zum Erzbischof von Kinshasa. Im feierlichen Konsistorium vom 20. November 2010 schließlich wurde er von Papst Benedikt XVI. ins Kardinalskollegium aufgenommen. Am 30. Juni 2012 berief ihn Benedikt XVI. gemeinsam mit dem Bischof von Hongkong, John Kardinal Tong Hon, und dem Erzbischof von Guadalajara, Francisco Kardinal Robles Ortegal, zum delegierten Präsidenten der XIII. Generalversammlung der Bischofssynode über Neuevangelisierung (7.–28. Oktober 2012). Mit der Aufgabe, den Papst bei der Leitung der Weltkirche zu beraten und Änderungen der die Organisation der Kurie regelnden Apostolischen Konstitution Pastor Bonus vorzubereiten, hat Papst Franziskus ihn im April 2013 in die Gruppe der G-8 berufen.

Nach Informationen von Bob Moynihan, amerikanischer Verleger der Monatszeitschrift *Inside the Vatican*, sagte Kardinal Laurent Monsengwo Pasinya, der vierzehn Sprachen spricht, einmal: »Der Friede geht Hand in Hand mit Gerechtigkeit, Gerechtigkeit mit Recht und das Recht mit der Wahrheit«. Ohne Wahrheit sei es schwierig, Gerechtigkeit einzufordern und von Rechten zu sprechen.

Bei der von Papst Benedikt XVI. einberufenen Afrika-Synode hatte sich der Kardinal am 13. Oktober 2009 gegen die Diskriminierung des Menschen durch Gender und sogenannte Methoden »reproduktiver Gesundheit« ausgesprochen. Diese Auffassung des Menschen wird heute in den meisten Staaten der Welt akzeptiert. Dennoch ist abzusehen, dass Papst Franziskus auf diesem Gebiet in Kontinuität mit den Vorgaben seiner beiden Vorgänger nicht von der christlichen Sicht des Menschen abweicht. Das Oberhaupt der katholischen Kirche dürfte es vermeiden, in der Öffentlichkeit strittige Themen im Bereich von Sexualmoral und Ethik wie Verhütung unverblümt anzusprechen. Schon Johannes Paul II. wusste, dass er, wenn er auf diesem Gebiet mahnend den Finger erhob, alle Verfechter von sexueller Freiheit und Selbstbestimmung auch innerhalb der katholischen Reihen gegen sich und die Kirche aufbrächte. Der afrikanische Kardinal im G-8-Beratergremium des Papstes dürfte in vieler Hinsicht ganz auf dessen Linie und auch auf der seines Vorgängers Papst Benedikt XVI. liegen, unterstützt von Pater Barthelemy Adoukonou einem Afrikaner aus Benin, seit 3. Dezember 2009 Sekretär im Päpstlichen Kulturrat und hervorragender Schüler Ratzingers.

Sean O'Mallay

Der dem Kapuzinerorden angehörige Kardinal Sean O'Mallay, Erzbischof von Boston, läuft in Sandalen umher und bezeugt die Armutsregeln seines Ordensgründers, des hl. Franz von Assisi. Vierzehn Papstwähler kamen aus den USA, sechzehn aus Lateinamerika. Beim Konklave im Zwei-Päpste-Jahr 2013 hatte die nordamerikanische Fraktion sich erstmals mit der lateinamerikanischen zu einer Interessengemeinschaft zusammengefunden. Noch beim letzten Konklave 2005 hatten die nordamerikanischen Kardinäle wie in den vergangenen Jahrhunderten auf der Seite der europäischen Papstwähler gestanden. Die Zeit war reif dafür geworden, dass die Animositäten der lateinamerikanischen Kardinäle gegen die von ihnen jahrhundertelang als Kolonialisten betrachteten »Gringos« überwunden wurden.

Während des Vorkonklaves galt der Kapuziner O'Mallay als »papabile« (papstbar). Unter den Journalisten aus aller Welt war er populärer als viele andere, da er sich mit außerordentlicher Durchsetzungskraft gegen die Deckung von der Pädophilie beschuldigter Priester in seiner Diözese eingesetzt hatte. Für die Italiener wirkte er wie ein Ebenbild des berühmten heiligen Kapuzinerpaters Pater Pio von Pietrelcina: Der Erzbischof von Boston, Kardinal Sean Patrick O'Malley OFM, hatte sein Amt ebenso wie sein amerikanischer Amtsbruder, der Erzbischof von Los Angeles, Erzbischof Horacio

Gomez, mit einem schweren Erbe angetreten: Papst Johannes Paul II. hatte ihn im Juli 2003 zum Nachfolger des zurückgetretenen Kardinal Bernard Law berufen. Law war wegen angeblicher Vertuschung von Missbrauchsfällen des zur Erzdiözese Boston gehörigen Klerus in Verruf geraten.

Der als »Hardliner« bei der Aufklärung von der Pädophilie beschuldigten Geistlichen geltende O'Malley wurde am 29. Juni 1944, dem Tag des kirchlichen Hochfestes Peter und Paul, in Lakewood/Diözese Cleveland geboren. Nach dem Schulabschluss war der Amerikaner in den Kapuzinerorden eingetreten. Zum Priester wurde er nach Abschluss seines Theologiestudiums am 29. August 1970 geweiht. Am 30. Mai 1984 erfolgte die Ernennung durch Johannes Paul II. zum Koadjutor des Bischofs von Saint Thomas, am 2. August desselben Jahres die Bischofsweihe, ein Jahr später trat er sein Amt als Bischof von Saint Thomas an. Seit dem 16. Juni 1992 wirkte O'Mallay als Bischof der Diözese Fall River/Massachusetts, bevor er am 3. September 2002 als Bischof nach Palm Beach/Florida wechselte. Um den Forderungen von angeblichen Missbrauchsopfern nachzukommen, musste der bescheidene Kapuzinerpater mehr als 75 Millionen Euro aufbringen. Zur Entschädigung der Opfer war O'Malley unter anderem gezwungen, das Erzbischöfliche Palais in Boston zu verkaufen.

Papst Benedikt XVI. nahm den Erzbischof von Boston beim Konsistorium am 24. März 2006 als Kardinalspriester mit der Titelkirche Santa Maria della Vittoria ins Kardinalskollegium auf. Sean Patrick O'Malley ist Großprior der Statthalterei Northeastern (USA) des Ritterordens vom Heiligen Grab zu Jerusalem. Innerhalb der römischen Kurie gehört er als Mitglied der Vatikanischen Kleruskongregation sowie der Vatikanischen Kongregation für die Institute des geweihten Lebens und der Gesellschaften des Apostolischen Lebens an. Der Amerikaner wird Papst Franziskus sicherlich bei der Weiterführung einer Linie der Null Toleranz bestärken, wenn es um der Pädophilie beschuldigte Angehörige des Klerus geht.

George Pell

Eigentlich wollte der hochgewachsene Erzbischof von Sydney, Kardinal George Pell, ein professioneller »Australian-Football«-Spieler werden. Doch dann erfolgte die Berufung zum Priestertum. Die Liebe zum Sport dürfte ihn mit Papst Franziskus verbinden, der ein Fußballfan ist. In seiner Funktion als Mitglied des G-8-Rates könnte der langjährige Vertraute des emeritierten Papstes Benedikt XVI. eine Brückenfunktion zu den Mitgliedern der römischen Kurie einnehmen. Der für den Kontinent Australien und Ozeanien zuständige päpstliche Berater George Pell wurde am 8. Juni 1941 in Ballarat/ Victoria, Australien, als Sohn eines protestantischen Vaters und einer katholischen Mutter geboren. Auf Wunsch seiner Mutter hin besuchte er katholische Schulen. Er studierte später erst am Corpus Christi College in Werribee und danach am Kolleg der Vatikanischen Kongregation für die Glaubensverbreitung in Rom, mit der er seit Jahrzehnten eng verbunden ist.

Im Auftrag der auch als »Propaganda Fide« bezeichneten ehrwürdigen Kongregation – sie hat ihren Sitz in einem Palazzo hinter der berühmten Mariensäule in Rom nahe der Spanischen Treppe – war Pell bereits als Apostolischer Visitator zur Kontrolle nationaler Seminare in der Region auch auf den Fidschi-Inseln und auf Papua-Neuguinea tätig. Die Priesterweihe empfing George Pell am 16. Dezember 1966 im Petersdom durch Kardinal Gregorio Pietro Agagianian[19], dem er seine Ausbildung als Geistlicher und seine Weltanschauung verdankte.

Bei dem handfesten Australier George Pell handelt es sich um einen hochgelehrten Mann, der innerhalb der römischen Kurie über gute Karten verfügt. Die australische Presse handelte ihn 2003 sogar als möglichen Nachfolger von Kardinal Joseph Ratzinger an der Spitze der römischen Glaubenskongregation. Dies blieb aber lediglich eine Spekulation. Auch als möglicher Nachfolger des mächtigen Drahtziehers der alten Nomenklatura von Papst Johannes Paul II., des italienischen Kardinals Giovanni Re, im wichtigen Amt der Vatikanischen Bischofskongregation war Pell bereits genannt worden. Mit dieser Aufgabe hatte Papst Benedikt XVI. jedoch dann den kanadischen Kardinal Marc Quellet betraut, der im Vorkonklave im März 2013 als ein »Papabile« ersten Ranges gegolten hatte.

Von 1990 bis zum Jahr 2000 war George Pell Mitglied der römischen Glaubenskongregation und Präsident der Kommission für Doktrin und Moral innerhalb der Australischen Bischofskonferenz. Im April 2002 war er von Papst Johannes Paul II. zum Präsidenten des Komitees »Vox Clara« für die Übersetzung liturgischer Texte ins Englische berufen worden. Auch von der

Regierung in seiner Heimat wird der Erzbischof von Sydney und frühere Erzbischof von Melbourne geschätzt: Im Februar 1998 hatte Kardinal Pell in Canberra auf Nominierung des australischen Premierministers hin als Delegat an der Konstituierenden Versammlung seines Landes teilgenommen.

Als Höhepunkt der kirchlichen Laufbahn von Kardinal Pell gilt der Besuch von Papst Benedikt XVI. in Australien anlässlich des im Jahr 2008 in Sydney ausgerichteten Weltjugendtags. Eine seiner größten Freuden war die Heiligsprechung der irischstämmigen australischen Ordensgründerin Mary MacKillop (1942–1909) durch Papst Benedikt XVI. am 17. Oktober 2010 auf dem Petersplatz. Die erste australische Heilige hatte ihr Leben lang auf dem Gebiet der Erziehung und der Glaubensunterrichtung armer Kinder in Australien gewirkt. Als eine der ersten Missionarinnen hatte die Ordensgründerin sich – allen Widerständen zum Trotz – auch um die Ureinwohner und deren »natürlichen Anspruch« auf Unterrichtung bemüht. Die von ihr gegründete Kongregation der Schwestern des hl. Joseph ist heute in Australien und Neuseeland wie auch in Peru, Brasilien, Thailand und Uganda tätig.

Sein Lizenziat in Theologie hat der heutige Kardinal Pell 1967 an der Päpstlichen Urbaniana-Universität erworben. 1982 erwarb er einen Master in Erziehungswissenschaften an der Monash University in Melbourne. An der Universität Oxford promovierte er 1971 in Philosophie und Kirchengeschichte. 1989 wurde er nach Erfahrungen als Dozent und in der Seelsorge als Pfarrer zum Weihbischof in der südlichen Region von Melbourne ernannt, die Bischofsweihe erfolgte am 21. Mai 1987 durch Erzbischof Sir Frank Little in der St. Patricks-Kathedrale von Melbourne. Den Kardinalspurpur verlieh Papst Johannes Paul II. Pell, der auch Mitbegründer der neuen Katholischen Universität Australiens ist, beim Konsistorium am 21. Oktober 2003.

Im Jahr 2008 warfen mehrere Opfer sexuellen Missbrauchs durch Geistliche dem Kardinal vor, ihre Fälle vertuscht zu haben. Pell richtete daraufhin eine Kommission zur Überprüfung der gegen ihn erhobenen Vorwürfe ein, welche die Anschuldigungen auf der Grundlage ihrer Nachforschungen als unbegründet einstufte.

Ein weiterer Karrieresprung: Papst Benedikt VI. hatte Kardinal Pell für die XII. ordentliche Generalversammlung der Bischofssynode von 5. bis zum

26. Oktober 2008 in Rom zum delegierten Präsidenten berufen. Pell ist Großprior der Ordensprovinz Australien-New South Wales des Ritterordens vom Heiligen Grab zu Jerusalem. Seit 2012 gehört er der Vatikanischen Bischofskongregation und seit 2011 dem neu gegründeten Päpstlichen Rat zur Förderung der Neuevangeliserung an.[20]

Der Sekretär: Marcello Semeraro

Auch ein Sekretär gehört zum Rat für das Revisionsprojekt der Apostolischen Konstitution *Pastor Bonus*, mit der Papst Johannes Paul II. im Jahr 1988 die Kurienstruktur im Licht des neues Kirchenkodex aus dem Jahr 1984 neu geordnet hatte. Es handelt sich um einen italienischen Geistlichen, dem Papst Franziskus höchste Wertschätzung entgegenbringt: Marcello Semeraro (Jahrgang 1947), Bischof von Albano. Das dem aus dem süditalienischen Lecce stammenden Bischof entgegengebrachte Vertrauen beruht auf einer gemeinsamen guten Zusammenarbeit mit Jorge Bergoglio aus der Zeit der Bischofssynode 2001. Damals war Semeraro – noch als Bischof von Oria – Sondersekretär an der Seite des heutigen Papstes, dem von Papst Johannes Paul II. das Amt eines beigeordneten Generalrelators übertragen worden war. Bei der vom 30. September bis 27. Oktober 2001 einberufenen Synode war es unter anderem um die Rolle der Bischöfe zur Verteidigung der Armen in der Welt gegangen. 1980 promovierte Marcello Semeraro an der Päpstlichen Lateran-Universität zum Doktor der Theologie. Anschließend wirkte er als Dozent an verschiedenen theologischen Fakultäten, bis er auf den Lehrstuhl für Ekklesiologie an der Päpstlichen Lateran-Universität berufen wurde. Seit 1. Oktober 2004 ist Semeraro als Bischof von Albano in der Nähe der päpstlichen Sommervilla Castel Gandolfo in der Sommerzeit bei den päpstlichen Angelusgebeten ein oft gesehener Gast. 2007 wurde Semeraro zum Präsidenten des Verwaltungsrates der im Besitz der Italienischen Bischofskonferenz (CEI) befindlichen katholischen Tageszeitung *Avvenire* ernannt. Den Papst kann er daher auch bei Fragen beraten, die mit den Beziehungen des Heiligen Stuhls zu Italien und zu den italienischen Bischöfen zusammenhängen.

5. Rückblick: Vatileaks und die Hintergründe der Macht

Der aus dem Vatikan verwiesene Kammerdiener Paolo Gabriele könnte bei seinem neuen Job in einer Nebenstelle des vatikanischen Kinderkrankenhauses »Bambino Gesù« im Schatten der römischen Basilika St. Paul vor den Mauern noch zum Problem werden: Was passiert, wenn der Italiener sein Leben noch einmal grundsätzlich verändern will und ohne vatikanischen Filter öffentlich auspackt? Man denke an den ehemaligen Butler von Lady Diana, Paul Burrell, der in seinem brisanten Enthüllungsbuch *A Royal Duty* (dt. *Im Dienste meiner Königin,* 2003) intime Details aus dem Leben der »Königin der Herzen« veröffentlichte und sein Wissen meistbietend vermarktete. Packt er aus, riskiert Paolo Gabriele in einem Land wie Italien sein Leben. Dann hätte er besser daran getan, freiwillig Schutz in einem vatikanischen Gefängnis zu suchen.

Ein Rückblick auf das Jahr 2012: In der sogenannten Vatileaks-Affäre geht ein wichtiger Akt in die Geschichte des Vatikanischen Pressesaals ein. Nach Abschluss der seit Mai 2012 laufenden Ermittlungen der Staatsanwaltschaft im Fall des Diebstahls und der Veröffentlichung von geheimen Dokumenten aus den hohen Rängen des Apostolischen Palastes wird im August 2012 offiziell Anklage gegen zwei Italiener erhoben. Daraufhin muss sich der Ex-Kammerdiener des Papstes gemeinsam mit einem wegen Begünstigung angeklagten Informatik-Experten aus dem vatikanischen Staatssekretariat in einem Prozess, der von Ende September bis Ende Oktober 2012 lief, für seine Tat verantworten. Einer der Verteidiger von Paolo Gabriele, der der ökumenischen *Fokolar*-Bewegung angehörende Carlo Fusco, wirft das Handtuch. Der Anwalt ist mit seiner Strategie gescheitert, das anhängige Verfahren aufgrund eines Gutachtens zugunsten einer möglichen psychologischen Labilität des früheren Kammerdieners des Papstes einstellen zu lassen. Doch noch heute, im Sommer 2013, bleibt die Frage bestehen: Wer hat den als angeblichen Einzeltäter und nach eigener Aussage »vom Heiligen Geist zur Hilfe des Papstes bei der Reinigung der Kirche inspirierten« Italiener genutzt und angestiftet? Wer sind die nur am Rande der juristischen Dossiers erwähnten Prälaten und Laien in und außerhalb der Leonischen Mauern, welche die Hand mit im Spiel hatten? Wollten die »Hintermänner« die katholische Kirche gezielt diskreditieren und die Position des Papsttums insgesamt und die von Papst Benedikt XVI. und seinem Privatsekretär Dr. Georg Gänswein im Besonderen schwächen? Waren die Journalisten in der Berichterstattung über Vatileaks »vom Teufel geritten«, wie es Kardinalstaatssekretär Tarcisio Bertone SDB formulierte? Auf den Gängen des vatikanischen Palastes wird hinter vorgehaltener Hand geflüstert, der Gegenspieler des wegen seines Mangels an diplomatischem Geschick ungeliebten Kardinals Bertone, der »unantastbare« Kardinal Angelo Sodano, habe auch seine Hand im Spiel gehabt. Noch bevor der Kammerdiener Paolo Gabriele über den Mittelsmann der linksliberalen Zeitung La Stampa, Vatikanjournalist Andrea Tornielli, die Dokumente an Enthüllungsjournalist Gianluigi Nuzzi weiterleitete, soll er dem heutigen Dekan des Kardinalskollegiums und langjährigen Kardinalstaatssekretär Angelo Sodano eine Kopie überbracht haben. Kardinäle sind nach vatikanischem Recht nur einem anderen Kardinal gegenüber zur Aussage verpflichtet. Dass der mächtige Dekan Sodano auch von der zur Untersuchung des Falls Vatileaks in den »höheren Sphären« eingesetzten dreiköpfigen Kardinalskommission verhört wurde, ist anzunehmen. Doch keiner wagt den Namen Sodano (Jahrgang 1927 wie Benedikt XVI.) öffentlich als einen möglichen Drahtzieher zu nennen.

Mit der Eröffnung des Prozesses wurde dem ausdrücklichen Willen und Wunsch von Papst Benedikt XVI. Rechnung getragen. Dieser hatte in seinem Sommersitz Castel Gandolfo Mitte August 2012 der Justiz bei einer Sondersitzung über die weitere Behandlung der peinlichen Angelegenheit »allerhöchste Sorgfaltspflicht« auferlegt. Vatikanexperten sind der Meinung, mit der Begnadigung des Kammerdieners aufgrund seiner Gutherzigkeit sei Papst Benedikt XVI. schlecht beraten gewesen. Im Fall Vatileaks ging es nicht nur um den Diebstahl geheimer Dokumente und einen in der jüngeren Kirchengeschichte bis dato noch nicht dagewesenen Vertrauensbruch einer Person aus dem engsten Umfeld des Papstes, sondern auch um die Verletzung von Staatsgeheimnissen, die im internationalen Recht strafbar ist. Das wussten auch die vatikanischen Richter. Sie hatten, um eine zeitlich lange Verschleppung des Verfahrens zu verhindern, auf Amtshilfe der italienischen Justiz verzichtet.

Der päpstliche Kammerdiener Paolo Gabriele – nur ein Ausführender?

Hat Paolo Gabriele doch Geld erhalten und vor Gericht gelogen? Als Zeuge im vatikanischen Prozess wurde Enthüllungsjournalist Gianluigi Nuzzi nicht einberufen. Er hatte mit seinen Erstveröffentlichungen über ein angebliches Papstattentat im Herbst und über Korruption im Vatikanstaat die internationale Presse auf den Plan gerufen. Für die Preisgabe der geheimen Dokumente bleibt Nuzzi wie »Wikileaks«-Erfinder Julian Assange im Namen der Meinungs- und Pressefreiheit vorläufig straflos. Der Präfektur des Päpstlichen Hauses nahestehende Vatikaninsider bestehen darauf, dass der Butler für seinen Verrat auch Geld erhalten habe. Von ihnen wird Gabriele geringschätzig als »ladro di galline«, als ein »Hühnerdieb« bezeichnet, der, sein Gehalt von 1500 oder 1800 Euro zu einer besseren Lebensqualität seiner Frau und seiner drei Kinder aufbessern wollte. Hat der Kammerdiener, der als Angeklagter im Gegensatz zu den Zeugen nicht mit der Hand auf der Bibel schwören musste, die Wahrheit zu sagen[21], gelogen?

Der erste wichtige öffentliche Akt in der Affäre »Vatileaks« hatte sich kurzfristig vor der üblichen italienischen Sommerpause rund um den Ferragosto-Feiertag 2012 (Fest Mariae Himmelfahrt am 15. August) abgespielt: Der Direktor des Vatikanischen Pressesaals, Pater Federico Lombardi SJ, stellte Hunderten von Journalisten aus aller Welt überraschend zwei brisante Dokumente zur Gänze zur Verfügung. Als sich die Pressevertreter in die

Lektüre des insgesamt 35 Seiten langen Untersuchungsberichts und der Anklageschrift vertieften, wurde es im Pressesaal mucksmäuschenstill. Lombardi, der dann drei Stunden lang gelassen Rede und Antwort stand, bezeichnete es als von den Ermittlern »gut gehütetes Geheimnis«, dass neben dem Kammerdiener auch noch der Laienangestellte Claudio Sciarpelletti vor das Vatikantribunal gestellt werden sollte. Der Laie sei jedoch den Ermittlungen zufolge nicht als Komplize des Kammerdieners einzustufen. Sciarpelletti war nach einem Geständnis bereits nach einer Nacht in der Zelle wieder aus der Haft in der Kaserne der italienischen Gendarmerie entlassen worden.

Die am 13. August 2012 veröffentlichte Anklageschrift gegen Paolo Gabriele, die während des Prozesses im September und Anfang Oktober vom vatikanischen Staatsanwalt Nicola Picardi immer wieder ausführlich zitiert wurde und die auch im Internet verfügbar ist, enthält zahlreiche Kuriositäten: So wurden in der Wohnung des Angeklagten neben einer Vielzahl vatikanischer Dokumente auch ein Goldklumpen eines Spenders aus Lima/Peru, ein auf Papst Benedikt XVI. ausgestellter Scheck über 100 000 Euro von der Universidad Catolica San Antonio di Guadelupe und eine kostbare Übersetzung von Vergils Epos *Aeneis* aus dem Jahr 1581 sichergestellt. Trotz der fadenscheinigen Beteuerungen des Ex-Kammerdieners weist nach Ansicht vieler Vatikanexperten alles darauf hin, dass der im Kreuzfeuer der Anklage stehende Gabriele eine kriminelle Veranlagung hat. Er hatte unter anderem die Aufgabe, die dem Papst während der Audienzen überreichten Geschenke in Empfang zu nehmen und weiterzuleiten. Gabriele war von der Präfektur des Päpstlichen Hauses für seinen Job innerhalb der »päpstlichen Familie« empfohlen worden. Diese war noch unter Papst Johannes Paul II. ihrer Aufgabe sorgfältig nachgekommen, alle Geschenke für den Papst, ganz gleich, ob diese hässlich oder schön, wertvoll oder nicht wertvoll waren, in einer Art Inventarliste zu katalogisieren. Wenn der Diebstahl von Geschenken für den Papst durch den Kammerdiener »aus Versehen« möglich war, hat die Präfektur ganz offensichtlich ihre Aufsichtspflicht verletzt. Nun wird der neue Präfekt des Päpstlichen Hauses, Erzbischof Gänswein, sicherlich besonders darauf achten, dass die lasch gehandhabten Regeln wieder exakt eingehalten werden.

Zu ihrem Entschluss, überhaupt ein Gerichtsverfahren gegen Paolo Gabriele einzuleiten, war die vatikanische Justiz auch aufgrund der Tatsache gelangt, dass die in den Wohnungen des Kammerdieners im Vatikan und in Castel Gandolfo sichergestellten Dokumente zum Teil nicht mit denen übereinstimmen, die Nuzzi in seinem Enthüllungsbuch *Seine Heiligkeit* veröffentlicht hatte. Die Gerichtsbarkeit ging deshalb davon aus, dass auch aus anderer Quelle Geheimpapiere aus dem Staatssekretariat und anderen vatikanischen Behörden, die nicht den Schreibtisch des Papstes und seines ersten Privatsekretärs, Msgr. Dr. Georg Gänswein, passiert hatten, an Journalisten geliefert wurden.

Die offene Frage ist und bleibt: Cui bono? Wem hat der Diebstahl genützt? Dass wirtschaftliche Motive völlig ausgeschlossen sind, wie der Angeklagte während der Verhöre zu seiner Entlastung immer wieder vorgibt, ist angesichts des beachtlichen Gewinns, den Autor Gianluigi Nuzzi mit dem Enthüllungsbuch und den ins Ausland vergebenen Lizenzen für die Übersetzung seines Buches erzielte, wohl sehr fraglich. Dass nur ein übersteigertes Geltungsbedürfnis und »hehre Motive« eine Rolle bei der »Spionage« auf dem päpstlichen Schreibtisch gespielt haben, glaubt im Vatikan kaum jemand. Dafür dürfte Gabriele wohl an einem gewissen Punkt bewusst geworden sein, dass er sich in eine Angelegenheit gestürzt hatte, die viele Schuhnummern zu groß für ihn war.

Der Prozess in der Aufsehen erregenden Affäre war nach den Statuten der vatikanischen Gerichtsbarkeit öffentlich. Die Vaticanisti – wie die altgedienten Vatikanjournalisten gerne genannt werden – durften wegen der beengten Möglichkeiten in der Justizaula im Verwaltungsgebäude der italienischen Gendarmerie nur in kleinen Grüppchen am Prozess teilnehmen. Der neue amerikanische Medienberater und langjährige Kollege Greg Burke (siehe Kapitel 8.3) hatte im Vorfeld die Hoffnung auf ein schnelles Verfahren zum Ausdruck gebracht, damit das Image der Kirche und ihrer höchsten Verwaltung durch die Affäre nicht weiter beschädigt werde. Das Besondere blieb die Entscheidung von Papst Benedikt XVI., beide Gerichtsdokumente vollständig und nicht bloß in Auszügen zu veröffentlichen. Die juristisch trocken formulierten und mit Quellenangaben gespickten Texte stützen sich auf Verhörprotokolle und Zeugenaussagen. Sie bieten hochbrisante Einblicke in die inneren Vorgänge der Verwaltung der Kirche und sind, wie Pater Lombardi SJ, betonte, eine Fortsetzung des Anliegens dieses Pontifikats nach mehr Transparenz in den Angelegenheiten der Kirche.

Der Angeklagte sagte über sich selbst: »Ich war schon immer an Fragen des Geheimdienstes interessiert«. Paolo Gabriele handelte seinen eigenen Aussagen zufolge in helfender Absicht. Ein wörtliches Zitat aus einem seiner Verhöre: »Als ich das Böse und die Korruption überall in der Kirche sah, bin ich in letzter Zeit – jener der Eskalation – an einen Punkt gelangt, an dem es kein Zurück mehr gab ... Ich war mir sicher, dass ein Schock, auch in den Medien, dabei helfen würde, die Kirche auf den rechten Weg zurückzubringen. Auf gewisse Weise dachte ich, dass diese Rolle mir vom Heiligen Geist zugedacht war, von dem ich mich erfüllt fühlte.« Ein anderes Mal spricht Gabriele direkt von Misständen in der Verwaltung des Vatikanstaates und von einem daher rührenden »Skandal für den Glauben«. Wörtlich: »Mir wurde bewusst, dass der Papst über einige Punkte nicht oder nur schlecht informiert war. Mit der Hilfe anderer Personen wie Nuzzi dachte ich, die Dinge klarer sehen zu können.«

Im Zeitraum zwischen November 2011 und Januar 2012 hatte Gianluigi Nuzzi den Kammerdiener wöchentlich oder alle zwei Wochen in einer römischen Wohnung, die dem aus Mailand stammenden Journalisten in Rom zur Verfügung stand, getroffen. Der Kammerdiener hatte die gestohlenen Dokumente in mehreren Lieferungen übergeben. Er habe dafür weder Geld noch Vorteile erhalten, sagte Gabriele im Verhör. Ein Fernsehinterview, das Nuzzi mit dem dafür unkenntlich gemachten Paolo Gabriele führte und das im Frühjahr 2012 ausgestrahlt wurde, ist echt.

Äußerst merkwürdig mutet die Rolle des angeblichen Beichtvaters oder geistlichen Begleiters von Paolo Gabriele an. Er hatte den Kammerdiener offensichtlich mehrmals ermutigt, von der Möglichkeit einer Verweigerung der Aussage Gebrauch zu machen. Dieser geistliche Begleiter – »Zeuge B.« nennt ihn die Anklageschrift – hat von Paolo Gabriele in einem A4-Ordner mit päpstlichem Wappen Fotokopien derselben Dokumente erhalten, die dieser auch an den Journalisten Nuzzi weiterspielte. Auch das sagte Gabriele in einem der Verhöre aus. Der geistliche Begleiter gab seinerseits vor dem vatikanischen Staatsanwalt zu Protokoll, diese Dokumente verbrannt zu haben. Begründung: Er wisse, dass sie Frucht einer ungesetzlichen und unehrlichen Handlung seien. Etwas kryptisch heißt es in der Anklageschrift weiter: »Übrigens kann man anmerken, dass alle Gründe für die Vernichtung der Dokumente bereits im Moment des Entgegennehmens vorhanden waren.« Wie viel Zeit der geistliche Begleiter verstreichen ließ, bevor er die Papiere verbrannte, und ob er vom Inhalt eben doch Kenntnis genommen hatte, bleibt offen.

Auf einer persönlichen Ebene wurde Paolo Gabriele von vielen geschätzt. Die Anklageschrift zitiert stellvertretend drei Zeuginnen, möglicherweise die Haushälterinnen, die den Diener als gläubigen und frommen Mann beschreiben, der jeden Tag mit Andacht die Morgenmesse des Papstes gehört und viel gebetet habe. Vertrauenswürdig und intelligent sei er, überdies schlagfertig, aber, wie die dritte zitierte Zeugin kritisch anmerkt, eben auch »sehr verschlossen. Es war schwierig, zumindest für uns, mit ihm warm zu werden, vor allem schien er ein Mensch in ständigem Wettbewerb, der sehr auf der Suche nach Bestätigung war. In Alltagsfragen nahm er die Position des Richters ein und war etwa sehr kritisch mit der Schule und den Lehrern seiner Kinder.« Privatsekretär Msgr. Dr. Georg Gänswein, der einzige Zeuge, den die Anklageschrift namentlich nennt, schildert den Kammerdiener als einen »Ausführenden«, dem man mitunter Dinge auch zweimal sagen musste. Er sei ihm aber ehrlich und loyal erschienen und so habe er Gabriele nach einem Jahr mit einigen leichten Verwaltungs- und Routineaufgaben in seinem Büro betraut. Aber: »Ich habe ihm nie vertrauliche Dokumente übermittelt oder gezeigt.«[22]

Die beiden psychiatrischen Gutachten, die über die Zurechnungsfähigkeit von Paolo Gabriele angefertigt wurden, bescheinigen dem Angeklagten eine schwierige Persönlichkeit. Gabriele bezog sich »mehrmals auf Komplotte und Machenschaften zugunsten oder Ungunsten herausragender Persönlichkeiten, seien es Laien oder, öfter noch, Priester«. Er sei leicht beeinflussbar. Und weiter: »Herr Gabriele zeichnet sich durch einfache Intelligenz und eine fragile Persönlichkeit aus, mit Hang zum Paranoiden. Er versucht, eine tiefe persönliche Unsicherheit und ein ungestilltes Bedürfnis nach Anerkennung und Zuneigung durch andere zu verbergen. Vorhanden sind obsessives Verhalten im Denken und Handeln (Pedanterie, Beharrlichkeit), Schuldgefühle und Größenwahn, verbunden mit dem Wunsch, im Sinn eines persönlichen Gerechtigkeitsideals zu handeln.« Dennoch sei der Mann zurechnungsfähig, heißt es im ersten Gutachten. Das zweite Gutachten, angefertigt im Auftrag der Verteidigung, kommt allerdings zum gegenteiligen Schluss.

Zweieinhalb Seiten der Anklageschrift sind Claudio Sciarpelletti, dem Programmierer im Staatssekretariat, gewidmet, dem Beihilfe zu schwerem Diebstahl vorgeworfen wird. Er verstrickte sich in den Vernehmungen am Vatikantribunal in Widersprüche, etwa über die Herkunft des brisanten Umschlags, den die Fahnder in seinem Schreibtisch im Büro entdeckten. Der Umschlag enthielt Dokumente, von denen einige identisch waren mit jenen, die Nuzzi veröffentlichte. Einmal gab Sciarpelletti an, er habe sie ungefähr zwei Jahre zuvor von Paolo Gabriele erhalten, ein anderes Mal konnte er sich an den Übermittler nicht mehr erinnern, jedenfalls habe er den Inhalt nie gelesen und den Umschlag in der Lade irgendwann vergessen. Über seine Bekanntschaft mit dem Kammerdiener sagte der Informatiker einerseits aus, es habe sich um eine flüchtige Arbeitsbeziehung gehandelt, andererseits war von gemeinsamen Unternehmungen mit den Familien und einem Ausflug in den Park der Päpstlichen Villen von Castel Gandolfo die Rede. Die Widersprüche in Sciarpellettis Aussagen genügten, um ihn der Begünstigung anzuklagen. Eine Anklage wegen Geheimnisverrats hingegen ließ der Untersuchungsrichter fallen. Im Gegensatz zu Paolo Gabriele hat der Programmierer seine Arbeit in den hohen Rängen des Apostolischen Palastes im Januar 2013 wieder aufnehmen können.

Vierter und letzter Akt im Prozess gegen den Kammerdiener. Das Urteil am Samstag, 6. Oktober 2012 war eine milde Strafe: Ich hatte das Privileg, bei der Urteilsverkündung anwesend zu sein und dem Kammerdiener eineinhalb Stunden lang ins Gesicht zu sehen.

Am Tag der Urteilsverkündung wirkte Paolo Gabriele so gelassen, als wäre nichts geschehen. Der frühere päpstliche Kammerdiener hob nur einen Augenblick lang fragend die Augenbrauen, als der Präsident des Vatikanischen Gerichtshofes, Giuseppe dalla Torre, nach zweistündigen Beratungen mit

seinen Richterkollegen den Urteilsspruch verlas: Ein Jahr und sechs Monate
Haft wegen schweren Diebstahls geheimer Dokumente des Heiligen Stuhls
ohne Bewährung statt der von der Staatsanwaltschaft vorgeschlagenen drei
Jahre Gefängnis. Der untreue Kammerdiener muss laut Urteil auch die Pro-
zesskosten in Höhe von tausend Euro tragen. Von 9.10 Uhr bis 10.15 Uhr
dauerte die vierte Sitzung im Prozess gegen den Italiener Paolo Gabriele. Mit
dem Richterspruch nach nur vier Sitzungen war ein kleines Kapitel der unter
dem Namen »Vatileaks« weltweit bekannt gewordenen Affäre geschlossen
worden.

In ihrem feurigen Schlussplädoyer hatte Gabrieles Anwältin Cristiana
Urru zu dessen Gunsten eine große Anzahl an mildernden Umständen vor-
getragen. Es gelang ihr, den Präsidenten des Gerichtshofes wie auch die anwesenden Richter und den Staatsanwalt davon zu überzeugen, dass der
Diebstahl der bei einer Hausdurchsuchung im Besitz des Angeklagten sichergestellten Gegenstände – eines auf Papst Benedikt XVI. ausgestellten Schecks
über 100 000 Euro, einer kostbaren Ausgabe der *Aeneis* von 1581 und eines
Goldklumpens in Größe von drei Zentimetern – schließlich vom Vatikanischen Gerichtshof bei der Strafbemessung außer Acht gelassen wurden. Aufgrund des Mangels an Beweisen gegen mögliche Mittäter und Komplizen im
Fall Vatileaks ging Paolo Gabriele als allein Schuldiger durch. Der aus einer
alten italienischen Patrizierfamilie stammende Gerichtspräsident Giuseppe
dalla Torre verzog beim Verlesen des Urteils, das unter Protokoll N. 8/12 in
das Strafregister des Vatikanischen Gerichtshofes eingeht, keine Miene. Auf
den Angeklagten machte der mit seiner schwarzen Robe und goldenen
Schulterstücken Ehrfurcht einflößende Gerichtspräsident wenig Eindruck:
Als er am Ende der vierten Sitzung nach einer Zusammenfassung der An-
klage- und Prozessakten durch dalla Torre gefragt wurde: »Erklären Sie sich
für schuldig oder nicht schuldig?«, antwortete Paolo Gabriele nicht mit einem klaren »Ja« oder »Nein«, sondern mit einem vorher offensichtlich sorgfältig auswendiggelernten Satz: »Das, was ich sehr stark in mir fühle, ist die
Überzeugung, ausschließlich, ich will fast sagen, aus dem Bauch heraus, aus
tiefer Liebe zur Kirche von Christus und zu deren sichtbares Oberhaupt,
gehandelt zu haben. Wenn ich es wiederholen soll: Ich fühle mich nicht als
Dieb.« Ein Lächeln erschien auf dem Gesicht des immer gefasst und emoti-

onslos wirkenden Angeklagten nur zwei Mal: erstmals, als Staatsanwalt Picardi daran erinnerte, dass der Päpstliche Privatsekretär Msgr. Dr. Georg Gänswein Paolo Gabriele in einer Zeugenaussage bescheinigt hatte, er sei vor der Vatileaks-Affäre eine des Vertrauens der Päpstlichen Familie würdige Person gewesen. Zum zweiten Mal, als der Staatsanwalt auf mildernde Umstände plädierte: Picardi erklärte, in der Gerichtsbarkeit des Vatikans gebe es keine Präzedenzfälle, in der mehrere Gesetzesvorgaben italienischer und vatikanischer Herkunft beachtet werden müssen. Deshalb habe er selbst nach eingehenden Überlegungen für die Verurteilung von Paolo Gabriele eine »neue Mischung« ersonnen, die die für schweren Diebstahl vorgeschriebene Strafe von vier bis zu sechs Jahren Haft in nur drei Jahre Gefängnis verwandele. Staatsanwalt Picardi erläuterte, er vereinbare mit seinem Haftantrag auf drei Jahre sowohl die – mit der Anerkennung des Vatikanstaates durch Italien – in Kraft getretenen Gesetzesvorgaben der Lateranverträge von 1929 wie die von Papst Paul VI. (1963–1978) erlassene Gesetzesbedingungen für mildernde Umstände vom 21. Juni 1969.

In dem Urteil heißt es, der Angeklagte Paolo Gabriele werde des (nach dem in Art. 404 Eins Komma N. 1 c.p vorgesehenen) Delikts für schuldig befunden, das eine Strafe von drei Jahren wegen Vertrauensmissbrauchs bezüglich der mit seiner Aufgabe verbundenen Auflagen und der Entwendung von ihm anvertrauten Gegenständen vorsieht. Wegen mildernder Umstände aufgrund fehlender Vorstrafen und der – wenn auch irrigen – Auffassung, die der Angeklagte als Beweggrund für sein Verhalten angegeben habe, wie auch aufgrund seiner Erklärung, er sei sich dessen bewusst, das Vertrauen des Heiligen Vaters missbraucht zu haben, werde die Strafe auf ein Jahr und sechs Monate reduziert, so das Urteil.

Kommentatoren in der Umgebung des Vatikans waren über das milde Urteil geteilter Meinung. Buchautor und Vertrauter von Papst Johannes Paul II., Gianfranco Svidercoschi, beklagte im Gespräch mit der Autorin, dass Vatileaks und der Prozess eine große Krise der Kirche darstellten. Bei Paolo Gabriele handelt es sich laut Svidercoschi um einen unter Selbstüberschätzung (Hybris) leidenden Mann, dem die prachtvolle und mächtige Umgebung des Vatikans zu Kopf gestiegen ist. Svidercoschi beklagte, dass die Medienpiste und die Hintermänner von Gabriele von der Vatikanischen Justiz nicht in Betracht gezogen und vorgeladen worden seien. Die Kardinalskommission habe allerdings den Vatikanexperten der italienischen Tageszeitung *La Stampa* Andrea Tornielli befragt, der als Mittelsmann zu Gianluigi Nuzzi gewirkt habe. Ein anderer Freund von Paolo Gabriele aus der engen Umgebung des Vatikans, der nicht namentlich genannt werden möchte, sagte der Autorin; »Jemand hat bei Gabriele eine Art Hirnwäsche vorgenommen. Ich würde gerne wissen, wer. Er redete eben leider mit jedem, der ihn ansprach, und erzählte intime Geheimnisse aus dem Papst-Appartement, ob es sich nun dabei um einen Kardinal, einen Monsignore oder einen Journalisten handelte.«

Paolo Gabriele hat inzwischen ein neues Leben begonnen. Ende Oktober 2012 hatte er seine 18-monatige Haftstrafe angetreten, war jedoch von Papst Benedikt XVI. bereits am 22. Dezember 2012 begnadigt worden. In den Vatikan darf Gabriele nicht mehr zurückkehren.

Untersuchungen gegen den vermeintlichen Gehilfen des Kammerdieners

Samstag, 10. November 2012: Prozess Nummer zwei im Fall Vatileaks endet mit einer Verurteilung des Informatikers Claudio Sciarpelletti zu vier Monaten Haft wegen Begünstigung des untreuen päpstlichen Kammerdieners Paolo Gabriele und Behinderung der gerichtlichen Untersuchungen durch irreführende Aussagen. Gleichzeitig erfolgt eine Reduzierung der Strafe auf zwei Monate. Doch die Untersuchungen im Fall des wegen schweren Diebstahls vertraulicher Dokumente im Palazzo der italienischen Gendarmerie inhaftierten Kammerdieners gehen weiter. Paolo Gabriele hatte zu Jahresbeginn, als er mit einer Maske vor dem Gesicht in einer italienischen TV-Sendung auftrat, die von dem Enthüllungsjournalisten Gianluigi Nuzzi moderiert wurde, von zwanzig »Hintermännern« gesprochen. Wer ihm den Auftrag erteilte und ihn wirklich anstiftete, wird wohl für immer ein Geheimnis bleiben, kommentierte der staatliche italienische Radiosender GR1 am Sonntag. Der Direktor des Vatikanischen Pressesaals, Pater Federico Lombardi SJ, hatte nach dem Verlesen des Urteils für die TV-Sender aus aller

Welt davor gewarnt, einzelne Namen von im Staatssekretariat tätigen Personen, die Sciarpelletti mit Botengängen beauftragt hatten, mit Verdächtigungen als mögliche »Drahtzieher« ins Spiel zu bringen. »Auch wir vom Vatikanischen Pressesaal erhalten aus dem Informationsbüro das Material für unser tägliches Bulletin«, hob Pater Lombardi SJ hervor. Die Frage, wieso ein Techniker, der in den obersten Rängen bei den Privatsekretären des Papstes und bei den Mitarbeitern des Vatikanischen Staatssekretariats seit bald zwanzig Jahren die Computer wartet, auch zum »Postaustragen« genutzt wird, blieb dennoch im Raum stehen.

Dem Richterspruch Dalla Torres zufolge wurde die Strafe für den 48-jährigen Informatiker aufgrund mildernder Umstände unter Berufung auf einen Erlass von Papst Paul VI. von vier auf zwei Monate Haft herabgestuft. Allerdings muss Claudio Sciarpelletti im Gegensatz zu Paolo Gabriele nicht »einsitzen«, da seine Strafe auf fünf Jahre Bewährung ausgesetzt wurde, sollte der Informatiker in dieser Zeit nicht noch einmal straffällig werden. Der Vorwurf gegen den Informatiker, der Gefahr läuft, seine beamtenähnliche Stellung im Vatikan zu verlieren: In einer unauffälligen schwarzen Mappe in seinem Schreibtisch im Vatikanischen Staatssekretariat war im Mai 2012 ein verschlossener weißer Umschlag mit einem Stempel des für Information zuständigen Büros im Vatikanischen Staatssekretariat sichergestellt worden. Die Aufschrift in der Handschrift des Technikers lautete: »P. Gabriele persönlich«. Die Sicherstellung des Umschlags war erfolgt, nachdem eine anonyme Anzeige aus dem Vatikanischen Staatssekretariat gegen den Informatiker bei der Vatikanischen Gerichtsbarkeit eingegangen war. Beim Inhalt, den der Technikexperte nach eigener Aussage nicht kannte, handelte es sich um ein »Pamphlet« gegen die italienische Gendarmerie im Vatikan und deren Kommandanten Domenico Giani, der als »Napoleon im Vatikan« deklariert wurde, und die Fotokopien von einigen Mails aus der Korrespondenz zwischen Paolo Gabriele und Sciarpelletti. Einige davon waren mit dem Pseudonym »Nuvola« (Wolke) gezeichnet gewesen. Scarpelletti rechtfertigte sich vor Gericht in Bezug auf seine widersprüchlichen Aussagen damit, dass er den Umschlag, der zwei Jahre lang unbeachtet in seinem Schreibtisch gelegen habe, vergessen habe, und dass er völlig schockiert über seine plötzliche Verhaftung und das nachfolgende Verhör gewesen sei.

Während der Gerichtsverhandlung war es zu einigen spannungsgeladenen Szenen gekommen. So hatte der Vatikanische Staatsanwalt Nicola Picardi sich versprochen und versehentlich den Namen eines italienischen Monsignore genannt, der Sciarpelletti möglicherweise ebenfalls einen Umschlag zur Weitergabe an Paolo Gabriele anvertraut haben soll. »Wie, ich verpflichte mich dazu, schriftliche Eingaben zu machen, um zu vermeiden, dass Namen zum Vorschein kommen, und jetzt muss ich hören, dass ein Name genannt wird!«, ärgerte sich Verteidiger Gianluca Benedetti daraufhin. Doch der »Fehltritt« wurde sofort dementiert: Staatsanwalt Picardi verneinte unmittelbar danach kategorisch, dass gegen den genannten Monsignore ein Untersuchungsverfahren im Gange sei. Der zweite Umschlag wurde als »irrelevant« für das Urteil bezeichnet. Richter Dalla Torre konnte sich eine Bemerkung zum anscheinend allzu lässig und vertrauensselig gehandhabten Verkehr von Umschlägen innerhalb des von Msgr. Polvani geleiteten Informationsbüros des Vatikanischen Staatssekretariats nicht verkneifen. Polvani ist ein Neffe des als Apostolischer Nuntius gegen seinen Willen in die USA entsandten Erzbischofs Viganò. Als Richter Dalla Torre zu hören bekam, dass einige Stempel gleich neben dem Faxgerät und dem Fotokopierer auf einem etwa 50 Meter langen Gang des Büros zu finden seien, sagte er: »Vielleicht ist es in Zukunft besser, euren Stempel an einem besser bewachten Platz aufzubewahren.« Paolo Gabriele, der aus seiner Zelle für kurze Zeit in den Zeugenstand gewechselt war, erklärte die Herkunft des mysteriösen Umschlags so: Er selbst habe »Claudio« den Umschlag gegeben, damit dieser auf den neuesten Stand der Dinge im Umfeld des Papstes gebracht werde. Der Inhalt des Umschlags spiegele eine zum Zeitpunkt seiner Übergabe im »Appartamento« herrschende »düstere Atmosphäre« wider.

Nach Abschluss der beiden Prozesse bleiben viele Fragen offen. Das Gefühl der Vatikanmitarbeiter, Mitglieder einer »großen Familie« im nur 44 Hektar großen »Dorf Vatikan« zu sein, und der daraus erfolgende gegenseitige vertrauensvollen Umgang miteinander dürften zutiefst erschüttert sein. Durch die von Vatileaks ausgelöste Atmosphäre des Misstrauens »gestraft« werden diejenigen, die ihren Dienst mit Gehorsam, Respekt und Liebe gegenüber dem Heiligen Vater versehen.

Cui bono? Spekulationen über mögliche Auftraggeber

Dass es Machtspiele innerhalb der den Vatikan umgebenden Leonischen Mauern gibt, steht außer Frage. Wer wird Bischof und wer nicht? Wer wird Kardinal und wer nicht? Wer wird wo Apostolischer Nuntius und wer leitet die wichtigsten Vatikanischen Kongregationen? Karrieredenken ist auch im Vatikan an der Tagesordnung, doch nicht so beherrschend und umfassend wie allgemein behauptet wird. Mag sein, dass es etliche Kurienmitarbeiter gibt, die karrieresüchtig sind. Doch wer gute Arbeit in der Kirche leistet, wird in der Regel auch mit einer Beförderung belohnt. Der durch Vatileaks aufgedeckte Fall des heutigen Apostolischen Nuntius in Washington D.C., Erzbischof Carlo Maria Viganò, fällt aus dem Rahmen. Er hatte in einem aufsehenerregenden Brief an Papst Benedikt XVI. persönlich die jahrelang unbeachtete und ungeahndete Verschwendung im Governatorat der Stadt des Vatikanstaates – etwa für den alljährlichen Aufbau der Krippe auf dem Petersplatz an Weihnachten – angeprangert. Anstatt dafür mit der Nachfolge von Kardinal Giovanni Lajolo als Gouverneur der Stadt des Vatikanstaates belohnt zu werden, wurde er mit seiner Zwangsversetzung bestraft. Der aus einer Industriellenfamilie in Norditalien stammende Viganò war in seiner Funktion als Generalsekretär der Stadt des Vatikanstaates von Kardinalstaatssekretär Tarcisio Bertone im Oktober 2011 unbarmherzig in die USA entsandt worden, nachdem sein Beschwerdebrief an den Papst durch den italienischen Journalisten Nuzzi an die Öffentlichkeit gebracht worden war.

Mögliche Komplottvorwürfe wurden im Skandaljahr 2012 im Vatikan immer rigoros zurückgewiesen. So bestritt der Dekan des Kardinalskollegiums, Angelo Sodano (Jahrgang 1927), Berichte über angebliche Machtkämpfe an der Kirchenspitze. Die Vatikanzeitung *Osservatore Romano* druckte am 7. Juni 2012 auf ihrer Titelseite ein ausführliches Interview mit dem Kardinal ab, der sechzehn Jahre lang Kardinalstaatssekretär, das heißt zweiter Mann nach dem Papst, gewesen war. In dem Gespräch rügte der Kardinal die Medien, die manchmal »Desinformation statt Information« böten. Von »negativen Phänomenen ausgehend« werde derzeit alles im Vatikan in einer »verfälschenden Optik« gesehen, so Sodano. »Aus persönlicher Erfahrung« könne er nur versichern, »dass es im Allgemeinen wirklichen Einsatz dafür gibt, eine echte Arbeitsgemeinschaft im Dienst des Papstes zu sein«. An der Kurie arbeiteten 2.843 Personen und in der Vatikanischen Staatsverwaltung weitere 2 001 vertrauensvoll zusammen. Natürlich gebe es immer einige, »die ihren Aufgaben nicht ganz genügen«. Der Kardinal wörtlich: »Perfekt sind nur die Engel und Heiligen des Paradieses!« Über Berichte, dass es »Spaltungen unter Kurienkardinälen« gebe, könne er sich nur »wundern«. Meinungsverschiedenheiten bedeuteten doch nicht Spaltung. »Wie oft habe ich in Kardinalsversammlungen abgestimmt und war nicht erstaunt, wenn ein Mitbruder dafür und ein anderer dagegen stimmten. Freunde waren und blieben wir trotzdem. Am Ende konnte dann der Heilige Vater im Wissen um die verschiedenen Abstimmungen frei entscheiden, weil er alle Elemente für ein Urteil hatte.« Unterschiedliche Ansichten seien bei Persönlichkeiten aus verschiedenen Nationen, Kulturen und Gesellschaftsformen durchaus normal. »Wer erinnert sich nicht daran, dass es schon in den ersten Tagen der Kirche Diskussionen gab?« Alle Kardinäle bildeten eine enge Gemeinschaft um den Papst, betonte Kardinal Sodano. Mit seinem Nachfolger als Kardinalstaatssekretär, Tarcisio Bertone, verbinde ihn eine gute Zusammenarbeit und alte Freundschaft.[23]

Auch der argentinische Kurienkardinal Leonardo Sandri (Jahrgang 1943) hatte am 7. Juni 2012 bekräftigt, es gebe keinesfalls »einen Bandenkrieg« im Vatikan. Was Kardinal Sodano sage, sei »wirklich eine der weisesten Sachen«, die er in diesen Tagen gehört habe, so Sandri. Und wörtlich: »Wir sind alle auf der Seite des Papstes – gemeinsame Front, wie auch Kardinal Bertone gesagt hat.« Über die Affäre Vatileaks und die Berichterstattung dazu fühle er »eher Sättigung als Ärger«. Die Medien sollten »ein gewisses Maß wahren« statt Dinge »zu erfinden oder aufzublasen«. Sandri, ein langjähriger Mitarbeiter Sodanos im Staatssekretariat und früherer Vatikanischer Innenminister, war von Papst Benedikt XVI. zum Präfekten der Ostkirchenkongregation ernannt worden. Dieses Amt ist traditionell mit der Kardinalswürde verbunden.

6. Machtgruppen innerhalb der Kirche und der Kurie

Das Opus Dei und die Macht

Gegner hat das »Werk Gottes« vor allem in deutschsprachigen Landen, wo es über die geringste Anzahl an Anhängern verfügt. In Deutschland wurde es jahrzehntelang wegen angeblicher Heimlichtuerei verunglimpft. Heute ist die Polemik weitgehend abgeflaut. Gegner des einflussreichen Opus sind die Gay-Connections innerhalb und außerhalb des Apostolischen Palastes. Sie haben mit den strengen Vorgaben des Opus-Gründers »El Padre« nichts gemeinsam. »Pink Power« – die »Rosa Macht« – ist beim »Werk Gottes« ein Fremdwort. In Spanien und Lateinamerika dagegen gibt es so viele Mitglieder und Nachfolger des Opus Dei-Gründers Escriva de Balaguer, dass sie kaum zu zählen sind.

Die neueste Nachricht über das Opus Dei kam am 5. Juli 2013: Kaum hatten die Vatikanjournalisten die große Aula im Vatikanischen Pressesaal nach der Vorstellung der Enzyklika *Lumen Fidei* verlassen, wurden sie per Lautsprecher zu einem Briefing von Pater Lombardi SJ wieder hereingebeten: An zweiter Stelle nach Papst Johannes Paul II., dem per Dekret ein Wunder zugesprochen wurde, wird auch ein Wunder von Bischof Alvaro del Portillo, dem langjährigen Prälaten des Opus Dei, in einer langen exklusiven Liste der von Papst Franziskus autorisierten Dekrete über künftige Selige und Heilige aufgeführt. Nach »El Padre« wird nun auch Alvaro del Portillo zur Ehre der Altäre erhoben. Für das Seelenheil ihrer Gründer und ihrer Gönner beten die Mitglieder des Opus, die ihr Leben der Heiligung der Arbeit verschrieben haben, täglich. So wird zum Beispiel in der Zentrale des »Werkes Gottes« täglich auch für den berühmten italienischen Schauspieler Alberto Sordi gebetet, weiß der peruanische Rom-Korrespondent Roberto Montoya im Gespräch mit der Autorin zu berichten. Der millionenschwere Sordi hatte dem »Werk Gottes« ein ungeheuer weitläufiges Gelände an der römischen Ausfallstraße »Prenestina« vererbt, auf das Opus Dei eine sehr effizient arbeitende Gesundheitseinrichtung erbauen ließ: Es handelt sich um das auch für arme Patienten immer zur Verfügung stehende Hospital Centro Biomedico, dessen Direktor der frühere Vatikansprecher Joaquin Navarro-Valls ist. An das Krankenhaus ist eine für ihr hohes Niveau bekannte Universität angegliedert, das Campus Biomedico.

Ich hatte das Privileg, dem Sitz des Opus in der Viale Bruno Buozzi (Nobelviertel Parioli) im Vorfeld der Heiligsprechung des Opus-Gründers einen Besuch abstatten zu dürfen: Auf dem kalten Marmorboden vor dem Grab von »El Padre« in der Zentrale der katholischen Prälatur Opus Dei in Rom knien Hunderte von Pilgern. Wer bis ganz vorne gelangen will, muss sich in Geduld üben. »El Padre« (»Der Vater«) steht mit goldenen Buchstaben auf dem schwarzen Stein, unter dem der hl. Escriva de Balaguer seine letzte Ruhestätte gefunden hat. Die weltweite Schaltstelle des »Werk Gottes« in der römischen Viale Bruno Buozzi ist eine wichtige Anlaufstelle für Gläubige vor allem aus Spanien und Lateinamerika, die Josemaría Escriva de Balaguer (1902–1975), der durch Papst Johannes Paul II. 1992 selig- und 2002 heiliggesprochen wurde, einen Besuch abzustatten. Die Hälfte von ihnen reist privat an. »Das zeigt, wie individualistisch die Mitglieder des Werks sind«, meint Ruthard von Frankenberg, der deutsche Sprecher des Opus. In der Bundesrepublik Deutschland zählt die Prälatur nur 6000–7000 Mitglieder. Insgesamt gehören der Laien-und Priesterbewegung heute über 85 000 Mitglieder auf allen fünf Kontinenten an, rund 1800 davon sind meist spätberufene Priester.

Ein Angehöriger der Prälatur des Opus Dei ist im unmittelbaren Umfeld des Papstes zu finden: Patrizio Polisca. Der am 11. Dezember 1953 in Pesaro geborene neue Päpstliche Leibarzt ist in Kardiologie, Intensivmedizin und Anästhesie spezialisiert. Schon Papst Johannes Paul II. hatte ihn während seiner Reise nach Kuba 1998 »heimlich« im päpstlichen Gefolge mitgenommen. Inzwischen ist der Herzspezialist Patrizio Polisca ganz offiziell der Leibarzt der Päpste, zuerst der von Benedikt XVI., nun außerdem der von Papst Franziskus. Letzterer dürfte sich als echter Jesuit nur ungern untersuchen lassen. Sauerstoffmangel zum Beispiel bei der Reise nach Rio de Janeiro zum Weltjugendtag könnte ein Gesundheitsproblem darstellen, da der Papst seit seinem 22. Lebensjahr nur eine Lunge hat. Deshalb klingt seine Stimme auch sehr leise. Polisca war von seinem Vorgänger Renato Buzzonetti ins Vatikanische Amt für Gesundheitswesen berufen worden, um dem schwerkranken Johannes Paul II. in seinen letzten Amtsjahren zur Seite zu stehen. Der sehr zurückhaltend auftretende Polisca wurde von Papst Benedikt XVI. am 15. Juni 2009 gleichzeitig zum Vizedirektor der Vatikanischen Struktur für das Gesundheitswesen an der Seite von Direktor Giovanni Rocchi ernannt.

Der in Barbastro/Nordspanien am 9. Januar 1902 geborene Kaufmannssohn Escriva gründete das Opus Dei im Jahre 1928 nach einer »göttlichen Eingebung«. Die Heiligung der Arbeit und des Alltags und die Bedeutung der Laien für die Kirche stellte er in den Vordergrund seiner Organisation. Dazu der Metaphyhsikprofessor Msgr. Luis Clavell, langjähriger Rektor der Päpstlichen Universität vom Heiligen Kreuz in Rom, im Gespräch mit der Autorin: »Escriva hatte die richtige Intuition, als er 1930 auf die für seine Zeit revolutionäre Idee kam, eine Frauenvereinigung des Opus Dei zu gründen. Damit wollte er die Präsenz der Frauen in der Gesellschaft und in den verschiedenen Berufsparten wie Medizin und Rechtswissenschaften fördern. Und was kaum einer weiß: Escriva de Balaguer wusste auch schon früher als andere kirchliche Organisationen, wie bedeutsam eine wirksame Pressearbeit nach außen ist. Deshalb gründete er im Jahre 1957 innerhalb der Universität Navarra die erste professionelle Schule für Journalismus und Kommunikationswissenschaften in Spanien. Er selbst liebte es, die Zeitungen zu lesen und sagte von sich, er habe ein ganz normales Leben. Sein Motto lautete: ›Sich verstecken und Gott wirkungsvoller leuchten zu lassen‹.«

Escriva de Balaguer wird die wundersame Heilung des spanischen Chirurgen Manuel Nevado zugeschrieben. Dieser war 1992 auf Fürbitte von El Padre von einer unheilbaren chronischen Radiodermatitis geheilt worden.

Viele der rund 1800 Priester des Opus Dei sind Ärzte oder haben vor ihrer religiösen Berufung andere akademische Berufe ausgeübt. Clavell: »Das Durchschnittsalter der Priesteramtskandidaten ist dreißig. Es war der Wunsch des Opus Dei-Gründers, dass seine Priester eine gewisse Reife und Lebenserfahrung besitzen und die Erfahrung einer Heiligung des Lebens durch die Arbeit bereits gemacht haben.« Der spanische Opus Dei-Priester erklärte im Gespräch mit der »Neuen Bildpost« weiter, außer den der Prälatur direkt angehörigen Priester gebe es viele Sympathisanten, die in der mit dem Opus Dei verbundenen »Priestergesellschaft zum Heiligen Kreuz« organisiert seien. Diese gehörten aber nach wie vor ihren eigenen Diözesen an und seien ihren Diözesanbischöfen unterstellt. Clavell: »Wir nehmen den Diözesanbischöfen keinen Priesternachwuchs weg, wie manchmal fälschlicherweise behauptet wird.«

Joseph Ratzinger hat als Präfekt der römischen Glaubenskongregation über Escriva in einer Gedenkmesse in Rom einmal erklärt: »Er wagte es in einer Zeit, in der Spanien vom Hass gegen die Kirche, gegen Christus, gegen Gott aufgewühlt war, so etwas wie ein Don Quichote Gottes zu sein. Oder erscheint es heute nicht als Donquichotterie, mitten in der Welt von heute Demut, Gehorsam, Keuschheit, Freiheit vom Besitz und Selbstlosigkeit zu lehren?« Während des Spanischen Bürgerkriegs war Escriva verfolgt worden. Dass ein ihm ähnlich sehender Priester an seiner Stelle ermordet wurde, hat ihm sein Leben lang keine Ruhe gelassen. Und, was kaum einer dem gestrengen Opus Dei-Gründer zugetraut hätte: Er war so menschlich, dass er den Prostituierten, die damals rigoros aus der Gesellschaft ausgeschlossen waren, persönlich die hl. Kommunion in die Freudenhäuser brachte.

Weitgehend unbekannt ist in Deutschland auch die dem Opus Dei anvertraute Päpstliche Universität vom Heiligen Kreuz in Rom. Hier gibt es neben Fakultäten für Theologie, Kirchenrecht, Philosophie und Kommunikationswissenschaften auch ein Institut für Religionswissenschaft, an dem sich Frauen aus der deutschsprachigen und angelsächsischen Welt als Gemeindereferentinnen ausbilden lassen können. Msgr. Klaus Limburg, Professor für Thomismus an der Universität: »Auch viele Klausurschwestern gehören zu unseren Studentinnen wie auch Frauen, die als Katechetinnen in den Pfarreien arbeiten wollen in Ländern, in denen es das Amt der

Gemeindereferentin nicht gibt.« Eine Kuriosität: Eine italienische Studentin der Universität vom Heiligen Kreuz, Pia Francesca de Solenni, hat gerade einen Preis des Papstes in Höhe von 30 000 Euro für eine Doktorarbeit über die Ergänzung zwischen Mann und Frau in der intellektuellen Erkenntnis nach den Prinzipien des heiligen Thomas von Aquin gewonnen. Zu den Dozenten an der Universität vom Heiligen Kreuz zählt auch der Präfekt des Päpstlichen Hauses, Erzbischof Dr. Georg Gänswein – wenn er denn Zeit dazu findet.

Die Salesianer Don Boscos (SDB) im Aufwind

Nahe beim Papst zu sein, ist ein Wunsch nicht nur der großen Orden in der Welt, sondern auch der verschiedenen geistlichen katholischen Bewegungen. Diese ziehen immer mehr Gläubige an, die sich in ihren eigenen Pfarreien nicht mehr angemessen beachtet fühlen. Unter dem Pontifikat von Papst Benedikt XVI. (2005–2013) haben außer Kardinalstaatssekretär Tarcisio Bertone auch noch weitere Angehörige des Salesianer-Ordens eine Schlüsselstelle in der römischen Kurie inne. So hatte Papst Benedikt XVI. den zuvor in der römischen Glaubenskongregation tätigen Salesianer Angelo Amato zum Präfekten der Vatikanischen Selig-und Heiligsprechungskongregation berufen. Die Salesianer Don Boscos zählen zu den zahlreichen caritativen Ordensgemeinschaften, die im 19. Jahrhundert als Antwort auf die soziale Frage gegründet wurden.

In der Mitte des 19. Jahrhunderts war Italien, wie viele Staaten Europas, von großen sozialen Umbrüchen gezeichnet: Eine schnelle Industrialisierung ließ die verarmte Landbevölkerung in die großen Städte strömen, wo sie ihre Arbeitskraft billig verkaufen mussten. Besonders das Los der Jugendlichen war hart: Kinderarbeit war an der Tagesordnung. Jugendliche wurden vielfach bis zur Erschöpfung ausgebeutet oder in die Kriminalität getrieben. In Turin gab der Priester Giovanni Bosco (1815–1888) durch sein Leben und Wirken eine Antwort auf die Not der jungen Menschen. Er sammelte sie zunächst auf den Straßen und auf öffentlichen Plätzen und gründete dann Jugendeinrichtungen, die er »Oratorium« nannte. Diese sollten der ganzheitlichen Bildung der benachteiligten Jugend dienen. Dazu mussten sie nach dem Willen Don Boscos vier Kennzeichen erfüllen: Sie sollten den Jugendlichen ein Zuhause mit familiärem und herzlichem Klima sein, aber zugleich ein Ort des Lernens, ein Ort der Freizeitgestaltung und der Geselligkeit und schließlich ein Ort des Gebets.

Trotz großer Schwierigkeiten mit der kirchlichen Obrigkeit und eines großen Misstrauens von staatlicher Seite ging Don Bosco unbeirrt seinen Weg. Er gewann eine ansehnliche Zahl von Mitarbeitern und gründete 1859 eine geistliche Gemeinschaft zum Wohl junger Menschen. Weil er zeitlebens von der Güte und Menschenfreundlichkeit des hl. Bischofs Franz von Sales (1567–1622) fasziniert war, nannte er seine Kongregation »Gesellschaft des hl. Franz von Sales«, wobei sich schon bald der Name »Salesianer« verbreitete. Papst Pius IX. erteilte der jungen und schnell wachsenden Gemeinschaft schon im Jahre 1869 die kirchliche Anerkennung, im Jahre 1874 wurden auch ihre Konstitutionen approbiert. Im Jahre 1875 wurden die ersten Missionare nach Argentinien entsandt. Als Don Bosco 1888 starb, zählte die junge Kongregation bereits 773 Professen und 276 Novizen in 58 Niederlassungen.

Mit seiner »präventiven Pädagogik« wollte Don Bosco verhindern, dass junge Menschen Gefährdungen ausgesetzt waren, die sie auf die schiefe Bahn brachten. Er gründete sein erzieherisch-pastorales Wirken darum auf die Säulen »Vernunft, Religion, Liebenswürdigkeit«. Seine »Pädagogik der Vorsorge« basiert auf dem christlichen Menschenbild und betont nachdrücklich den großen Wert personaler Beziehungen und einer beständigen und fördernden Anwesenheit der Erzieher unter den Jugendlichen (Assistenz).

Im Geist des hl. Giovanni Boscos wissen sich seine Nachfolger auch heute dazu gesandt, aus der Kraft des geistlichen und gemeinschaftlichen Lebens heraus hellhörig zu sein für die Nöte der Zeit, insbesondere der jungen Menschen. Sie wissen sich berufen, »Zeichen und Botschafter der Liebe Gottes zur Jugend« sein und mit den jungen Menschen ihr Leben zu teilen: als ihre Freunde, Helfer und Berater, »damit das Leben der jungen Menschen gelingt«. In dem Wort »erziehend evangelisieren und evangelisierend erziehen« bringen sie ihren ganzheitlichen pädagogisch-pastoralen Ansatz zum Ausdruck.

Die Salesianer Don Boscos bilden eine Gemeinschaft von Getauften, die sich beständig um Offenheit für den Anruf des Geistes Gottes bemüht. Sie leben im Geist ihres Ordensgründers die evangelischen Räte des Gehorsams, der Armut und der Ehelosigkeit und wissen sich vor allem zu den jungen Menschen gesandt, besonders zu den benachteiligten. In ihren Einrichtungen leben sie in brüderlicher und geistlicher Gemeinschaft miteinander und bilden mit den ihnen anvertrauten Jugendlichen und den zahlreichen haupt- und ehrenamtlichen Mitarbeitern eine Erziehungs- und Pastoralgemeinschaft. Bleibendes Fundament ihrer Sendung und ihres Lebens als Ordensleute sind das Wort Gottes und ihre Lebensregel sowie das gemeinschaftliche Gebet und der Gottesdienst.

Als zweitgrößte Ordensgemeinschaft der katholischen Kirche zählen die Salesianer Don Boscos heute weltweit rund 15 500 Mitglieder, davon mehr als 100 Bischöfe, ca. 10 500 Priester, 1600 Brüder und etwa 3300 Mitbrüder in Ausbildung (Stand 2011). Sie sind in 131 Nationen der Welt in ca. 1960 Niederlassungen und Präsenzen zum Wohl junger Menschen tätig. Die Aufgabenfelder in Deutschland sind schwerpunktmäßig: Jugendbildung, Jugendfreizeit und Jugendseelsorge; Tageseinrichtungen für Kinder und Jugendliche; Arbeit mit Schülern und Studierenden, mit jugendlichen Migranten und Flüchtlingen; Einrichtungen und Projekte zur beruflichen Qualifizierung und Berufsausbildung junger Menschen; Einrichtungen der Jugendsozialarbeit, der Hilfen zur Erziehung und Berufsbildungswerke; Pfarrseelsorge mit Schwerpunkt Jugendpastoral; Aus-, Fort- und Weiterbildung; Medien- und Öffentlichkeitsarbeit, Unterstützung der weltweiten salesianischen Arbeit in sozialen Projekten und in der Mission. Derzeit sind die Salesianer an dreißig Orten in Deutschland für junge Menschen tätig.

7. Die Vatikanbank »Istituto per le Opere di Religione« (IOR)

Papst Franziskus' erster Schnitt

An Franziskus' Personalpolitik wird sich dessen Reformfähigkeit zeigen. Will er die römische Kurie reformieren, muss er das Personal in den Schlüsselpositionen auswechseln: Neben dem Kardinalstaatssekretär betrifft dies vor allem anderen den Aufsichtsrat der Vatikanbank »Istituto per le Opere di Religione« (Institut der Religiösen Werke, IOR). Die eigenwillige Regierungsform des ersten Jesuiten auf dem Stuhl Petri zeigte sich in einer seiner Amtshandlungen in den ersten vierzig Tagen seines Pontifikats: Er strich den fünf Kardinälen der Kontrollkommission der Vatikanbank die 25 000 Euro pro Kopf, welche diese sich selbst jedes Jahr für ihre Position auszahlten. Damit hatte er mit einem Schlag und fünf Federstrichen für seine Armen in der Kirche 125 000 Euro pro Jahr eingespart. Doch wer waren diese Kardinäle? Es handelte sich um den italienischen Kardinalstaatssekretär Tarcisio Bertone, um den brasilianischen Kardinal Odilo Scherer (einen von der römischen Kurie unterstützten Gegenspieler von Jorge Bergoglio im Konklave), um den indischen Kardinal Telesphore Placidus Toppo (Erzbischof von Ranchi), um den italienischen Bertone-Schützling Kardinal Domenico Calcagno (Chef der mächtigen Vatikanischen Wirtschaftspräfektur APSA) und um den französischen Kurienkardinal Jean-Louis Tauran. Die spontane Sparmaßnahme hatte bei den Betroffenen – die im Konklave wohl gegen Jorge Bergoglio gestimmt hatten – sicherlich keineswegs vermehrt freundschaftliche Gefühle für das Kirchenoberhaupt ausgelöst .

Die Strategie der Bankspitze missfiel Jorge Bergoglio bereits vor seiner Wahl. Mit ihm im Boot saßen auch andere Kardinäle aus aller Welt, die den Jesuiten ohne Lobby in der Kurie schon im Konklave 2005 gewählt hatten. Bergoglio fragte sich wie viele Vatikanexperten wohl auch, was Papst Benedikt XVI. in der Zeit nach seiner Rücktrittsankündigung am 11. Februar 2013 wohl noch zur Nominierung eines neuen Bankpräsidenten bewogen haben mag. Es wäre sicher sinnvoller gewesen, die Ernennung eines Nachfolgers für den kurz vor Pfingsten 2012 in unfeiner Art gefeuerten Italiener Ettore Gotti Tedeschi einem neuen Papst zu überlassen. Doch einflussreiche hohe Würdenträger in der Kurie hatten ihre Macht noch kurz vor dem »Sede Vacante« genutzt. Sie versuchten, einen neuen Papst vor bestehende Tatsachen zu stellen. Diese Machtbezeugung im Kielwasser der Rücktrittsankündigung von Joseph Ratzinger hat den zum Vorkonklave und zur Papstwahl angereisten ausländischen Kardinälen von vornherein schwer verdaulich im Magen gelegen. Immerhin war die Vatikanbank nach dem unfreiwilligen Weggang von Gotti Tedeschi fast zehn Monate lang auch ohne einen Präsidenten ausgekommen.

Einer der Kommentatoren des renommierten Mailänder *Corriere della Sera*, Massimo Franco, enthüllte am 13. Juni 2013, Papst Franziskus denke nach den Skandalen um die Vatikanbank über deren »kommissarische Verwaltung« nach. Er warte nur noch das Ende der internen Untersuchung des IOR über die Konten der Bank am 31. Juli ab. Die italienische Staatsanwaltschaft werde übrigens über kurz oder lang Maßnahmen gegen die bisherige Spitze der Vatikanbank anordnen, sah der Kommentator voraus.

Jorge Maria Bergoglio sei in den ersten hundert Tagen seines Pontifikats zur Überzeugung gelangt: »Das IOR nimmt – so wie es ist – der Kirche mehr weg, als dass es ihr gibt«, so der *Corriere*. Massimo Franco nahm auch den noch von Papst Benedikt XVI. ernannten deutschen Präsidenten der Vatikanbank, Freiherr Ernst von Freyberg-Eisenberg, aufs Korn: Es sei bereits zu einem Bruch zwischen Freyberg und der Grauen Eminenz im Hintergrund der Reform des IOR, dem kalifornischen Anwalt Jeff Lena, gekommen. Die beiden redeten seit zwei Monaten nicht mehr miteinander, wollte Franco wissen. Dafür habe sich der Anwalt und Finanzexperte von Freyberg mit dem Direktor der Vatikanbank, Paolo Cipriani, zu einem »Tandem« zusammengefunden. US-Anwalt Jeff Lena sehne sich bereits nach den hitzigen Diskussionen mit dem entlassenen Gotti Tedeschi über eine Reform des IOR zurück… Im Übrigen habe der Jesuiten-Papst keinerlei Schwäche für Abkömmlinge von Adelsfamilien, denen das Essen im Gästehaus Santa Marta nicht schmecke, schreibt der *Corriere* weiter. Papst Franziskus wolle nur eines: die internationale Glaubwürdigkeit der Kirche hinsichtlich der Operationen der Vatikanbank durch eine radikale Säuberung an der Führungsspitze wiederherstellen.

Wird die Mauer des Schweigens über die Machenschaften der Vatikanbank in der Vergangenheit durchbrochen? Was passiert – so fragte man sich am 13. Juni 2013 –, wenn Direktor Cipriani von Papst Franziskus wie Gotti Tedeschi, den er mit Unterstützung des Aufsichtsratsvorsitzenden Carl Anderson geschasst hatte, selbst gefeuert wird? Vertrauliche Geheimdienstquellen, die der Autorin zugänglich sind, sagen dazu: Cipriani hatte vollkommen recht, wenn er keine Untersuchungen von Finanztransaktionen der Vergangenheit zulassen wollte. Der Italiener sei ein »Korken« gewesen, der, wenn er gelüpft wird, einen ganzen Vulkan an undurchsichtigen Geldgeschäften und Schmutz zum Ausbruch bringen werde.

Der eklatante Fall des Monsignore Ricca

Samstag, 15. Juni 2013: Noch regiert und diktiert die alte Nomenklatura von Papst Johannes Paul II. hinter dem Dekan des Kardinalskollegiums, Kardinal Angelo Sodano, als Drahtzieher in Bezug auf die Vatikanbank IOR. Die Kardinalskommission des IOR hat mit der Zustimmung von Papst Franziskus übergangsweise einen neuen Prälaten für das IOR bestimmt Wie der Vatikanische Pressesaal mitteilte, wurde Msgr. Battista Mario Salvatore Ricca zum Prälaten »ad interim« in der Führungsspitze des IOR ernannt.

Bei dem Vatikandiplomaten handelt es sich um einen engen Vertrauten von Papst Franziskus, der seit seiner Wahl im Vatikanischen Gästehaus Santa Marta residiert. In seiner Funktion als Prälat des IOR wird Ricca als Sekretär an den Versammlungen der Kardinalskommission des IOR teilnehmen. Gemäß den Richtlinien des Instituts wird er bei den Versammlungen des Aufsichtsrates dabei sein. Dem Prälat kommt eine Schlüsselrolle zu, da er Einsicht in die Aktivitäten des IOR und Zugriff auf sämtliche Dokumentationen hat.

Gegenüber der italienischen Nachrichtenagentur Ansa erklärte Vatikansprecher Pater Federico Lombardi, dass die Ernennung Riccas zwangsläufig »ad interim« erfolgt sei, da Papst Franziskus noch dabei sei, sich Gedanken über die Situation der römischen Kurie zu machen. Diese Ernennung reihe sich deshalb in die Reihe derer ein, die Franziskus schon zuvor übergangsweise in ihren Ämtern bestätigt hatte. Ricca genieße das vollste Vertrauen des Papstes. Er fungiere als ein Bindeglied zwischen der Kardinalskommission und dem Aufsichtsrat des IOR, so Lombardi. Ricca folgt in seinem Amt auf Msgr. Piero Pioppo, der gegenwärtig Apostolischer Nuntius in Kamerun und Äquatorialguinea ist. Pioppo war von 2006 bis 2010 als Prälat in der Spitze des IOR tätig.

Der 1956 in der italienischen Provinz Brescia geborene Ricca steht als Vatikandiplomat im Dienst des Vatikanischen Staatssekretariats. Er ist Direktor der Häuser Domus Sancta Marthae (Gästehaus Santa Marta), Domus Internationalis Paulus VI. und Domus Romana Sacerdotalis sowie der Casa San Benedetto.

Sowohl die Ernennung von Ricca als Präfekt als auch die im Februar 2013 noch unter Benedikt XVI. erfolgte Ernennung von Ernst von Freyberg als Präsident des IOR betreffen gemäß den Statuten bedeutende Positionen innerhalb der Vatikanbank. Beide Stellen waren bereits seit einiger Zeit vakant. Im Interview mit Radio Vatikan hatte von Freyberg berichtet, dass das IOR eine externe Beraterfirma zum Thema »Anti-Geldwäsche« engagiert habe. Bei Kunden, aber auch bei Angestellten, die irgendwie in Geldwäsche verwickelt sein sollten, verfolge man eine Null-Toleranz-Politik. Zudem setze man verstärkt auf Transparenz und Kommunikation, denn es sei das Recht jedes Mitglieds der katholischen Kirche auf der ganzen Welt, über das IOR gut informiert zu sein.

Am Freitag, 14. Juni, 2013 hatte sich der Generaldirektor des IOR, Paolo Cipriani, in der Tageszeitung *Il Giornale* geäußert: Er betonte, die Kirche bedürfe »finanzieller Unabhängigkeit« und damit auch »einer entsprechenden Institution«, sonst wäre sie »nicht wirklich frei«. Er gehe davon aus, dass der Papst die Vatikanbank schätze und den Personen vertraue, welche »die Standards an die Anforderungen der verschiedenen internationalen Einrichtungen anpassen« sollten. Auf eine mögliche Reform des IOR angesprochen, erklärte Cipriani, das Institut führe »schon seit einiger Zeit große Veränderungen im Vergleich zu früher« durch. Dabei werde seine Arbeit »an neue Normen angepasst, die es früher noch gar nicht gab«. Das IOR »ist und muss immer auf einer Linie mit den internationalen Direktiven sein«.

Wenige Tage nach seiner Personalentscheidung musste Papst Franziskus jedoch erkennen, dass Msgr. Ricca als Prälat des IOR kaum haltbar sein würde. Wie er am 22. Juni während einer Versammlung mit den Nuntien aus aller Welt erfuhr, hatte Ricca in seiner Zeit im diplomatischen Dienst in Uruguay der sogenannten Gay-Connection angehört. Inzwischen soll Ricca bei Papst Franziskus am 20. Juli 2013 um seinen Rücktritt als IOR-Prälat ersucht haben. (Zu den näheren Umständen dieses Falls siehe Kapitel 4.5.)

Die Vatikanbank und die AIF: Selbstanzeige als Schritt zur Besserung?

Mittwoch, 22. Mai 2013: Die erste Offenlegung eines Berichts der Vatikanischen Kontrollaufsicht für Finanzangelegenheiten (AIF) macht Schlagzeilen. »Das ist mehr als außergewöhnlich: Der Heilige Stuhl erstattet eine Selbstanzeige«, kommentierte der Vatikankorrespondent Lucio Brunelli im staatlichen italienischen Fernsehen RAI 2 in den Abendnachrichten. Auf dem Bildschirm waren in dem Streiflicht ernste Gesichter zu sehen: Der Schweizer Anwalt Dr. René Brülhart, Direktor der Vatikanischen Finanzaufsicht (AIF), und Vatikansprecher Pater Federico Lombardi SJ legten gegenüber den am Pressesaal des Heiligen Stuhls akkreditierten Journalisten Rechenschaft über die Aktivität der AIF ab. Im Dezember 2011 hatte Papst Benedikt XVI. mit dieser Einsetzung einer eigenen Kontrolleinrichtung für die Vatikanfinanzen für Überraschung gesorgt.

Im 64-seitigen Finanzbericht des Jahres 2012 fanden die Medienvertreter dann einen Clou: Die AIF hat sechs verdächtige Geldoperationen des IOR aufgedeckt. Nach Angaben von René Brülhart hat die AIF zwei dieser Vorgänge der Vatikanischen Staatsanwaltschaft zur Untersuchung zugeleitet. Es liege im Ermessen der Vatikanischen Justiz, weiterreichende Informationen zu geben, so der Direktor der Aufsichtsbehörde. Im Jahr 2011 ist seinen Worten zufolge nur eine verdächtige Geldtransaktion registriert worden. Dass 2012 mehr Verdachtsfälle angezeigt wurden als früher, wertete er als ein gutes Zeichen: »Der von uns eingeschlagene Weg ist der richtige, das seit Ende 2010 aufgebaute System beginnt zu funktionieren.«

»Das IOR ist keine kommerzielle Bank und der Vatikan ist kein Finanzparadies. Der Heilige Stuhl ist ein glaubwürdiger Partner im internationalen Kampf gegen Geldwäsche«, hob Brülhart weiter hervor. Er erläuterte, dass durch ein »Tiefen-Screening« von Überweisungen und Bareinzahlungen verdächtige Personen ausfindig gemacht werden könnten. In einigen Monaten sei es möglich, sich ein genaueres Bild über die Kunden der Vatikanbank und deren Verbindungen zu machen. Diese Bemühungen zur Vorbeugung von Geldwäsche und der Finanzierung von Terrorismus sollen in Zukunft in enger Zusammenarbeit mit dem Vatikanischen Staatssekretariat, der Vatikanischen Gendarmerie, der Vatikanischen Justiz und den überwachten Institutionen selbst noch verstärkt werden, so Brülhart. Ziel sei nicht nur eine Steigerung der Sicherheit, sondern auch eine Bewusstseinsbildung für möglichen Missbrauch innerhalb des Systems zu schaffen. Für René Brülhart sind die Statistik und die Tendenz im Jahr 2012 ermutigend und zeigen auf, dass das Vatikanische System zur Aufdeckung unsauberer Geldgeschäfte »unermüdlich verbessert wird«.

Der Direktor des AIF verwies weiter auf die Fortschritte in der internationalen Zusammenarbeit. Dank der Anstrengungen des Heiligen Stuhls sei es diesem gelungen, ein glaubwürdiger Partner im internationalen Kampf gegen Geldwäsche zu sein. Im Jahr 2012 sei gemeinsam mit den Regierungen von Belgien und Spanien ein Protokoll zur Zusammenarbeit mit dem Heiligen Stuhl unterzeichnet worden. Für 2013 seien weitere Verträge dieser Art mit anderen Ländern sowie die Umsetzung der Vorschläge von Moneyval vorgesehen. Diese beinhalteten unter anderem Abänderungen der Vatikanischen Rechtsprechung in Fällen der Aufklärung von verdächtigen Geldtransaktionen. Der Heilige Stuhl habe eine moralische Verpflichtung, Geldwäsche und eine Finanzierung des internationalen Terrorismus zu unterbinden, bekräftigte der AIF-Chef. Der Heilige Stuhl strebe an, auf die »Weiße Liste« jener OECD-Staaten zu gelangen, deren Finanzgebaren internationalen Standards genügen.

Zu seinem Aufsehen erregenden Kommentar über die erstmalige »Selbstanzeige« durch den Heiligen Stuhl in Finanzgeschäften erklärte Vatikankorrespondent Lucio Brunelli im Gespräch mit der Autorin: »Es erschien mir gerechtfertigt, einmal herauszustellen, dass die Signalisierung von verdächtigen Geldtransaktionen (Geldwäsche) erstmals nicht von Seiten der italienischen Staatsanwaltschaft oder durch die Presse erfolgt ist, sondern durch ein eigens von Papst Benedikt XVI. gewünschtes Vatikanisches Kontrollorgan. In der Tat hat es Unmut erregt, dass der Direktor der AIF sich auch auf präzise Anfrage hin geweigert hat, Einzelheiten über diese verdächtigen Geldbewegungen mitzuteilen. Deshalb sprachen einige der Kollegen von einer Farce und machten ihrer Enttäuschung lautstark Luft. Es erscheint mir dennoch objektiv ein kleiner Schritt voran in Richtung der von Papst Benedikt gewünschten Linie größerer Transparenz, wenn man die undurchsichtigen Machenschaften der Vergangenheit in Betracht zieht.«

Die AIF (Autorità di Informazione Finanziaria) des Heiligen Stuhls wurde im Dezember 2010 ins Leben gerufen und hatte im April 2011 mit ihrer Arbeit begonnen. Ihr Vorsitzender ist Kurienkardinal Attilio Nicora. Die deutsche Tageszeitung *Die Welt* vertraute anlässlich der Vorstellung des ersten Berichts der Finanzkontrolleure unter Brülharts Führung auf die Fähigkeiten des kampferprobten Managers aus der Schweiz, »auch wenn noch Fragen offen bleiben«: »AIF-Direktor René Brülhart ist seit Jahren schmutzigem Geld auf der Spur. Der Schweizer unterbindet die Geschäfte von Diktatoren und Terrorchefs. Nachdem er den Finanzplatz Liechtenstein gesäubert hat, hat er seit dem 7. November 2012 einen ganz besonders delikaten Auftrag: Er soll als Direktor der Finanzaufsicht den Vatikan vom Ruf befreien, ein Ort dunkler Machenschaft zu sein.«

Bezüglich des ersten Berichts der AIF empört sich dagegen der italienische Journalist Francesco Antonio Grana am 22. Mai 2013 in den Online-Nachrichten Affari Italiani darüber, dass im Jahr 2012 mehr Geld aus den heiligen Mauern des Apostolischen Palastes herausgeflossen ist, als dort deponiert und hineingetragen wurde. Wenige Daten, wenige Zahlen, nur wenig Substanz. Dagegen werde viel Geschichte neu aufgetischt wie das Motu-proprio, mit dem Papst Benedikt XVI. die AIF eingesetzt hatte, und das Statut der neuen Einrichtung. Grana verurteilte die Jahresbilanz 2012 als einen »non rapporto« – einen »Nicht-Bericht« und einen formalen Akt, der lediglich die Aktivitäten der AIF reflektiere. Von der von Papst Franziskus gewünschten Revolution der »armen Kirche für die Armen« sei noch keine Spur zu finden. In seinen nur zwei Monaten Pontifikat habe Jorge Bergoglio offensichtlich noch keine Möglichkeit gehabt, an den Komponenten der Finanzmacht im Vatikan zu rühren. Es sei jedoch der Wunsch vieler innerhalb und außerhalb der Kirche, innerhalb der kirchlichen Hierarchie wie auch des Volkes Gottes, dass sehr bald eine Reform der Vatikanbank (IOR) erfolge und dass die Operation gegen Geldwäsche unwiderruflich sei und sie mit Hilfe konkreter Maßnahmen und unmissverständlicher Transparenz auf den Weg gebracht werde. Man müsse bei einem Urteil über das Vorgehen des neuen Papstes vor allem von der Wahl derer ausgehen, die er für die Durchführung der Reformen auswählen wird. Die Kernfrage laute: Werden diese Männer den revolutionären Geist des Papstes zu verkörpern wissen? Als einzig wichtige Information wertet Grana auf S. 22 des Berichts die Verpflichtung, eine Erklärung im Fall der Überführung von »Grenzüberschreitendem Bargeld« oder von Geldtiteln im Wert von 10 000 Euro oder mehr zu unterzeichnen. Diese war vom Vatikanischen Gesetz 127 aus dem Jahr 2010 als Vorbeugung gegen illegale Aktivitäten auf dem Finanz- und Geldmarkt vorgesehen worden. Von April bis Dezember 2011 seien 658 Erklärungen an Eingängen und 1.894 Ausgängen registriert worden, im Jahr 2012 598 Erklärungen an Eingängen und 1.782 an Ausgängen per Erklärung festgehalten. So sei mehr Geld hinaus- als hineingeflossen, empört sich der Journalist.

Die interessanteste Information zum Thema AIF aber hat Vatikanexperte Sandro Magister auf seiner Website am 27. März 2013 zu bieten: Brülhart ist autorisiert, auf den Konten der IOR-Kunden auch nach verdächtigen Daten und Informationen aus der Vergangenheit zu forschen. Diese Forderung hatte der entlassene Bankpräsident Ettore Gotti Tedeschi gestellt und war dabei bei Bankdirektor Cipriani und Kardinalstaatssekretär Tarcisio Bertone auf harte Fronten gestoßen. Diese vertraten die These, dass in der Vergangenheit nicht herumgestochert werden sollte. Daraufhin habe Gotti Tedeschi, vertraulichen Informationen der Autorin zufolge, den Bankchef Cipriani feuern wollen, doch dieser rächte sich durch den aufsehenerregenden Rausschmiss seines Gegenspielers kurz vor Pfingsten 2012.

Mister »Cinquecento« und das eingefrorene IOR-Konto

Freitag, 12. Juli 2013: Die Revolution im Vatikan rund um den Riesenturm von Niccolo V., Sitz des IOR, nimmt weiter Formen an. »Null Toleranz« heißt die von Papst Franziskus vorgegebene Devise nach den Vorkommnissen im Juni 2013: »Das Oberste Vatikangericht friert das auf dem Istituto per le Opere di Religione (IOR) vorhandene Vermögen des langjährigen italienischen Vatikanmitarbeiters Msgr. Nunzio Scarano ein«, heißt es in einem Kommuniqué des Vatikanischen Pressesaals kategorisch. Die Maßnahme wurde im Zuge der gegen Scarano laufenden Untersuchungen am 9. Juli vorgenommen, gab Vatikansprecher Pater Federico Lombardi dazu bekannt. Gegen den ehemaligen »Schatzmeister« und Rechnungsprüfer der Vatikanischen Güterverwaltung (APSA) wird wegen des Verdachts auf Korruption und illegale Geldgeschäfte ermittelt.

Scarano war Mitte Juni 2013 als »Mister Cinquecento« in die Schlagzeilen geraten. Der aus dem süditalienischen Salerno stammende Geistliche hatte den Angaben der Presse zufolge dunkle Geschäfte mit der aus derselben Stadt stammenden italienischen Reeder-Familie d'Amico über das IOR abgewickelt. Die bekannte Reeder-Familie sei aus finanziellen Überlegungen heraus – offenbar um Steuern zu sparen – schon vor langen Jahren nach Brasilien ausgewandert. Bereits im Jahr 2010 waren auf einer Bank des Credito Artigiano 23 Millionen Euro mit Herkunftsort IOR geparkt worden. Das für eine Überweisung an eine Filiale der amerikanischen Bank JP Morgan bestimmte Geld war von der italienischen Finanzpolizei erst konfisziert, dann aber wieder freigegeben worden. Die verdächtige, versuchte Transaktion hatte die Ermittler jedoch auf eine Spur geführt, welche erst drei Jahre später bei einem neuen weiteren Coup zur Verhaftung des gut aussehenden Geistlichen aus den hohen Rängen der Vatikanischen Wirtschaftspräfektur und seiner Mittelmänner führen sollte.

Bei den Komplizen des Monsignore hatte es sich um den italienischen Broker und Finanzmanager Giovanni Carenzio, Mitglied des in Rom hoch angesehenen Sankt-Konstantinischen-Ritter-Ordens (L'Ordine Costantiniano), und um einen drei Monate zuvor aus dem Dienst in der Führungsriege des italienischen Geheimdienstes (Aisi) entlassenen Unteroffizier namens Giovanni Maria Zito gehandelt. Die beiden Letzteren waren als Komplizen des Geistlichen bei einer versuchten Finanztransaktion am 28. Juni 2013 an der Schweizer Grenze gefasst worden. Eigentlich sollten zwanzig Millionen Euro in bar – wohl aus dem Besitz der Familie d'Amico – aus der Schweiz nach Italien überführt werden. Als das Geld aus unerklärlichen Gründen »nicht aufgetaucht war«, hatte Scarano von dem Militärpolizisten (Carabiniere) Zito die für seine Beihilfe bei der Überführung der Summe bereits im Vorfeld des Finanzcoups ausgezahlten 400 000 Euro zurückgefordert. Damit platzte das vereinbarte Komplott aufgrund des Zusammenspiels vielfältiger Fahnderkomponenten. Es fragt sich, wo die zwanzig Millionen Euro abgeblieben sind? Eine der Spuren führt auch ins Steuerparadies Monte Carlo.

Die Verhaftung Nunzio Scaranos wegen Betrugs und Korruption hatte sogar in römischen Adelsfamilien Bestürzung ausgelöst: In einigen Palazzi der Aristokratie war der elegante und zur Fraktion der »Gourmet-Prälaten« in Rom gehörige Monsignore als guter Konversationspartner geschätzt. Er galt als ein gern gesehener Gast bei gesetzten Essen, besonders an der Seite von »blasonierten« älteren Damen, erfuhr die Autorin.

Am 29. Juni 2013 zitierte der Mailänder *Corriere della Sera* Pater Lombardi SJ: »Im Fall Scarano sind wir zur Zusammenarbeit mit der italienischen Staatsanwaltschaft bereit, sobald diese darum ersucht.« *Corriere*-Kommentator Massimo Franco enthüllte unter Berufung auf einen ihm bekannten südamerikanischen Diplomaten, der als ein Mitglied des am Heiligen Stuhl akkreditierten diplomatischen Corps ein Konto auf der Vatikanbank IOR unterhält, Versäumnisse der Vatikanbank auch unter deren neuer Leitung durch den deutschen, dem Souveränen Malteser-Ritterorden eng verbundenen Baron Ernst von Freyberg: Erst »etwa seit zwei Wochen« (wohl Mitte Juni 2013) sei ein – von der Vatikanischen Aufsichtsbehörde AIF kontrollierbares – elektronisches System zur Überweisung von Geldsummen ins In- und Ausland in der Vatikanbank in Funktion getreten.

Mit der Einrichtung einer »ad interim« bestellten Päpstlichen Kommission für das IOR – fast gleichzeitig mit der Verhaftung von Msgr. Scarano – habe Papst Franziskus der italienischen Staatsanwaltschaft »praktisch in die Hände gearbeitet«, schreibt Massimo Franco. Niemand glaubt nach der Veröffentlichung von abgehörten Telefongesprächen (*Corriere della Sera*, 29. Juni 2013) durch die italienische Finanzpolizei unter General Giuseppe Bottillo der Version des angeklagten Geistlichen, der sich bei den ersten Verhören im römischen Gefängnis Rebibbia folgendermaßen herausgeredet hatte: Ihn treffe keine Schuld, da es sich um Gelder aus einer Stiftung für die katholische Kirche gehandelt habe. Diese Aussage könnte als Paradebeispiel und »System« für die Vorgehensweise bei Geldwäsche am IOR in vielen anderen Fällen gelten: Geistliche, die an dem Geldinstitut ein Konto innehaben, werden von anscheinend unverdächtigen Laien auf Empfehlung eines Kardinals oder einer hochstehenden Persönlichkeit im politischen italienischen oder internationalen Leben hin kontaktiert. Es wird ein Konto auf den Namen einer Stiftung eingerichtet. Das Geld wird für den – vorgeschobenen – »guten Zweck« versprochen und oft genug in barer Münze zur Verfügung gestellt. Doch die zur Wohltätigkeit zugunsten der katholischen Kirche initiierte Aktion hat einen Haken im Detail: Ein Teil der vom angeblichen Wohltäter überwiesenen Geldsumme verbleibt tatsächlich auf dem IOR-Konto zur Verwendung für einen guten Zweck. Die »zu viel« überwiesene Summe wird jedoch – nach einer im Finanzjargon üblichen Ausdrucksweise – »gewaschen« und auf ein Konto in Italien oder im Ausland »zurücküberwiesen«.

Vatikanfinanzinsider Massimo Franco hebt am 29. Juni 2013 unter Berufung auf ihm zugängliche gut informierte, dem IOR nahestehende amerikanische Kreise hervor: »Im Augenblick findet ein äußerst absonderlich anmutender Wandel statt: Die durch Papst Franziskus angeordnete Reform der Vatikanbank wird von der alteingesessenen ›Nomenklatura‹ in der römischen Kurie behindert, aber von der Vatikanischen Gerichtsbarkeit gefördert.«

Die Ermittlungen könnten auch auf weitere Personen ausgeweitet werden, gab Pater Lombardi SJ im Hinblick auf die laufenden Untersuchungen im Istituto per le Opere di Religione zum Fall Scarano bekannt. Im IOR werde derzeit eine umfassende Untersuchung aller Kundenkontakte und der

Geldwäschemaßnahmen durchgeführt. Das Institut habe damit die unabhängige Finanzberaterfirma Promontory Financial Group beauftragt. Insgesamt werde der Reformprozess des IOR, der die Verbesserung von Strukturen und Abläufen des Geldinstitutes zum Ziel hat, bis Ende dieses Jahres abgeschlossen sein, kündigte Lombardi an. Das IOR arbeite eng mit der Vatikanischen Finanzaufsichtsbehörde (AIF) und den Vatikanischen Gerichtsbehörden zusammen, um alle »illegalen oder den Statuten des Institutes nicht entsprechenden Aktivitäten« aufzuklären, bekräftigte Lombardi. Er selbst habe kein Konto bei der Vatikanbank, erklärte er auf Anfrage von Journalisten. Nicht jeder Mitarbeiter des Heiligen Stuhls müsse unbedingt ein Konto beim IOR eröffnen.

Radio Vatikan berichtete dazu am 12. Juli 2013: »Msgr. Nunzio Scarano sitzt weiterhin unter Anklage wegen Korruptionsverdacht in italienischer Untersuchungshaft. Die Justiz in Italien wirft ihm vor, an einer letztlich geplatzten Überführung von 20 Millionen Euro Bargeld aus der Schweiz nach Italien beteiligt gewesen sein. Der Geistliche, der nach Angaben seiner Anwälte ›uneigennützig und aus dem Geist der Freundschaft‹ handelte, soll dafür einem ehemaligen Geheimdienstmitarbeiter 400 000 Euro gezahlt haben.«

»Der Löwe ist ein Opus Dei-Mann«

Den ersten Schritt der anstehenden Kurienreform unternahm der Papst noch vor der Sommerpause im Juni 2013 allein: Mit seinem persönlichen Namenszug unter ein Dokument zur Berufung einer innerkirchlichen Untersuchungskommission für die Vatikanbank traf er eine außerordentliche Maßnahme, die nicht mit den Vatikanischen Behörden abgesprochen war. Er setzte damit ein Zeichen für seinen festen Willen, dem Skandalen um das IOR ein Ende zu bereiten.

Doch wer sind die von Papst Franziskus »auf Zeit« eingesetzten »007-Kommissare«, die sich in den kommenden Monaten mit den dunklen Machenschaften des IOR befassen müssen? Die Kommissionsmitglieder sind dem Papst direkt unterstellt. An die Spitze der Untersuchungskommission ernannte Papst Franziskus einen wegen seiner inneren Gelassenheit und seiner Freundlichkeit innerhalb und außerhalb der Kurie beliebten Kardinal:

Es handelte sich um den langjährigen Bibliothekar und Archivar der heiligen römischen Kirche, Kardinal Raffaele Farina SDB. Dem Salesianer als Präsidenten arbeitet der strenge Karrierediplomat Kurienkardinal Jean-Louis Tauran zu – er ist innerhalb der Kurie für den Dialog mit den anderen Religionen zuständig. Der *Corriere* enthüllte im Zusammenhang mit der Berufung des geschickt agierenden Franzosen, dieser sei auch unter den »papabili« beim Konklave im März 2013 gewesen. Auch eine Frau gehört dem Gremium an: die an der Universität Harvard Law School promovierte Amerikanerin Ann Glendon. 1998 wurde sie als eine der fünfzig einflussreichsten Anwältinnen der USA gekürt. Gegenwärtig ist sie Präsidentin der Päpstlichen Akademie für Sozialwissenschaften. Als solche kennt die frühere US-Botschafterin am Heiligen Stuhl unter US-Präsident Bush den »sozialen und politischen Kontext in der Welt«, in den sich die Mission des IOR einreihen sollte. Der Koordinator der Gruppe wird als deren wichtigstes und mächtigstes Mitglied und als Schlüsselperson bezeichnet: Es handelt sich um den temperamentvollen spanischen Bischof Juan Ignacio Arrieta Ochoa de Chinchetru. Er wird im *Corriere* als ein »Löwe« hervorgehoben, der der spanischen Prälatur Opus Dei angehört. Er fungierte lange Jahre als Präses der Fakultät für Kirchenrecht an der Päpstlichen Universität zum Heiligen Kreuz. Als Dozent für Kirchenrecht war er weiter als ordentlicher Professor am Institut S. Pio V. (2003–2008) tätig, bevor Papst Benedikt XVI. den Spanier zum Sekretär im Päpstlichen Rat für die Auslegung des Kirchenrechts nach Rom beorderte. Der »Löwe« verfügt über die Macht eines Aufsichtsratsvorsitzenden und darf alle Dokumente und Daten einsehen. Für ihn wurde das Amtsgeheimnis in den rechtlichen Statuten des IOR ausgesetzt. Sekretär der Kommission ist der amerikanische Monsignore Peter Brian Wells. Der »dritte Mann« im Vatikanischen Staatssekretariat nach »Innenminister« Erzbischof Becciu ist ein Vatikandiplomat, der enge Verbindungen zu Carl A. Anderson pflegt. Der Präsident der amerikanischen »Knights of Columbus« (Kolumbusritter) sitzt auch an exponierter oberster Stelle im Aufsichtsrat der Vatikanbank.

Vatikankollege Gian Guido Vecchi schreibt im *Corriere* zur IOR-Initiative des Papstes einen Begleittext mit der Überschrift: »Das Gebet für Franziskus: Weichen Sie Ihren Feinden nicht«. Er verweist dabei auf die Predigt des Papstes bei der Frühmesse am Vortag in der Kapelle des Gästehauses Santa Marta. Dieser hatte von der Geduld Gottes gesprochen: »Die Nacht erscheint dunkler, wenn die Morgenröte anbricht.« In einer anderen Katechese hatte der Papst von Lots Frau gesprochen, die zur Salzsäule erstarrte, als sie dem Rat des Engels an Lot, sich nicht umzusehen, nicht gefolgt war. »Sehen wir uns nicht um, blicken wir voraus«, hatte der Papst gesagt, erinnert Vecchi. Vielleicht wird dies auch der Leitspruch für den vor Pfingsten 2012 auf unbarmherzige Weise gefeuerten Ex-IOR-Präsidenten Gotti Tedeschi sein. Er konnte inzwischen beweisen, dass er rechtlich keinerlei Zugriff auf Operationen des IOR hatte und deshalb auch von Anschuldigungen, er habe bei finsteren Transaktionen die Hand mit im Spiel gehabt, reingewaschen werden sollte. Er hatte immer behauptet, er sei wegen seiner Insistenz, Licht in das Dunkel der IOR-Machenschaften zu bringen, entlassen worden. Die Justiz dürfte ihn im Fall Scarano und im Fall der im Juli 2013 zurückgetretenen italienischen IOR-Bankdirektoren Paolo Cipriani und Massimo Tulli als möglichen Zeugen einbestellen. Cipriani und Tulli hatten nach Angaben des *Corriere* die Geschäfte des Geistlichen gedeckt. Sie waren durch Abhören von Telefonaten durch die Finanzpolizei, bei denen Scarano Unterschriften zur Bereitstellung von Bargeld und für Finanztransaktionen einforderte, aufgeflogen.

Eine Sonderkommission für wirtschaftliche Strukturreformen

19. Juli 2013. Papst Franziskus ergreift eine weitere wichtige Maßnahme, um Ordnung in die wirtschaftlichen und administrativen Angelegenheiten der Kurie und des Vatikanstaates zu bringen: In der handschriftlichen Verfügung des Papstes heißt es, die neue Päpstliche Kommission solle zu einer »Vereinfachung und Rationalisierung der existierenden Organismen« beitragen. Ziel ist auch eine »aufmerksamere Planung der wirtschaftlichen Aktivitäten aller Vatikan-Verwaltungsbehörden«. Zu diesem Zweck soll die Kommission auch mit den acht Kardinälen zusammenarbeiten, die Papst Franziskus bereits einen Monat nach seiner Wahl dazu berufen hatte, sich Gedanken über eine Kurienreform zu machen.

Als Berater solle die Päpstliche Kommission den Kardinälen Vorschläge machen und Strategien dafür erarbeiten, wie wirtschaftliche Verschwendung vermieden und wie mehr Transparenz in die wirtschaftlichen Geschäfte des Vatikan gebracht werden könne. Dies gelte unter anderem im Immobilien-Bereich, beim An- und Verkauf von Geräten und bei Dienstleistungen. Darüber hinaus solle allen, die darauf ein Anrecht haben, eine »angemessene gesundheitliche Behandlung« und Sozialleistungen garantiert werde.

Zu den vom Papst persönlich berufenen acht Mitgliedern der neuen Kommission, die Experten in Rechts-, Wirtschafts- und Finanzfragen sind, gehört auch der deutsche Wirtschafts- und Finanzexperte Jochen Messemer. Er ist seit 2009 Mitglied des Vorstands der ERGO-Versicherungsgruppe und dort für internationale Belange verantwortlich. Der emeritierte Papst Benedikt XVI. hatte Messemer 2009 als internationalen Revisor bei der Vatikanischen Wirtschaftspräfektur (APSA) eingesetzt. Die Kommission besitzt das Recht, in sämtliche für ihre Arbeit benötigten Unterlagen Einsicht zu nehmen und, falls nötig, auch weitere interne und externe Experten und Berater hinzuzuziehen. Interne Berater dürfen jedoch nicht in die Finanzen oder die Verwaltung des Heiligen Stuhls verwickelt sein. Die Kommission wird mit dem handschriftlichen Dokument des Papstes auf unbestimmte Zeit ins Leben gerufen und »sie wird wieder aufgelöst, wenn der Papst dies veranlasst«, heißt es in der Verfügung.

Wirtschaftliche Bilanz des Heiligen Stuhls für 2012

Nach Meldung von Radio Vatikan am 4. Juli 2013 hat der Heilige Stuhl im letzten Jahr 2 185 622 Euro Gewinn erzielt. Das teilte der Kardinalsrat für Wirtschaftsangelegenheiten an diesem Donnerstag mit. Der Rat der Kardinäle trat am Dienstag und Mittwoch im Vatikan zusammen. Papst Franziskus traf die Kommission am Mittwoch. Insgesamt waren im Jahr 2012 2823 Mitarbeiter für den Heiligen Stuhl tätig. Größter Ausgabeposten für den Haushalt des Heiligen Stuhls waren die vatikanischen Medien wie Radio Vatikan sowie die neue italienische Immobiliensteuer IMU. Alleine diese Posten erhöhten die Ausgaben um fünf Millionen Euro, wie ein Vatikanstatement vom Donnerstag bekanntgibt. Das vatikanische Governatorat, das eine vom Heiligen Stuhl unabhängige Verwaltung führt, hat im letzten Jahr einen Gewinn von 23 079 800 Euro erzielt. Das Governatorat hat insgesamt

1936 Mitarbeiter. Bei den Einnahmen sind die Spenden durch den sogenannten Peterpfennig von 69 711 722 US-Dollar im Jahr 2011 auf 65 922 637
US-Dollar im Jahr 2012 gesunken. Auch die Beiträge durch Bistümer sind
auf unter 30 Millionen US-Dollar gesunken, was rund 12 Prozent weniger
Einnahmen als 2011 beträgt. Die Ordensgemeinschaften haben ebenfalls weniger Spenden nach Rom geschickt. Insgesamt sind dies fünf Prozent weniger als im Vorjahr.

Vatikanbank IOR unterstützte Papst mit 50 Millionen Euro

Die Vatikanbank IOR hat den Papst – damals noch Benedikt XVI. – im vergangenen Jahr mit 50 Millionen Euro unterstützt. Weiter hat die Vatikanbank, die sich im Auftrag des Papstes für die Finanzierung guter Zwecke
einsetzt, über eine Million Euro für einen Amazonas-Fonds ausgegeben sowie eineinhalb Millionen Euro für den Fond Pro orantibus, der sich um
Klausurklöster kümmert. Weitere 1,5 Millionen Euro gingen an den Sankt-
Georg-Fonds, der sich um die Kirchen in der ehemaligen Sowjetunion kümmert. Eine Million Euro übergab die Vatikanbank der Kommission für Lateinamerika. (Radio Vatikan, 4.7.2013 mg)

Wenige Tage zuvor hat Papst Franziskus den Bischöfen und allen Pfarreien in der Welt – vor allem den ärmeren – für die Unterstützung des Papstes durch ihr Gebet sowie durch Spenden gedankt. Damit könnten viele
pastorale und karitative Initiativen des Papstes in verschiedenen Teilen der
Erde unterstützt werden, sagte er am Sonntag nach seinem Angelusgebet auf
dem Petersplatz. Rund um das kirchliche Fest Peter und Paul, am 29. Juni,
wird in allen katholischen Ortskirchen eine Kollekte für die besonderen Aufgaben des Papstes durchgeführt. Dieser sogenannte Peterspfennig betrug
2011 nach Vatikan-Angaben 69,7 Millionen Dollar (Tageskurs 53,5 Millionen Euro), im Jahr davor waren es 67,7 (52 Millionen Euro), zwei Jahre zuvor jedoch 80 Millionen Dollar (61,5 Millionen Euro). Der Rückgang war
auf die allgemeine Wirtschaftsrezession, aber auch auf Diskussionen rund
um die Vatikanbank IOR und deren mangelnde Finanz-Transparenz zurück-
geführt worden. (Radio Vatikan, 30.6.2013 mg)

Drei Skandale um das IOR

Die Banda della Magliana

Juni 2013: Der Tod von Hauptpersonen der Geschichte ist nicht nur nach Überzeugung von Historikern ein Motiv, verborgene und »verklebte« Seiten in deren Leben neu aufzublättern. Ungelöste Fälle nach Jahrzehnten der Vertuschung von Fährten wieder in die Schlagzeilen zu lancieren, gilt als Spezialität der italienischen Medien. So geschah dies im Fall der Entführung oder besser des Verschwindens der Vatikanbürgerin Emanuela Orlandi vor dreißig Jahren sowie auch im Fall der Entführung und Ermordung des italienischen christdemokratischen Politikers Aldo Moro durch die eng mit der Baader-Meinhof-Bande verbündeten Terrorgruppe der *Roten Brigaden* vor 35 Jahren.

In beiden spektakulären Fällen spiegeln sich Macht und Ohnmacht im Vatikan wider: Der todkranke Papst Paul VI. blieb mit seinen öffentlichen Appellen an die Roten Brigaden zugunsten einer Freilassung von Aldo Moro ohnmächtig. Papst Johannes Paul II. äußerte beim sonntäglichen Gebet des »Engels des Herrn« zu den Jahrestagen des Verschwindens mehrfach die Hoffnung, die Vatikanbürgern Orlandi möge im »Sinne der Menschlichkeit« ihren Eltern zurückgegeben werden. Doch die Mühe war vergeblich. Papst Benedikt XVI. war nicht auf den Fall Orlandi eingegangen, als dieses Ansinnen der Familie anlässlich eines der Jahrestage des Verschwindens an ihn herangetragen worden war. Das Suchplakat mit dem Konterfei des dunkelhaarigen jungen Mädchens mit dem schwarzen Stirnband ging um die Welt. Den Italienern ist das Poster an den Stadtmauern Roms im Gedächtnis hängen geblieben. Die Frage lautet: Warum hatte sich Kardinal-Staatssekretär Agostino Casaroli mitten in den Wirren des Kalten Krieges persönlich mit dem Fall Orlandi beschäftigt? Ließ er gemeinsam mit seinen Mitarbeitern im Vatikanischen Staatssekretariat seine Macht spielen, um die Verwicklungen eines katholischen Geistlichen in den Skandal zu verdecken?

Nach Ansicht des italienischen Enthüllungsjournalisten Massimo Franco wurden Vertuschungskampagnen der katholischen Kirche in mysteriösen Fällen während der Jahrzehnte des Kalten Krieges mit dem Kampf des Heiligen Stuhls und der Kirche in Italien gegen das Vorrücken des Kommunismus gerechtfertigt. Die Machtspiele des am 6. Mai 2013 verstorbenen italienischen Politikers Giulio Andreotti im Kielwasser des Heiligen Stuhls sind nur verständlich, wenn sie im Spiegelbild der damaligen Zeit betrachtet werden. Dasselbe Kriterium sollte für die Mafia-Verwicklungen und alle anderen Verbindungen Andreottis zur sogenannten »Mala« angelegt werden.[24] Zum Zeitpunkt von Andreottis Tod hatten die deutschen Medien ohne jegliche Einordnung in die geschichtlichen Umstände dessen Nähe zur Mafia hervorgehoben.

17. Juni 2013. Die römische Tageszeitung *Il Messaggero* stellt zum dreißigsten Jahrestag der »Entführung« vorab ein Buch mit Comic-Strips und Sprechblasen vor: *La scomparsa di Emanuela Orlandi (2013)*. Auf dem Umschlag erscheint eine Zeichnung des Flöte spielenden Mädchens. Der Titel: »Das Verschwinden der Emanuela Orlandi«. In dem Buch wird das Labyrinth der Geheimdienst-Informationen im Fall des am 22. Juni 1993 nach dem Flötenunterricht im Gebäude neben der römischen Kirche »Sant Apollinare« nicht in den Vatikan zurückgekehrten Mädchens neu aufgewickelt. Die in Rom und Umgebung wirkende Banditen-Bande des römischen Vorstadtviertels La Magliana, die sogenannte »La banda della Magliana«, wird von den Autoren als »neue Piste« hingestellt.

Mit der Initiative »Rückkehr nach Hause« hatte der Bruder der verschwundenen Vatikanbürgerin am 22. Juni 2013 einen Fackelzug zum Petersplatz und eine Nachtwache organisiert. Bruder Pietro Orlandi enthüllte zu diesem Anlass gegenüber dem *Messaggero*, was Papst Franziskus am ersten Sonntag nach seiner Wahl bei einer Begegnung mit der Familie Orlandi seiner Mutter ins Ohr geflüstert hatte: »Sie ist im Himmel«. Dieser Satz des neuen Papstes habe ihm das Blut in den Adern erfrieren lassen, so der Bruder der Vatikanbürgerin.

Den Geheimdienstquellen der Autorin zufolge wurde Emanuela Orlandi aller Wahrscheinlichkeit nach von Mitgliedern der Banda della Magliana entführt und ermordet. Es heißt, sie sei zerstückelt worden. Ihre Überreste seien in einem Abfallcontainer in dem in der Nähe von Ostia am Meer gelegenen Ort Torvaianica entsorgt worden. »Warum in die Ferne schweifen, wenn die Wahrheit so nahe liegt«, so der Geheimdienstvertreter im Gespräch mir. Der Vatikan habe nie etwas zur Aufklärung des Falles beigetragen. Es sei im Übrigen eine normale Vorgehensweise der Geheimdienste, durch Verwischen von Spuren die Untersuchungsrichter so lange zu verwirren, bis der Fall ad Acta gelegt wird. 1997 hatte Staatsanwältin Adele Rando die Archivierung der ersten Untersuchung angeordnet. Bei diesem Anlass hatte sie die Überzeugung geäußert, dass die angeblich poltisch-terroristische Spur in Wirklichkeit nur dazu gedient habe, das eigentliche Motiv des Verschwindens zu tarnen. Emanuela Orlandi wurde das letzte Mal in der römischen Kirche Sant'Apollinare in Begleitung eines Geistlichen gesichtet. Hatte der damalige Pfarrer der Kirche, der dem Boss der Banda della Magliana, de Pedis, nach dessen Tod in seiner Kirche ein prunkvolles Grabmal setzte, seine Hand im Spiel? War die Vatikanbürgerin Opfer von unsittlichen Annäherungen und vielleicht sogar »mehr« eines Vatikan-Prälaten geworden und musste deshalb aus dem Weg geschafft werden? Mögliche Beweise werden wohl längst vernichtet worden sein.

Über den Pfarrer Don Vergati hatte die Banda della Magliana jedenfalls auch Zugang zu einem oder mehreren Konten der Vatikanbank IOR erhalten. Dort wurde Geld – in einem völlig anderen Kontext erfolgten Mord – durch Mitglieder der »Banda della Magliana« deponiert, um gewaschen zu werden. Es handelte sich um das Lösegeld für den italienischen Herzog Massimiliano Grazioli. Das habe ein vom italienischen Geheimdienst 1992 in Venezuela aufgespürtes und nach seiner Verhaftung »geständiges« Mitglied der Bande mitgeteilt. Es habe sich um einen Mann namens Franco Negro gehandelt. Sein Deckname sei »L'abbatino« (Der kleine Abt) gewesen. Das Lösegeld von zweieinhalb Milliarden italienische Lire, war aller Wahrscheinlichkeit nach auf einem IOR-Konto zur Geldwäsche und späteren Rückgabe nach Abzug einer kräftigen Geldspitze für die Vermittler deponiert worden. Der Sohn des Herzogs hatte die Banknoten in bar, wie von den Banditen gefordert, als Lösegeld für die Befreiung seines gekidnappten Vaters vom Ponte Bianco (der Weißen Brücke) aus im Stadtviertel la Magliana in einem Sack ans Tiberufer geworfen. Zu dieser Zeit war sein Vater den Nachforschungen zufolge bereits tot. Das Lösegeld war vor der Übergabe markiert worden. Nur 100 000 Lire wurden später im Umlauf wiedergefunden. Es wird innerhalb des italienischen Geheimdienstes davon ausgegangen, dass das Geld dem an der Spitze der Bande der Magliana agierenden italienischen

Boss Diottalevi niemals wie geplant gewaschen zurückerstattet wurde. Als Rache dafür soll dieser den Mord an dem italienischen Bankier Calvi in Auftrag gegeben haben. Calvi war nach dem Crash seiner mit der Vatikanbank in Verbindung stehenden Banco Ambrosiano unter einer Londoner Brücke erhängt aufgefunden worden. In einer Streichholzschachtel in seinem Anzug hatten die Ermittler eine Telefonnummer und den Namen Diottalevi gefunden ...[25]

Das IOR und der Fall des »Rebellen-Priesters«

Er besitzt ein auf ihn persönlich lautendes Konto bei der Vatikanbank IOR, auf dem 4.500 Euro für die Sorge seiner blinden und gehörlosen alten Mutter lagern: Doch das Konto wurde von der Direktion wegen Verdachts auf Geldwäsche gesperrt. Don Mariano Palumbo, früher Pfarrer einer bekannten Pfarrei »San Gaetano al Flaminio« im römischen »Reichen-Viertel« hinter der Milvischen Brücke, betrachtet sich als Opfer der unendlichen Verwicklungen um die Vatikanbank IOR. Im Gespräch mit der Autorin hat der dem antiken Theatiner-Orden angehörige Geistliche aus Neapel und frühere Ökonom für die weltweit verstreuten 350 Mitglieder seiner Kongregation sein Herz ausgeschüttet: Seit er wegen des Verdachts auf Geldwäsche inhaftiert war, werde er von fast allen Mitbrüdern geschnitten. Der Fall des im Vatikan und im Vikariat Rom wegen seiner besonderen Fürsorge für die Armen und Obdachlosen ungeliebten Priesters wird immer wieder von der römischen Presse aufgegriffen. Das Corpus Delicti zeigt der Ordensmann der Autorin: Es handelt sich um das begehrte plastifizierte blaue Kärtchen mit der Kontonummer, das Kunden der Vatikanbank besitzen. Schuldig oder nicht schuldig? Es ergehe ihm wie dem Päpstlichen Kammerdiener Paolo Gabriele, über dessen Schuld sich die Gemüter scheiden, sagt Don Mariano. Besonders enttäuscht habe ihn sein früherer Rektor im Priesterseminar und Professor für Kanonisches Recht in Neapel. Obwohl dieser ihn von klein auf kenne und auch seine Mutter und deren Zustand, habe es der heutige Bischofsvikar von Rom – und Freund von Papst Franziskus – Kardinal Agostino Vallini, nicht für nötig befunden, den Priester zu empfangen. Es sei ihm keine Möglichkeit zur Erklärung und Rechtfertigung eingeräumt worden, nachdem er von der Polizei zu nächtlicher Stunde unter der Anschuldigung der Geldwäsche verhaftet worden war.

Nach seiner vorzeitigen Entlassung aus der Haft nach zwölf Tagen anstatt der bis zu einem Prozess üblichen sechs Monaten – die Richter hatten die Untersuchungshaft von Don Mariano wegen der Sorge des Priesters um seine invalide Mutter in Hausarrest umgewandelt – und danach über fünfeinhalb Monaten Hausarrestes mit Meldepflicht sei Don Mariano bedeutet worden, er solle die Diözese Rom verlassen. Hier sei er »persona non grata«. Der Priester gibt an, er sei im Vikariat Rom auch unbeliebt, weil er Kindern von gleichgeschlechtlichen Paaren das Sakrament der Taufe spende, und sich um Gay-Paare kümmere. Zu seinen Beichtkindern gehörten auch zahlreiche Seminaristen und Priester aus dieser Szene. Gleichzeitig hob Don Mariano hervor, er kenne eine ganze Menge an Polizei-Mitgliedern und Carabinieri (Militärpolizei) in Rom, weil diese aus dem Gefängnis nach Absitzen einer Haftstrafe wegen Drogenkonsums und Drogenhandels entlassene Jugendliche in seine Pfarrei brachten. In der Zeit nach einem Gefängnis-Aufenthalt müssen die straffälligen Jugendlichen in Italien dem Gesetz zufolge eine Arbeit unter Hausarrest aufweisen, die zu deren Integration in die Gesellschaft dient. Don Mariano ist der Meinung, dass jemand in seinem Fall einem auch im römischen Vikariat gut bekannten kriminellen Anwalt einen Tipp gegeben habe. Er sei unwissentlich zum Handlanger von kriminellen Personen im Laienstand geworden. Diese hätten gewusst, dass der als »Rebellenpriester« bekannte Geistliche in seiner damaligen Funktion als Ökonom seines Ordens ein Konto auf der Vatikanbank IOR habe. Der ihm anfangs harmlos erscheinende Anwalt namens Fazzini habe ihm für die Restaurierung eines dem Orden gehörigen verfallenen Klosters in dem Örtchen Morlupo bei Rom eine Spende von 151 000 Euro angeboten und diese auch auf sein Konto überwiesen. Er bezeichnete Fazzini als eine Art »Genie des Bösen«. Die Restaurierung des Klosters sei auch mit dem Geld erfolgt. Ihm sei aber vorgeworfen worden, er habe das Geld veruntreut. Danach habe das Gericht entschieden, das Geld müsse zurückgegeben werden, zumal Anwalt Fazzini in einen angeblichen Schaden mit einem Ferrari verwickelt war, für den eine hohe Versicherungssumme der Versicherungsgesellschaft Ass Italia an ihn ausgezahlt worden sei. Aus dieser Summe, die wohl durch Versicherungsbetrug am Fiskus vorbei erbracht wurde, stamme wohl das für seinen Orden gestiftete Geld. Auch der italienische Geheimdienst habe seine Hand bei der ganzen Angelegenheit im Spiel gehabt. Am 11. Juli 2013 wurde der Geistliche mit siebzehn anderen wegen angeblicher Geldwäsche Angeklagten vor Gericht geladen. Absurderweise gehöre zu diesen siebzehn Personen auch der frühere Präsident der Vatikanbank IOR, Ettore Gotti Tedeschi. Don Marianos Verteidigung durch einen Anwalt bezahlt eine bekannte italienische Professorin, die im *Osservatore Romano* und in einer bekannten römischen Tageszeitung häufig Kolumnen schreibt. Diese sei von seiner unschuldigen Verwicklung in dunkle Geschäfte mit der Vatikanbank überzeugt. Der Fall von Don Mariano entspricht exakt dem Bild, das von einer gut informierten Journalistin des *Corriere della Sera* am 2. Juli 2013 nach dem Rücktritt des Direktors des IOR, Paolo Cipriani, und dessen Vize gezeichnet wurde.

Die enge Verflechtung zwischen Italien und dem Vatikan ist nach Ansicht Don Mariano Palumbos die »Quelle allen Übels«. Dies gelte auch für die erst in den vergangenen Jahren an den Tag gekommenen illegalen Aktivitäten des IOR. Don Mariano im Gespräch mit der Autorin: »Am besten wäre es, den Vatikan nach Timbuktu auszulagern. Dann würden sich viele Probleme von selbst lösen.«

Die Kolumbusritter und das Oratorium Sankt Peter

Das Hauptproblem des Papstes sind alle, die sich in Sachen IOR nicht in die Karten sehen lassen wollen. Zu dieser Kategorie an Feinden gehören paradoxerweise nach Informationen des Vatikanjounalisten Ignazio Ingrao auch die amerikanischen Kolumbusritter, deren Präsident Carl Anderson zugleich der Präsident des Aufsichtsrates des IOR ist. Die von den amerikanischen Kardinälen unterstützten Kolumbusritter würden gerne den vom Souveränen Malteser-Ritterorden gedeckten deutschen Baron Ernst von Freyberg wieder loswerden. Dieser werde aber von den Kardinälen Jean-Louis Tauran und Kardinal Paolo Sardi gestützt. Kardinal Sardi war von Papst Benedikt XVI. überraschend am 6. Juni 2009 zum Pro-Patron des Souveränen Malteser-Ritterordens ernannt worden. In dieser Rolle hat er eine Brückenfunktion zum Heiligen Stuhl und sorgt sich um die »geistlichen Interessen« des Ordens. Im Konklave vom März 2013 hatte Sardi die Rolle des Vize-Camerlengos neben Kardinal Bertone inne. Der mächtige langjährige Ghostwriter von Papst Johannes Paul II., der alle dessen Ansprachentexte korrigierte und freigab, gilt als einer der Drahtzieher in der Affäre Vatileaks, als Freund von Kardinal Tauran und als ausgemachter Gegner von Papst Benedikt XVI. Die Kolumbusritter sollen nach Informationen von Ingrao in der *Panorama*-Ausgabe vom 3. Juli 2013 (siehe auch Kapitel 9) Zehntausende Millionen Dollars auf den Konten des IOR gelagert haben. Sie drohen damit, diese abzuziehen und bei einer anderen Bank anzulegen, sollten sie aus dem Führungsgremium des IOR ausgeschlossen werden.

Sie besitzen in Geldangelegenheiten innerhalb des Vatikans Macht: Carl A. Anderson, der Präsident der Kolumbusritter, sitzt als Mitglied im Aufsichtsrat des Instituts für die Religiösen Werke (IOR), das im Mai 2012 durch den überraschenden Rausschmiss des italienischen, dem Opus Dei nahestehenden Bankexperten Ettore Gotti Tedeschi in die internationalen Schlagzeilen geraten war. Der zweite Mann nach dem Papst, Kardinalstaatssekretär Tarcisio Bertone, und die Kolumbusritter kommen gut miteinander aus. Die Kolumbusritter hatten zuvor Dank des am 11. Dezember 2011 verstorbenen Kurienkardinals John Patrick Foley lange Jahre einen privilegierten Zugang zu den oberen Rängen des Apostolischen Palasts und dankten dies durch großzügige Spenden und Sponsoring. Als langjähriger Präsident des Päpstlichen Medienrates (Päpstlicher Rat für die Sozialen Kommunikationsmittel) öffnete der Amerikaner seinen Landsleuten und englischsprachigen Autoren gerne Türen und versäumte es so manches Mal aufgrund seiner Gutgläubigkeit, zuvor eine genaue Kontrolle des Projekts des Bittstellers vorzunehmen. So gelangte der britische Autor, der mit dem Besteller *Im Namen Gottes* (1984) mit Hilfe einiger unhaltbarer Thesen über den Tod von Papst Johannes Paul I. internationale Bekanntheit erlangte, über die Schiene Foley problemlos in den Vatikan, um mit ansonsten nicht zu Interviews bereiten Persönlichkeiten wie dem Leibarzt von Papst Johannes Paul I., Renato Buzzonetti, über den mysteriösen Tod des 33-Tage-Papstes zu sprechen.

Für die Stadt Rom und den Vatikan sind die amerikanischen Kolumbusritter Wohltäter ersten Ranges: Sie halfen den Römern während der Besetzung der Ewigen Stadt durch die Nationalsozialisten durch Lebensmittellieferungen aus der Hungersnot. Sie bauten die ersten fünf für alle umsonst zugänglichen Sportplätze für die Jugend in Rom und durften diese auch während der Ära des Diktators Benito Mussolini offenhalten, als Sport nur an dem Faschismus geweihten Plätzen erlaubt war. Sie schenkten dem Heiligen Stuhl den Satelliten, der Direktübertragungen der großen Papstzeremonien in alle Welt erlaubte. Sie sponserten die neue Sendeanlage von Radio Vatikan am römischen Stadtrand in Santa Maria di Galeria. Sie spendeten Geld für die Restaurierung der Fassade des Petersdoms und stellten während des Pontifikats von Papst Pius XII. (1939–1958) Mittel für die Ausgrabungen unter dem Petersdom zur Verfügung, die zum heute noch unter Wissenschaftlern diskutierten Fund des Petrusgrabes führten.

Neunzig Jahre Freundschaft zwischen der Stadt Rom und dem amerikanischen katholischen Orden der Kolumbusritter: Das war für die Stadtverwaltung Rom mit ihrem Bürgermeister Gianni Alemanno ein Grund, gemeinsam mit dem Nachbarn jenseits des Tibers, dem Vatikan unter Papst Benedikt XVI., zu feiern: Vom 9. Juni bis 31. Oktober 2010 konnten Römer und Touristen eine kleine Ausstellung in den Kapitolinischen Museen besichtigen, die unter dem Motto der Kolumbusritter »Everybody welcome, everybody free« (»Jeder ist willkommen und jeder hat kostenlosen Zutritt«) organisiert wurde.[26] »Zu Petrus stehen, in geistlicher und materieller Weise«, lautet das Ziel der US-Gruppierung. Dies sei gerade in der heutigen, für die Kirche schwierigen Zeit nötiger denn je, betonte Kardinalstaatssekretär Bertone bei der Einweihung. Ein historisches Datum in ihrer Geschichte ist der 28. August 1920: Damals wurde eine Delegation von 235 Kolumbusrittern in Privataudienz von Papst Benedikt XV. empfangen. Der Papst ermutigte sie in ihrer Unterstützung für die Katholische Universität Amerika und dankte ihnen für ihre karitative Hilfe während der Kriegswirren. Als die Gäste fragten, ob sie denn auch etwas Gutes in Rom tun könnten, hatte der Papst die Idee, sie sollten Sportplätze für römischen Jugendliche bauen. Zu diesen Sportplätzen gehört auch der, auf dem der von Kardinal Bertone ins Leben gerufene Clericus Cup ausgetragen wird: Es handelt sich um ein großes, erhöht gelegenes Sportgelände einer Priesterausbildungsstätte im Schatten des Vatikans, des »Oratoriums Sankt Peter«.

Um dieses Sportgelände rankt sich folgender Skandal: Vielleicht sollte der amerikanische Monsignore Brian Wells, dem Papst Franziskus mit seiner Ernennung zum Sekretär des 007-IOR-Komitees sein Vertrauen geschenkt hat, eine Art von »Canossa-Gang« zu ihm unternehmen. Er sollte ihm den geplanten, aber nicht gelungenen Coup der amerikanischen Kolumbusritter zur Kenntnis bringen, bevor die Bombe anderweitig platzt.

Der skandalöse Vorgang: Nach seiner Entbindung als Direktor des Vatikanischen Gästehauses Santa Marta während des Konklaves 2005, das mit der Wahl von Joseph Ratzinger endete, wurde Monsignore Tolotto mit der Präsidentschaft des neben dem Vatikanhügel gelegenen »Oratoriums Sankt Peter« betraut. Msgr. Aldo Tolotto wurde nur kurze Zeit nach seiner neuen Berufung von Carl Anderson und Msgr. Brian Wells kontaktiert: Ihm wird ein Vertrag vorgelegt, den dieser am besten »umgehend« unterzeichnen soll. In diesem Vertrag wird die Auflösung des »Oratoriums Sankt Peter« sanktioniert, um an demselben Platz ein riesiges mehrstöckiges Geschäftszentrum nach dem Vorbild von anderen der Werbung bekannten Zentren entstehen zu lassen. Es handelt es sich um mehr als nur ein Milliarden-Projekt inmitten des römischen Stadtzentrums. Doch wie kamen die Kolumbusritter auf diese Idee? Mit Hilfe von Msgr. Wells und anderen Helfern hatten sie festgestellt, dass den Vatikanischen Behörden nach der Schenkung des exklusiven Territoriums für die Erziehung katholischer Jugendlicher an Papst Benedikt XV. zur Zeit, als der italienische Diktator Benito Mussolini Sport mit faschistischer Indoktrination entgegen katholischer Ausrichtung verband, ein schwerwiegendes Versäumnis unterlaufen war: Sie hatten vergessen, den exklusiven Hügel im Kataster der Stadt Rom als Vatikanisches Eigentum eintragen zu lassen. Nun machten die Kolumbusritter mit Msgr. Wells im Kielwasser mobil: Msgr. Aldo Tolotto sollte den Verzicht auf das Territorium unterzeichnen. »Das habe ich nicht getan«, sagt der Monsignore aus der italienischen Region Venetien im Gespräch mit der Autorin im Juli 2013. Kopien des Vertrags hat er – sollte ihm etwas passieren – bei einem Anwalt und anderen Freunden hinterlegt.

Ich kenne das Territorium direkt hinter dem Vatikanhügel aus der Zeit der Dreharbeiten für den ersten und bisher einzigen Kino-Film über Papst Benedikt XVI. mit dem heute fast kurios anmutenden Titel *Francesco und der*

Papst. Hauptdarsteller war ein Chorknabe aus den Reihen des Chors der »Sixtinischen Kapelle«. In dem Film ist zu sehen, wie der junge Sänger, der den Vatikan und dessen Zeremonien aus der Sicht eines heranwachsenden Kindes beschreibt, sowie seine Kameraden aus dem Chor und vielen anderen katholischen Erziehungseinrichtungen in Rom im »Oratorium« der »Petriana«, dem großherzigen Geschenk der Kolumbusritter an den Heiligen Vater in Kriegszeiten, Fußball spielen. Die Hoffnung von Msgr. Tolotto: »Eines Tages wird Papst Franziskus zu uns kommen und mit unseren Jungen Basketball und Fußball spielen. Dann haben die Kolumbusritter mit Msgr. Brian Wells ihr Ziel verfehlt, einen Meilenstein der katholischen Erziehung kaputt zu machen und einem möglichen Ort für Priesterberufungen das Wasser in der Hoffnung und Erwartung auf einen Superprofit abzugraben.«

Vatikanische Scharade mit Giulio Andreotti

Nach dem Tod des christdemokatischen Politikers Giulio Andreotti hoffen Vatikanexperten mit Hilfe von Enthüllungen aus dessen Nachlass Aufschluss über viele Geheimnisse zu erhalten. Die enge Verbindungen Andreottis zu sieben Päpsten und zu deren Mitarbeitern in den oberen Rängen des Apostolischen Palasts ermöglichten es dem Politiker auch, ein Konto auf der Vatikanbank IOR zu unterhalten. Das Konto war offiziell auf eine »Stiftung Spellman«[27] eingerichtet. Aus dem Namen lässt sich ersehen, dass die auf diesem Konto eingezahlten und ruhenden Gelder für Aktivitäten gegen den in Italien immer weiter vordrängenden Kommunismus eingesetzt wurden. Ein italienischer Kollege erinnert sich, dass Giulio Andreotti regelmäßig einmal im Jahr die Redaktion der in Neapel erscheinenden Tageszeitung *Il Mattino* besuchte, um der Chefredaktion zehn Millionen Lire in bar vorbei zu bringen. Damit revanchierte der gerissene Politiker sich für die Berichterstattung zugunsten der italienischen Christdemokraten. Der Kollege: »Ich war damals ein Volontär. Die Zeitung hatte Mühe, unsere Gehälter zu zahlen. Du kannst Dir nicht vorstellen, was für ein Fest es für uns war, wenn Andreotti auftauchte. Dann war die Welt für eine Weile wieder in Ordnung.«

Im Juni 2013 war nicht nur der Fall der Vatikanbürgerin Emanuela Orlandi neu ins Gespräch gekommen. Auch der heute noch ungeklärte spektakuläre Entführungs- und Mordfall des christdemokratischen Politikers Aldo Moro wurde von der römischen Staatsanwaltschaft mit der Einleitung einer Untersuchung wieder aufgerollt. Anlass war die Aussage des langjährigen italienischen Untersuchungsrichter Ferdinando Imposimato, der KGB habe in Komplizenschaft mit den ostdeutschen und den amerikanischen Geheimdiensten die Entführung des Politikers in Auftrag gegeben. 35 Jahre nach dem schicksalsschweren Tag, dem 16. März 1978, an dem Moro 55 Tage nach seiner Entführung ermordet aufgefunden wurde, dürfte wenig Neues bei der Untersuchung herauskommen, mutmaßt »Affari italiani«. Grundlage für die neu aufgenommenen Untersuchungen war ein neues Buch von Imposimato: »Die 55 Tage, die Italien verändert haben«. Der Tod eines im Fall Moro zu lebenslanger Haft verurteilten Mitglieds der Roten Brigaden, Prospero Gallinari, gilt ebenfalls als Beweggrund für die Wiederaufnahme eines Verfahrens im Fall Moro durch den Untersuchungsrichter Luca Palamara. Er soll bisher nicht verfolgte Pisten wie das Schweigen der verstorbenen italienischen Ministerpräsidenten Cossiga und Andreotti und aller anderen italienischen Politiker über die Rolle der amerikanischen und sowjetischen Geheimdienste in der Affäre Moro nach ihrer Glaubwürdigkeit abklopfen. Die Terroristen der Roten Brigaden seien aus Moskau und Ostberlin »ferngelenkt« worden, behauptet Imposimato. Am 31. Mai 2013 hatte der frühere Richter in seiner heutigen Funktion als Anwalt der Tochter von Aldo Moro in einem Interview mit »Affari italiani« namentlich bisher nicht genannte Zeugen aus den Reihen der Polizei und der Geheimdienste aus dieser Zeit aufgeführt. Imposimato ist der Überzeugung, dass die Höhle in der Via Montalcini, wo Moro gefangen gehalten wurde, den Ordnungskräften vom ersten Augenblick an bekannt gewesen sei, und dass »von oben« niemand auf eine Intervention gepocht habe. Vor zwei Jahren war ebenfalls auf Betreiben von Imposimato die These einer angeblich geplanten und im letzten Augenblick abgeblasenen Militäraktion zur Befreiung Moros von der Staatsanwaltschaft untersucht und dann zu den Akten gelegt worden. Der Anwalt der Tochter des ermordeten Politikers ist sich sicher, dass die Sowjetunion der eigentliche Drahtzieher für die Ermordung Moros gewesen sei. Ein gewisser

Oberst Sokolov habe von der Entführung gewusst. Er habe Moro bis zum Tag davor ausspioniert. Auf der anderen Seite habe die »Gruppe Bilderberg« im Hintergrund die Fäden gezogen. Der Untersuchungsrichter Emilio Alessandrini habe dies bereits 1967 in einem bedeutenden Dokument festgestellt. Alessandrini sei 1979 ermordet worden, nachdem er bei Nachforschungen über mögliche Auftraggeber für das Blutbad an der Piazza Fontana ebenfalls auf die »Gruppe Bilderberg« gestoßen war.[28]

Der Mord an Aldo Moro und die Vergeblichkeit seiner Appelle zur Freilassung des christdemokratischen Politikers bewogen Papst Paul VI. sogar, über einen Rücktritt nachzudenken. Er habe über diese Möglichkeit mit seinem Beichtvater, Pater Dezza SJ, gesprochen, erinnert Pater Bartolomeo Sorge SJ im Gespräch mit der Autorin. Jesuitenpater Paolo Dezza wurde später mit einer zeitweisen kommissarischen Leitung der Gesellschaft Jesu betraut. Grund waren die politischen Aktivitäten der Jesuiten im Kampf um die Befreiung der Armen vor allem in Lateinamerika im Kielwasser des Konzils. Diese waren nach Meinung des Papstes nicht mehr mit deren religiösen Sendung zu vereinbaren.

Im Fall der Entführung Moro hatte Papst Paul VI. einen jungen Geistlichen aus dem Vatikanischen Staatssekretariat mit einer möglichen Vermittlung beauftragt: Es handelte sich um den heutigen Apostolischen Nuntius in England und früheren Päpstlichen Vertreter in Moskau, Erzbischof Antonio Mennini. Mennini, Sohn eines der früheren Dirigenten der Vatikanbank, soll Zugang zu Moro während dessen Gefangenschaft gehabt haben. Er soll diesem die Beichte abgenommen und auch die Sterbesakramente gespendet haben, als der Politiker von Todesahnungen befallen wurde.

8. Das neue Medienverständnis des Vatikans

Die »fliegenden Pressekonferenzen« im Flugzeug des Papstes, die Johannes Paul II. zu Beginn seines Pontifikats auf dem Weg nach Mexiko 1979 erfunden hatte, sind legendär. Als wesentliches Mittel der direkten Kommunikation zwischen dem Hohen Stuhl und den Medienvertretern wurden sie während des Pontifikats von Benedikt XVI. fortgesetzt. So hatte beispielsweise im März 2009 der Direktor des Vatikanischen Pressesaals, Pater Federico Lombardi SJ, für die Pressekonferenz auf dem Flug von Rom nach Kamerun von dreißig Fragen sechs ausgewählt, die die Journalisten dem Papst stellen durften. Die vierte Frage wurde von der Autorin dieses Buches gestellt: Sie lautete: »Wenn Sie sich an Europa wenden, sprechen Sie oft von einem Horizont, an dem Gott zu verschwinden scheint. In Afrika ist dies nicht so, aber es gibt die aggressive Präsenz der Sekten, es gibt die traditionellen afrikanischen Religionen. Was ist die spezifische Botschaft der katholischen Kirche, die Sie in diesem Kontext anbieten wollen?« Darauf antwortete der Heilige Vater, es sei interessant, dass es auf dem Kontinent eigentlich keinen Atheismus gebe, »denn ein Leben ohne Gott können sich die Menschen nicht vorstellen«. Vor diesem Hintergrund sehe er gute Chancen für das Gespräch der Religionen untereinander, aber auch für die Ausbreitung des Christentums. Zu den Naturreligionen gebe es ja eine große inhaltliche Nähe. So sei der Ahnenkult der traditionellen Religionen durchaus der christlichen Tradition der Verehrung von Seligen und Heiligen ähnlich. Dies war das letzte Mal, dass die Journalisten auf einem Flug sich direkt an den Papst wenden konnten und dieser unmittelbar darauf antwortete. Bei den folgenden Reisen Benedikts XVI. stellte Pater Lombardi selbst die eingereichten Fragen, während die Journalisten auf ihren Plätzen verharrten.

Treuer Weggefährte Pater Federico Lombardi SJ

Pater Federico Lombardi SJ (Jahrgang 1942), gebürtiger Piemontese, ist Mathematiker. Er bedauert, dass er keine Zeit zur Verfügung hat, um Einladungen zu Mathematiker-Kongressen anzunehmen. In seiner nächsten Verwandtschaft kann Pater Lombardi einen im Italien der Nachkriegszeit als begnadeten Prediger bekannten Onkel vorweisen, der als »Sprachrohr Gottes« in die italienische Kirchen-Geschichte eingegangen ist. Der wegen seines bescheidenen Auftretens bekannte Jesuit hat sich während der Vorbereitungen zum Konklave 2013 viele Bewunderer unter den Pressevertretern aus aller Welt geschaffen. Mit Humor und Nonchalance balancierte er geschickt über alle Hürden hinweg. Jesuitischer Pragmatismus, Geduld und eine gute Kenntnis der römischen Kurie – mit der seiner Ansicht nach in kluger Weise umgegangen werden muss – sowie absolute Korrektheit zeichnen Pater Lombardi aus. In den oberen Rängen des Staatssekretariats wurde sein Rat während des Pontifikats von Papst Benedikt XVI. nur selten eingeholt. Seine schönsten Augenblicke als Vatikansprecher seien gewesen, wenn er den Papst aus Bayern vor Antreten einer Auslandsreise besuchte, um mit ihm über die »fliegenden Pressekonferenzen« zu sprechen, sagt Pater Lombardi. Den emeritierten Papst definiert er gerne als »Papst des Gedankens«.

Der Pressesaal im Wandel der Zeit

Gegründet wurde der Pressesaal in der Via della Conciliazione unweit des Petersplatzes anlässlich der Einberufung des Vatikanischen Konzils (1962–1965) durch Papst Johannes XXIII. Pressearbeit war zu dieser Zeit eine Unbekannte in der katholischen Kirche, die mit Argusaugen betrachtet wurde. Unter Papst Johannes Paul II. verstanden sich die meisten Journalisten noch

176

als »Mitwirkende« des Zweiten Vatikanischen Konzils. Zum Großteil handelte es sich um Vatikankorrespondenten mit hohem Bildungsniveau, welche Theologie, Philosophie oder Geschichte studiert hatten. Zu ihnen gehörten auch einige von ihrem Amt suspendierte Priester, wie der bekannte, inzwischen verstorbene italienische Vatikankorrespondent Domenico del Rio. Die Geschichte der Päpste war ihre Leidenschaft. Der langjährige Dekan der Vatikanjournalisten, der für die französische Nachrichtenagentur *Agence France Press* (AFP) tätige Max Bergerre, konnte noch das Telefon abheben, um problemlos mit Papst Paul VI. direkt verbunden zu werden. Der ebenfalls verstorbene Orazio Petrosillo, langjähriger Korrespondent der römischen Tageszeitung *Il Messaggero*, hatte während seiner Ausbildung am französischen Priesterseminar Freundschaft mit einem späteren Mitarbeiter im Vatikanischen Staatssekretariat geschlossen. Daher wusste er oft über anstehende Ernennungen im Vatikan zu berichten, noch bevor diese offiziell verkündet wurden. Was Vatikanjournalisten an internen Informationen von ihnen persönlich bekannten Prälaten, Bischöfen oder Kardinälen erfuhren, wussten sie zu unterscheiden: »off the records«, d. h. nicht für die Öffentlichkeit bestimmte Informationen wurden nicht publiziert. Man hielt sich an Absprachen, dies entsprach dem damaligen Ehrenkodex der Vatikanjournalisten.

Inzwischen haben sich im Vatikanischen Pressesaal die Zeiten geändert: Die am Pressesaal des Heiligen Stuhls akkreditierten Journalisten sind nicht mehr die »Weg- und Reisegefährten« eines Papstes, wie es unter dem »Reise-Papst« Karol Wojtyla der Fall war. Wenn einer der Mitglieder aus dem engsten Umkreis des Papstes früher im Papstflugzeug den Kopf hinaus in die zweite Klasse streckte, um einen Blick auf die begleitende Journalisten- und Fotografenhorde zu werfen, dann gab es ein fröhliches Zuwinken und so manches wohlwollende Zuzwinkern. Man kannte einander. Man vertraute einander. Als der bekannte Vatikanjournalist Domenico del Rio einmal am Flughafen in Neu-Dehli kurz nach der Ermordung von Indira Ghandi Kardinalstaatssekretär Agostino Casaroli beim Einsteigen in eine Limousine fragte: »Aber Eminenz, ist diese Indienreise von Papst Johannes Paul II. nicht wegen der Sikhs für das Leben des Papstes gefährlich?«, antwortete Kardinal Casaroli sybillinisch mit einem italienischen Sprichwort: »Tanto il gatto va al lardo finche ci lascia lo zampino« (»Die Katze geht so lange zur Mausefalle, bis sie sich dort das Pfötchen einklemmt«). Die etwas unglückliche Antwort Casarolis blieb unter uns. Würde dies heute von einem Mann im hohen Amt Casarolis geäußert, hätte die italienische Presse am folgenden Tag getitelt: »Kardinal sieht Attentat auf den Papst voraus«.

Heute ist alles anders. Einmal ganz davon abgesehen, dass inzwischen das prozentuale Verhältnis der Frauen unter den Vatikanjournalisten im Verhältnis zu den den männlichen Kollegen 60 : 40 beträgt. Heute sind viele Journalisten sogar stolz darauf, »corvi« – Raben oder diebische Elstern – zu sein, die auf Beute aus sind. Auch untereinander belauern und belauschen sie sich und bestehlen einander mit angeblichen und echten »Scoops«. Kollegialität untereinander ist ein Fremdwort geworden. Und wie Fremde sitzen sie einander oft im Papstflugzeug gegenüber.

Greg Burke – der neue Medienberater des Kardinalstaatssekretärs

Er besitzt seit dem 2. Juli 2012 einen Schreibtisch in den hohen Rängen des Vatikanischen Staatssekretariats: der amerikanische Vatikan-Journalist Gregory Joseph Burke. Zweimal hat er abgelehnt, als ihm der Vatikanische »Innenminister« Angelo Becciu einen eigens für ihn geschaffenen Job anbot: nämlich als Medienberater nach amerikanischem Vorbild für das Vatikanische Staatssekretariat tätig zu werden. Dann überwog jedoch seine Kirchentreue und sein Pflichtbewusstsein als ein der katholischen Prälatur Opus Dei angehörender »Numerarier« und er nahm die Herausforderung an. Auch der langjährige Vatikansprecher, der Spanier Joaquin Navarro-Valls, gehört als »Numerarier« dem Opus Dei an. Die Vatikanjournalisten spekulierten nach der Ernennung sofort, Burke werde, wenn der nächste Papst der katholischen Prälatur, die sich immer enger um Papst Benedikt XVI. scharte, angehören sollte, Direktor des Vatikanischen Pressesaals.

Die englischen und amerikanischen Journalisten in Rom sind glücklich, einen der Ihren als Ansprechpartner für die Vatikan-Berichterstattung zu haben. Als der neue Präfekt des Päpstlichen Hauses und zum Erzbischof erhobene Msgr. Dr. Gänswein auf der Titelseite der italienischen Ausgabe der amerikanischen Zeitschrift *Vanity Fair* vom 23. Januar 2013 erschien, bestätigte Burke gegenüber dem Korrespondenten der englischen Boulevard-Zeitung *The Sun*, Nick Squires, dass Erzbischof Gänswein nicht um sein Plazet zu der Geschichte, die im Innenteil sechs Seiten einnimmt, gefragt worden sei. Im Vatikan sei man jedoch »schon froh, wenn auf der Titelseite einmal keine Pornographie gezeigt werde«. »Schön sein ist keine Sünde«, heißt die Schlagzeile auf der Titelseite. Vom »George Clooney« von Sankt Peter zur »Nummer zwei« im Vatikan. Und natürlich darf dann auch im Artikel selbst Gänsweins Hinweis, er erhalte Liebesbriefe, nicht fehlen. Ein Foto des dem Opus Dei sehr nahestehenden neuen Präfekts des Päpstlichen Hauses wird anspielungsreich mit einem anderen Foto kontrastiert, das den heute knapp achtzigjährigen Schauspieler Richard Chamberlain in jungen Jahren in dem Fernsehmehrteiler »Die Dornenvögel« (1983) nach dem Roman von Colleen McCullough mit Rachel Ward zeigt. Die beiden Schauspieler stellten den Priester Ralph de Bricassart und Maggie Cleary dar, die sich ineinander verliebt hatten. Besonders pikant ist, dass es sich beim Autor des Artikels für die italienische Ausgabe von *Vanity Fair* um den Vatikan-Journalisten Andrea Tornielli handelt, der gemeinsam mit seinem Vatikan-Kollegen der linksliberalen Turiner Tageszeitung *La Stampa* als Zuträger zwischen dem untreuen Kammerdiener Paolo Gabriele und dem Mailänder Enthüllungsjournalisten Gianluigi Nuzzi identifiziert worden war.

Im »Jahr des Schreckens« (»Annus horribilis« 2012) hat sich Greg Burke jedenfalls schon die ersten Sporen verdienen müssen. 25 Jahre Erfahrung als Rom-Korrespondent und Vatikan-Berichterstatter für den US-Sender »Fox News«, für die renommierte Zeitschrift *Time* und auch andere weniger bekannte katholische US-Medien kann der Journalist in seiner Beraterfunktion innerhalb des Vatikanischen Staatssekretariats einbringen. In den vergangenen zehn Jahren hatte er für »Fox« als Berichterstatter Europa und auch den Nahen Osten abgedeckt. Ziel der Schaffung des außerordentlichen Postens ist es, nach dem »Vatileaks«-Skandal und den vielfältigen »Aufräumarbeiten« bezüglich der Verfehlungen von römisch-katholischen Geistlichen die Glaubwürdigkeit der katholischen Kirche wiederherzustellen. Ebenso soll der Umgang zwischen Kirche und Medien wieder auf eine annehmbare

Ebene gebracht werden. Dieses Anliegen verbindet »Greg« – wie ihn die altgedienten Vatikan-Journalisten nennen – mit dem Direktor des Vatikanischen Pressesaals, Pater Federico Lombardi SJ. Ein gutes Auskommen zwischen dem gelernten Mathematiker aus der Gesellschaft Jesu und dem sportlichen Vertreter des Opus Dei ist für das Gelingen der vatikanischen Medienarbeit der Zukunft unbedingt notwendig. Beide verfügen über die erforderlichen Eigenschaften für ihre Aufgabe im Umgang mit der Kurie und den Journalisten: Fachwissen, innere Gelassenheit und – Humor. »Er ist ein Fachjournalist, der versteht, wie Theologen denken, und der ihren Glauben teilt«, sagt der US-Geistliche John Wauck, Professor an der Päpstlichen Universität vom Heiligen Kreuz in Rom und ein Freund Burkes. Er hebt hervor: »Außerdem wird er von seinen Kollegen in Rom auch menschlich sehr geschätzt und respektiert.«

Seine erste »Feuerprobe« hat der Amerikaner schon bestanden. Er durfte am 26. Juli 2012 als einziger Laie an der hochkarätigen Sitzung in der Päpstlichen Sommerresidenz Castel Gandolfo teilnehmen, bei der die drei verdienten Kardinäle Julian Herranz, Jozef Tomko und Salvatore de Giorgi dem Papst die Ergebnisse ihrer Befragungen in der »Vatileaks-Affäre« unter rund dreißig hochstehenden geistlichen Persönlichkeiten vorlegten. Der Auftritt der zuständigen Vatikanischen Justiz- und Ermittlungsinstanzen vor Papst Benedikt XVI., der sich über den Erkenntnisstand hinsichtlich der Hintergründe im Fall des untreuen Kammerdieners informieren ließ, war auffällig inszeniert worden. Die Vatikanische Tageszeitung *Osservatore Romano* titelte mit einem Audienzfoto, das neben dem Papst die drei »Kardinal-Kommissare« zeigte. Auf einem gegenüberliegenden Sofa hatten Richter dalla Torre, der Vatikanische Staatsanwalt Nicola Picardi und Gendarmerie-Chef Domenico Giani Platz genommen. Daneben sitzen auf Stühlen der Vatikanische »Innenminister« Angelo Becciu, der Päpstliche Privatsekretär Dr. Georg Gänswein und der neue Medienberater im Vatikanischen Staatssekretariat, Greg Burke.

Seine Berufung war eine Art von »Krimi« gewesen, berichtete Greg Burke 2012 gegenüber der katholischen italienischen Familienzeitschrift *Famiglia Cristiana* (Christliche Familie): Während eines Aufenthalts im heimatlichen St. Louis/Missouri im vergangenen April hatte er sein italienisches Handy ausgeschaltet. Nachdem er gemeinsam mit seinen fünf Geschwistern den 90. Geburtstag seines Vaters gefeiert hatte, kehrte er in die Arbeitswelt zurück und fand mehrere dringliche Rufe aus dem Vatikan auf seinem Display vor. Es handelte sich um das überraschende Angebot, als Informations- und Kommunikationsstratege im Hintergrund zur Verbesserung der Beziehungen des Heiligen Stuhls zu den Medien zu fungieren. »Der Vatikan bedarf aller PR-Beratung, die er nur bekommen kann«, sagte Thomas Reese vom Woodstock Theological Center an der Georgetown University im Gespräch mit amerikanischen Journalisten zu der Berufung eines Medienstrategen nach dem Vorbild des Experten im Weißen Haus von US-Präsident Obama. »Noch wichtiger ist, dass man im Vatikan dann auch auf den PR-Rat hört.« Für eine Verbesserung der Berichterstattung über Kirche und Vatikan ist aber auch eine gute Beratung hochstehender kirchlicher Persönlichkeiten im Umgang mit der Presse geboten. Viele Bürochefs der einzelnen Päpstlichen Räte und Vatikanischen Kongregationen nehmen, wenn sie von Vatikan-Journalisten angerufen werden, zu Themen Stellung, die gar nicht in ihre Kompetenz fallen. Diese Äußerungen erscheinen dann in der Öffentlichkeit nicht als persönliche Meinung, sondern als offizielle Stellungnahme der Kirche und des Heiligen Stuhls.

Für seinen Lieblingssport Golf und zum Tennisspielen wird Burke wohl künftig wenig Zeit haben. Doch zum Joggen steht ihm dafür einer der schönsten Orte in der Ewigen Stadt zur Verfügung: die Vatikanischen Gärten. Seine Liebe zu Italien und vor allem zu seiner Wahlheimat Rom hat Greg Burke nie losgelassen. Mit der Amerikanischen Bischofskonferenz unterhält der neue Vatikanische Medienstratege beste Beziehungen. Die Nützlichkeit der englischen Sprache zur Kommunikation im Web gilt auch für die Kirche, meinten die US-Bischöfe. Sie waren es, die im Vatikanischen Staatssekretariat die Einrichtung von Burkes Posten vorgeschlagen haben und einen Teil seines Gehalts zahlen. Pater Federico Lombardi SJ bekommt nun erstmals Unterstützung oder Konkurrenz – je nach Sichtweise einiger Vatikankorrespondenten, die sich mit dem klugen Jesuiten schwer tun. Während der Chef des unterbesetzten Vatikanischen Pressebüros oft genug die Kohlen aus dem Feuer holen musste, wurde für Burke an zentraler Stelle ein Vertrauensposten auf höchster Ebene geschaffen. Und zwar dort, wo die Männer der Kurie entscheiden, welche Informationen wie an die Öffentlichkeit gelangen. »Ich sehe die Kommunikation des Heiligen Stuhls wie ein großes Schiff, das langsam segelt«, sagte Greg Burke in einem seiner ersten Interviews. Er vergleicht sein Amt mit dem des Kommunikationsdirektors im Weißen Haus. Entscheidungsgewalt wird er keine haben. Aber er soll den jeweiligen Kardinalstaatssekretär, den Zweiten Mann im Vatikan, darin beraten, wie man mit Informationen umgeht, ob man sie lieber diplomatisch geheim hält oder günstig platziert.

Muss ein Papst unbedingt »zwitschern«?

Stichtag 2. Juli 2013. Im *Päpstlichen Medienrat* herrscht Freude: Die Erfindung »Papst auf Twitter«, die schon im Pontifikat von Benedikt XVI. am 12. Dezember 2012 eingeführt wurde, kann immer mehr Erfolg auch im arabischen Sprachraum verbuchen. Papst Franziskus führt seine Katechesen im *Social Network* fort, und immer mehr Menschen wollen seine Worte kennen. »Man kann als Christ nicht außerhalb des Felsens leben, der Christus ist«, hatte der Papst am 2. Juli 2013 geschrieben und in neun Sprachen über den elektronischen Postaccount *@pontifex* verbreitet. Papst Franziskus hat heute über sieben Millionen und 200 000 Followers auf dem Kurznachrichtendienst Twitter, meldet die italienische Nachrichtenagentur AGI.[29] Papst Benedikt habe vor allem in der Zeit nach seinem Rücktritt in der Regel zwei Millionen Followers gehabt, erinnert sich Nick Squires, Rom-Korrespondent von *The Daily Telegraph*. Papst Franziskus habe mit seinen kurzen Redewendungen und eindringlichen »Tweets« also die Anzahl der Followers in den fast vier Monaten seines Pontifikats »unglaublich in die Höhe schnellen lassen«. Wenngleich diese Zahlen nichts darüber aussagen, wer mit welcher Intention die Tweets abgerufen hat, wie viele Journalisten allein für ihr tägliches Handwerk die neun @pontifex-Konten anklicken, ob die 7 211 000 Followers auch tatsächlich allesamt gläubige Anhänger sind, so ist dennoch ein eindeutiger Erfolg der Medienarbeit des Vatikans zu konstatieren. Der Sprachstil von Papst Franziskus kommt dabei dem Forum Social Media bestens entgegen: »Er beschränkt sich auf das Wesentliche, ist unmittelbar und verwendet viele

Metaphern, die bei den Menschen ankommen. Für Twitter ist das ideal«, erklärte Paul Tighe, Sekretär des Rates für die sozialen Kommunikationsmittel, im Interview mit der katholischen Nachrichtenagentur SIR (kap/sir 17.5.2013 mg). Seine Predigten und Ansprachen untergliederten sich meist in drei Punkte, »so als ob er sagen würde: Ich hinterlasse euch drei Wörter, drei Ratschläge, drei Gedankenimpulse.« Dies erkläre laut Tighe auch den überraschenden Erfolg der lateinischen Sprachversion mit 119 000 Followers: »Latein eignet sich hervorragend für die Worte des Papstes und hilft, präzise und nüchtern nachzudenken.«

Der auch in der anglikanischen Kirche verehrte hl. Franz von Sales (1567–1622) hätte sich über den Erfolg von Papst Franziskus bei der Anwendung der Möglichkeiten des Netzes – Social Networks – sicher gefreut. Franz von Sales ist der Schutzpatron der katholischen Berichterstatter und Autoren. Als Bischof von Genf war er zu seiner Zeit, während des Kampfes des Katholizismus gegen den sich immer weiter ausbreitenden Calvinismus, auf seine Art ein Vorreiter der außerordentlichen Kommunikation gewesen: So schrieb er »Parolen« gegen die Calvinisten auf Zettel und ließ sie in den Kirchen von der Kanzel regnen. Ob der medienwirksame Papst Franziskus bei seiner Entscheidung, den Namen des hl. Franz von Assisi anzunehmen, wohl den hl. Franz von Sales im Hinterkopf gehabt hat? Schließlich wird der mutige Priester aus Frankreich heute auch als einer der Schutzpatrone der Taubstummen verehrt, und damit derer, die zu einem Leben an der Peripherie der zwischenmenschlichen Kommunikation verurteilt sind. Er stammte, wie die Großeltern von Papst Franziskus, aus der heute italienischen, an Frankreich angrenzenden Region Piemont, allerdings aus einer reichen Adelsfamilie in Savoyen, die ihn zum Jurastudium nach Padua entsandt hatte. Dort traf er nach seiner Promotion die Entscheidung, Priester zu werden.

So ist der größte Festtag für die am Heiligen Stuhl akkreditierten katholischen Journalisten der Festtag des hl. Franz von Sales. Alljährlich an seinem Namenstag wird nach einem gemeinsamen Gottesdienst mit den Medienschaffenden im Vatikanischen Pressesaal die jeweilige Botschaft zum Welttag der sozialen Kommunikationsmittel vorgestellt. Bei der Präsentation der Botschaft für 2013, am 23. Januar 2013 – einen Tag vor dem eigentlichen Festtag des französischen Kirchenlehrers –, hatte ich Erzbischof Claudio

Celli, dem Präsidenten des Päpstlichen Medienrates, die Frage gestellt, ob man sich eigentlich darüber klar gewesen sei, dass das Twittern auch die Möglichkeit einräume, den Papst zu beschimpfen. Daraufhin hatte dieser gestanden, in den ersten Tagen von Papst Benedikt seien auf Twitter tatsächlich beim Päpstlichen Medienrat eine Vielzahl unglaublicher Verunglimpfungen in allen Sprachen eingelaufen. Dabei hätten sich viele Tweets einer derart vulgären Ausdrucksweise bedient, dass dem aus Irland gebürtigen Sekretär im Medienrat, Bischof Paul Tighe, die Haare zu Berge gestanden hätten. Diese Welle sei aber schnell wieder abgeschwappt. Der jetzige Erfolg des twitternden Papstes Franziskus spricht in der Tat für sich.

Der Aufgabe, das Wort des Papstes unverfälscht und direkt zu vermitteln, soll auch folgende Neuerung dienen: Am 27. Juni 2013 hatte Erzbischof Celli vor Journalisten angekündigt, das Vatikanische Nachrichtenportal »News. va« sei ab dem 28. Juni auch in einer iPad-Version verfügbar. Damit können die Nachrichten künftig wie eine Zeitung gelesen und umgeblättert werden. Nach Cellis Angaben verzeichnet News.va täglich 70.000 Klicks. Beim Facebook-Profil von News.va würden wöchentlich zwei Millionen Besuche registriert.

Eine weitere Neuerung beim Päpstlichen Medienrat betrifft die Filmarbeit. Seit dem 2. Juli 2013 können Filmemacher auf der Webadresse *http:// www.mediaprojects.va* erfahren, was zu Dreharbeiten auf Vatikanischem Territorium an Unterlagen benötigt wird. Das teilte der aus Spanien gebürtige und dem Opus Dei nahestehende José-Miguel Chavarría Múgica der Autorin mit. Die Frage ist, ob unter Papst Franziskus nicht bei der Führungsspitze des Päpstlichen Rates eine Änderung der Verfassung entschieden werden kann zugunsten der Zulassung von Dreharbeiten mit Schauspielern auf Vatikanischem Territorium. Dies ist in der bestehenden Konstitution nicht erlaubt, was Pater Lombardi nachdrücklich unterstützt. Er ist ein großer Befürworter von Dokumentarfilmen. Im Gespräch mit mir äußerte er einmal 2006 nach seiner Berufung zum Direktor des Vatikanischen Pressesaals und in seiner Funktion als Direktor des Vatikanischen Fernsehens CTV die Meinung, Fiction oder Movies verfälschten nur allzu oft die historische Wahrheit. Deshalb ziehe er Dokumentarfilme mit Zeitzeugen, wenn diese noch zur Verfügung stünden, Fernsehfilmen mit Schauspielern vor. Den-

noch: Mit Dario Edoardo Viganò (Jahrgang 1962) steht nicht nur ein Geistlicher, sondern auch ein promovierter Kommunikationswissenschaftler als
Direktor dem CTV vor. So könnten sich hier neue Perspektiven ergeben,
gerade in Hinblick auf die Aufgabe, wie man beispielsweise der Jugend Su-
jets vermitteln kann, die nicht nur kirchengeschichtlich bedeutend sind,
sondern auch zur Allgemeinbildung gehören.

9. Sicherheitsfragen: Von Schweizer Garde, Gendarmerie und Geheimdiensten

Die Schweizer Garde

Die Päpste hatten für sie immer ein freundliches Wort, denn sie kennen ihren schweren Dienst. Papst Johannes Paul I. soll in den kaum 33 Tagen seines Pontifikats sogar lange Gespräche mit dem wachhabenden Schweizer Gardisten vor dem päpstlichen Appartement geführt haben, weil er sich im Vatikan so einsam fühlte. Das Leben der 1506 von Papst Julius II. gegründeten Schutztruppe des Papstes ist hart. Doch dafür haben die Schweizer Gardisten eine Arbeit, von der andere nur träumen können. Dem Papst zu dienen und Staatsoberhäupter aus aller Welt und gekrönte Häupter einmal ganz aus der Nähe zu sehen – das ist ihr Privileg. Nur noch einmal im Jahr werden die in der Rüstkammer der Schweizer Garde aufbewahrten, aus dem 16. Jahrhundert stammenden rund siebzig Brustpanzer angelegt: und zwar am 6. Mai, wenn die neuen Schweizergardisten alljährlich im vatikanischen Damasus-Hof den Eid auf die Gardefahnen leisten. Dieser Tag erinnert an den »Sacco di Roma«, an den Überfall der kaiserlichen Soldateska auf Rom und den Vatikan im Mai 1527. Der Überlieferung zufolge fielen damals 147 Schweizer Gardisten, während 42 Überlebende Papst Clemens VII. in den ummauerten Fluchtweg der Päpste zwischen dem Vatikan und der Engelsburg geleiten und in Sicherheit bringen konnten.

Die Schweizer Garde ist heute rund hundert Mann stark. Auch in der Vergangenheit bestand sie nie aus mehr als 200 Mann. 34. Kommandant der

Päpstlichen Schweizer Garde ist der am 10. Juli 1972 in Walenstadt/Kanton Sankt Gallen geborene Oberst Daniel Rudolf Anrig. Er war bereits zwischen 1992 und 1994 als Hellebardier Mitglied der Schutztruppe des Papstes. Der mit einer Italienerin verheiratete Garde-Oberst hat Zivil- und Kirchenrecht an der Universität Fribourg (Freiburg/Schweiz) studiert. Von 2002 bis 2004 war er Chef der Kriminalpolizei im deutsch-schweizerischen Kanton Glarus und danach seit 2006 Generalkommandant des Polizei-Corps von Glarus. Seinen feierlichen Eid als Garde-Kommandant hatte Anrig am 6. Mai 2010 abgelegt. Für die Ernennung eines Gardekommandanten ist das vatikanische Staatssekretariat zuständig. Kardinal Tarcisio Bertone hat den heutigen Kommandanten der Schweizer Garde, Daniel Anrig, aus den möglichen Anwärtern für das Amt eines Kommandanten der Schweizer Garde ausgesucht. Er versteht sich mit seinem Kollegen, dem Kommandanten der Vatikanischen Gendarmerie, Domenico Giani, gut. Damit sind Widerstände, Eifersüchteleien und Missgunst zwischen den beiden Sicherheitsgruppen des Papstes – wenigstens vorerst – ausgeräumt.

Beim Joggen um sechs Uhr früh in den Vatikanischen Gärten treffen die jungen Schweizer Gardisten nicht selten hochgestellte amerikanische Würdenträger beim selben Sport an. Sportliche Ertüchtigung steht bei den jungen Gardisten außerhalb ihres anstrengenden Dienstes auf dem Programm ganz oben. Fußball wird auf dem Sportplatz des päpstlichen Nordamerikanischen Kollegs auf dem nahen Gianicolo-Hügel gespielt. Schwimmen können die Gardisten nach ihrem anstrengenden Dienst in dem Schwimmbad, das zum Ordenszentrale des Verbitenordens, zwanzig Minuten vom Vatikan entfernt, gehört. Auch im Schießen und in Karate werden die von den Touristen meist nur als folkloristische Attraktion angesehenen Schweizer Gardisten ausgebildet. Bei ihrer Vereidigung müssen die Gardisten schwören, den Papst bis hin zum eigenen Blutvergießen zu verteidigen. Wie viel Unkenntnis über die Schweizer Garde herrscht, weiß der amerikanische Regisseur Mario Biasetti, der einen Film über die Schweizer Garde drehen durfte. Einmal habe ein aus den USA stammender Journalist bei ihm angefragt, ob er nicht einen amerikanischen Angehörigen der Schweizer Garde interviewen könnte. Als er hörte, es gebe dort nur Schweizer, die Deutsch, Französisch und Italienisch, aber kein

Englisch als Muttersprache sprechen, habe er empört ausgerufen: »Das ist eine Diskriminierung.«

Pro Jahr werden 30 bis 35 neue Gardisten vereidigt. Für eine Aufnahme in die Schutztruppe des Papstes gibt es strikte Kriterien: Die Bewerber müssen Schweizer Staatsbürger sein, ledig, katholisch und mindestens 1,74 Meter groß sein. Sie müssen sich für mindestens zwei Jahre Dienst verpflichten und bereits eine militärische Ausbildung in ihrer Heimat absolviert haben. Neben rund 70 Hellebardieren gibt es vier Offiziere und 25 Unteroffiziere, die oft jahrzehntelang Dienst im Vatikan leisten. Dazu kommt der Gardekaplan, der im Offiziersrang steht. Papst Paul VI. hatte 1970 das Tragen von Brustpanzern durch die Schweizer Garde abgeschafft. In einem Schreiben an den französischen Kardinalstaatssekretär Jean Villot vom September 1970 begründete der Papst die Aufhebung aller militärischen Corps außer der Schweizer Garde damit, dass die religiöse Mission des Papstes auch im äußerlichen Bild des Vatikans in Erscheinung treten sollte. Das traf damals die 1801 gegründete Nobelgarde ebenso wie die 1850 entstandene Palatin-Ehrengarde. Aus der päpstlichen Gendarmerie wurde die »Vigilanza« oder besser gesagt das heutige päpstliche Gendarmeriekorps. Gemeinsam mit den Offizieren der Schweizer Garde ist die ausschließlich aus Italienern bestehende Gendarmerie unter Oberst Domenico Giani auch für die persönliche Sicherheit des Papstes während seiner In- und Auslandsreisen zuständig. Sie kontrolliert an mehreren Wachposten innerhalb des Vatikans gemeinsam mit den Schweizer Gardisten, wer hier ein- und ausgeht.

Kaum ein Tourist ahnt, wieviel Arbeit dahintersteckt, damit sich die Soldaten der kleinsten, friedlichsten und wahrscheinlich auch traditionsreichsten Armee der Welt immer »tipptopp« in der Öffentlichkeit präsentieren können. Da gibt es zahllose kleine Geheimnisse im Umgang mit den spätmittelalterlichen Kriegstrachten: So färben die in Florenz hergestellten Straußenfedern auf den Gardistenhelmen ab, wenn es regnet. Und ist die mit viel Liebe von Klausurschwestern in Rom hergestellte weiße Halskrause der Gardisten-Uniform einmal rot betropft, kann sie nicht mehr verwendet werden. Deswegen muss der dienstobere Offizier, wenn bei feierlichen Anlässen wie dem päpstlichen Segen »Urbi et Orbi« (Für die Stadt und den Erdkreis) der weiße Helm mit einem roten Busch getragen werden soll, erst einmal nach einem besorgten Blick gen Himmel entscheiden: Regnet es oder regnet es nicht? Sieht es nach Regen aus, bleiben die Straußenfedern zu Hause. Der Helm kann dem Schweizer Gardisten während seines Dienstes ebenfalls einige Probleme bereiten. Ist er nicht gut angepasst, kann er schon nach zehn Minuten übel drücken. Dabei ist nicht das Gewicht das Problem, sondern der Sitz des Eisen- oder Aluminiumhelms. Bei der perfekt maßgeschneiderten Uniform der Schweizer Gardisten gibt es eine Raffinesse, die nur ein perfekter Schneider zustande bringt. Die gelbblauen Streifen an den Ärmeln und an den Hosen sind nicht, wie es auf den ersten Blick scheint, in den Stoff eingewirkt. Sie fallen lose über das durchgehend rote Untergewand der Schweizer Gardisten, so dass es einen Pludereffekt gibt. Auf den Leib geschneidert werden die Uniformen den Gardisten von einer im Schweizer Gardequartier untergebrachten eigenen Schneiderei. Diese hat alle Hände voll zu tun, wenn im Juni der »Uniform-Wechsel« von Winter auf Sommer und im Oktober der Wechsel von Sommer auf Winter stattfindet. Der Stil der heutigen Uniformen geht auf die Zeit des Ersten Weltkriegs zurück und änderte sich im Lauf der Zeit nach den Trends der zivilen Mode und nach militärischen Vorbildern. Falsch ist die immer wieder erzählte Anekdote, die Uniform der Gardisten sei von dem italienischen Renaissancekünstler Michelangelo entworfen worden.

In der Rüstkammer der Schweizer Garde, die dem Publikum nicht zugänglich ist, werden die historischen Schwerter wie auch die heute noch benutzten Schwerter und Hellebarden der Garde aufbewahrt. Ein Kuriosum stellen die mächtigen »Zweihänder« dar, die bei feierlichen Anlässen mitgeführt werden und nach der Gardeüberlieferung aus der legendären Burgunderbeute stammen sollen. Die Vatikansoldaten müssen aufpassen, dass sie mit den mächtigen Schwertern nicht an einer der zahlreichen Treppen innerhalb des Vatikans stolpern. Die im Wach- und Ehrendienst benutzten Hellebarden sind 2,50 Meter hoch. Wenn ein Gardist über die übliche Amtszeit von zwei Jahren hinaus dem Vatikan treu bleibt und erst nach fünfjähriger Amtszeit den Dienst quittiert, darf er seine Uniform zur Erinnerung mitnehmen. Doch das Schwert, die Gürtelschnalle mit den Initialen GSP (Guardia Svizzera Pontificia) und der Helm müssen in der Waffenkammer der Schweizer Garde zurückgelassen werden. Zur Erinnerung können die Gardisten sich allerdings von einem geschickten Kunstschmied eine Kopie herstellen lassen.

Die besondere Schutztruppe des Papstes gehört neben ihrem Dienstherrn und den berühmten Monumenten Roms zu den am meisten fotografierten Attraktionen der Ewigen Stadt. Ein Foto mit der diensthabenden Wache am Vatikanischen Glockentor auf dem Petersplatz oder am Eingang zur Vatikanischen Audienzhalle ist absolutes Muss, vor allem für die japanischen Touristen. Nach dem Fototermin muss der Schweizer Gardist dann auch gleich noch als Helfer in der Not dienen: Er weist den deutschsprachigen Touristen den Weg zum deutschen Friedhof hinter der Audienzhalle, dem Campo Santo Teutonico, wo berühmte Deutsche, die in Rom gelebt haben, begraben sind. Und hat der Gardist Dienst am vatikanischen St. Anna-Tor, muss er beinahe ununterbrochen Fragen beantworten, darunter die häufigste: »Wo geht es hier zu den Vatikanischen Museen?«

Wie es mit dem Privatleben eines Schweizer Gardisten aussieht? Süße römische Nächte gibt es nicht – und auch keine romantischen Wochenenden. Für die jungen Schweizer Hellebardiere besteht eine außerordentlich enge Bindung an Quartier und Dienst. Im Orientierungsblatt des Kommandanten der Schweizer Garde heißt es: »Von einem Gardisten wird erwartet, dass er sich dienstlich und außerdienstlich, entsprechend seiner ehren- und verantwortungsvollen Stellung, in religiöser, moralischer und soldatischer Hinsicht um eine tadellose Haltung bemüht und dass er seine Freizeit nutzbringend für seine Zukunft verwendet.« Doch auch Schweizer Gardisten kann einmal das Temperament durchgehen: Das passierte zum Beispiel im Juni 1995, als einige von ihnen von der Feier eines Siegs der Walliser Fußballmannschaft feucht-fröhlich gestimmt heimkehrten und die Anlieger im vatikannahen Viertel Borgo Pio wegen nächtlicher Ruhestörung die italienische Polizei riefen. Um Mitternacht, wenn sich das St. Anna-Tor als letztes Portal zum Vatikan schließt, müssen die Gardisten nach einem freien Abend wieder in ihrer Kaserne sein, das sich neben dem St. Anna-Tor an der südlichen Seite der Stadt des Vatikanstaates befindet.

Der Dienst eines Gardisten ist sehr anstrengend: Im Sommer verfolgt er mit sehnsüchtigen Blicken den Lauf der Sonne, bis der kühle Schatten endlich seinen Standort erreicht hat. Im Winter wünscht er sich, die Verglasung der Loggien in den oberen Stockwerken des Apostolischen Palastes möge ihn wirkungsvoller vor Kälte schützen. Die Füße schmerzen an Sommertagen beim stundenlangen Stehen auf dem glühenden Asphalt an den Toren, an Wintertagen auf dem eisigen Marmorboden des Apostolischen Palastes. Und dennoch betrachten sich die Gardisten als Privilegierte – welcher Normalsterbliche außer ihnen kann sich schon so lange wie sie in der Nähe des Papstes aufhalten?

Mit Papst Benedikt XVI. verbinden die Gardisten eine liebenswerte Anekdote aus den heißen Sommertagen in der päpstlichen Sommerresidenz Castel Gandolfo: Als die Gardisten den deutschen Papst einmal in das Gardequartier im Apostolischen Palast einluden, spielten sie ihm mit dem langen Schweizer Alphorn etwas vor und boten ihm typische Schweizer Kuchenarten und Süßigkeiten an. Auch die Kinder der Offiziere nahmen an der Begegnung teil. Als Papst Benedikt XVI. sah, dass diese aus kleinen Sektflaschen tranken, fragte er erstaunt: »Oh, dürfen bei euch die Kinder schon Sekt trinken?« Unter großer Heiterkeit wurde der Heilige Vater aufgeklärt, dass es sich um den Werbegag einer Schweizer Sektfirma handelte. In den Fläschchen befand sich nur Traubensaft.

Und auch Papst Franziskus versteht sich mit seinen Gardisten offensichtlich glänzend. Im Gästehaus Santa Marta gelingt es ihm, ein fast »normales« Leben zu führen. Auf die Frage eines kleinen Mädchens bei einer der Generalaudienzen, ob er denn als Papst anderen Menschen gleich sei, bejahte er dies durch die Blume. Er sagte, vor Gott seien alle Menschen gleich und deshalb sei auch er den anderen Menschen gleich. Das beweist Jorge Bergoglio jeden Tag aufs Neue durch selbstständige Gesten: Er holt sich selbst ein Tässchen Kaffee am Automaten und zieht für den wachhabenden Schweizer Gardisten gleich noch ein weiteres heraus. Für den zweiten, vor seinem Appartement wartenden Gardisten gibt es ebenfalls einen Kaffee vom Papst persönlich. Ein anderes Mal steckt er den Kopf aus der Tür und bittet einen der Gardisten, ihm ein belegtes Brötchen zu bringen. Ob der Wachmann vielleicht gerade auf dem Weg zum Kaffeeautomaten war, als dem Jesuiten-Papst einmal der Ausbruch gelang? Aus Kreisen des Gästehauses wird berichtet, der Papst habe sich an einem Juniabend in aller Ruhe in seinen schwarzen Talar gekleidet. Dann habe er sich aus seinem Zimmer geschlichen. Als er die

Wache passierte, hätte der Sicherheitsposten am Eingang noch kurz überlegt: »Der sieht ja aus wie der Papst.« Doch er habe den vorbeieilenden Priester nicht angehalten, da er nicht weiß gekleidet war. Im nahe dem Vatikan gelegenen Generalat der Gesellschaft Jesu eingetroffen, habe Franziskus im Gästehaus Santa Marta angerufen und nur mitgeteilt: »Ich bin in der Jesuitenkurie. Die Jesuiten bringen mich auch wieder zurück.«

Der Schatten des Mordfalls »Estermann«

Nur neun Stunden lang war der liebste »Bodyguard« von Papst Johannes Paul II., Alois Estermann, Kommandant der Schweizer Garde. Dennoch hängt das Porträt des Gardisten, der den Papst am Attentatstag, dem 13. Mai 1981, in seinen Armen aufgefangen hatte, in exponierter Position gleich rechts neben dem Schreibtisch des heutigen Kommandanten der päpstlichen Garde. Estermann war am 4. Mai 1998, dem Tag seiner Ernennung durch Johannes Paul II., gemeinsam mit seiner venezolanischen Frau Gladys durch die Schüsse des 23-jährigen Soldaten Cédric Tornay getötet worden – so lautet die vatikanische Version. Erst nach seinem Tod wurde seine Zugehörigkeit als Supernumerarier (Laie) zu der katholischen Personalprälatur Opus Dei bekannt. Ob seine Frau, die als Sicherheitsbeamtin für das venezolanische Konsulat in Rom gearbeitet hatte, auch Mitglied des Opus Dei war, ist nicht bewiesen.

Das Ölbild Estermanns in schicker Gardeuniform mit Federbuschhelm ist nach Vorlage eines Fotos entstanden. Es erinnert jeden Besucher im Büro des obersten Chefs der 100 bis maximal 110 Mann starken Garde an den mysteriösen Mordfall – auch dann, wenn in den oberen Rängen des Vatikans längst Gras über die obskure Angelegenheit gewachsen ist. Von einer möglichen Auflösung oder einer Umstrukturierung der Schweizer Garde in eine multinationale Söldnertruppe wurde nach dem Mord gemunkelt. In einer Bilanz seines vierjährigen Dienstes als Nachfolger des ermordeten Estermann hatte Oberst Pius Segmüller, heute Polizeichef in Luzern, im Gespräch mit der Autorin erklärt: »Ich habe versucht, die interne Kommunikation und das Verhältnis der Soldaten untereinander zu verbessern und auch die Kommunikation nach außen zu verstärken«. Auf seine Initiative hin war eine neue Website eingerichtet worden, auf der alle Daten und Fakten zu finden sind, die zur Rekrutierung neuer Gardisten notwendig sind. Außer der Werbung im Internet *(www.guardiasvizzera.va)* in vier Sprachen sei aber auch der Kontakt mit Radio, Fernsehen, den Printmedien und katholischen Gruppierungen aller Art – von den Pfadfindern angefangen über katholische Schulen und die Pfarreien – zur Rekrutierung der Gardisten nötig. Seit 1998 werden Schnupperreisen für 15- bis 18-Jährige organisiert, die sich bei einem Besuch der Schweizer Garde über einen möglichen Eintritt informieren können. Segmüllers Idee war auch die Reintegration von Gardisten in die Schweizer Polizei oder in den staatlichen Sicherheitsdienst sowie als Sicherheitsexperten in großen Unternehmen gewesen. Wenn ein Gardist mehr als drei Jahre im Vatikan bleibe, sei es für ihn oft schwierig, in der Heimat wieder Arbeit zu finden. Seit kurzem sei es für die Gardisten möglich, für ihre Fortbildung Englisch, Italienisch und Informatik zu studieren.

Trotz aller Verbesserungen in der Schweizer Garde: Es ranken sich nach wie vor viele Gerüchte um den tödlichen Zwischenfall. Vier Jahre nach dem Mord an dem Kommandanten Alois Estermann und seiner Frau Gladys waren neue aufsehenerregende Elemente des Falls an den Tag gekommen: Der angebliche Mörder und Selbstmörder Cédric Tornay soll selbst ermordet worden sein. Tornay wurde bisher für den am 4. Mai 1998 im Appartement Estermanns im Quartier der Schweizer Garde begangenen Mord verantwortlich gemacht. Die neue These lautete: Man habe Cédric Tornay, nachdem er gefesselt und betäubt worden und zehn bis zwanzig Minuten bewusstlos gewesen sein, in den Mund geschossen. Zwei Schweizer Anwälte hatten im Auftrag seiner Mutter ein neues Gutachten erstellen lassen. Muguette Baudat hat sich nie damit abgefunden, dass ihr Sohn ein Mörder und Selbstmörder sein sollte, und immer wieder in der Presse Zweifel an der vom Vatikan vorgelegten Version über den Tathergang geäußert.

Die bei einer überfüllten Pressekonferenz in Martigny, dem Heimatort des jungen Schweizer Gardisten in der französischen Schweiz, vorgelegten Fakten dürften allen, die vielleicht mitgeholfen haben, etwas zu vertuschen, die Haare zu Berge stehen lassen. Nach Angaben des Gutachtens einer Spezialklinik in Lausanne war die neben Tornay auf dem Boden gefundene

Dienstpistole *Sting 45* nicht die Waffe, die seinen Tod verursacht hatte. Die angebliche Tatwaffe hatte Kugeln von 9,41 Millimetern im Lauf, während bei der von dem Schweizer Experten Thomas Crompecher, Dozent für Gerichtsmedizin an der Universität Lausanne, vorgenommenen Autopsie festgestellt wurde, dass der Austritt der Kugel im Schädel Tornays einen Durchmesser von nur 7 Millimeter hatte. Außerdem habe er vor seinem Tod große Mengen an Blut und Speichel geschluckt, wie aus einer Untersuchung seiner Lunge hervorgehe. Dies beweise, dass er vorher auf den Kopf geschlagen worden sei, was eine innere Blutung ausgelöst habe. »Es ist unmöglich, dass die vom Vatikan als Tatwaffe angegebene Dienstpistole den Tod verursacht hat«, erklärte daraufhin Anwalt Luc Brossolet. Außerdem seien dem jungen Gardisten zwei Vorderzähne gebrochen worden, als ihm der Pistolenlauf in den Mund gezwängt wurde. Der Gardist hatte das Gesicht nach oben gewandt und nicht nach vorne, als er starb. Noch eine weitere Merkwürdigkeit ist bei der Autopsie aufgetaucht: Von dem eiergroßen Geschwür im Kopf Tornays, der angeblich seine Wahnsinnstat und seinen »Raptus« am Tag vor der Vereidigung der Schweizer Garde ausgelöst haben soll, hat der Schweizer Gerichtsmediziner bei der Autopsie keine Spur entdeckt.

Das dritte Detail, das von den Advokaten ins Spiel für die Mordthese gebracht wird: Der in Großbuchstaben abgefasste Abschiedsbrief an seine Mutter, den Tornay an seinem Todestag geschrieben und einem Kommilitonen anvertraut haben soll, ist nach Auffassung von hinzugezogenen Graphologen und Psychologen eine Fälschung. In dem Schreiben hatte der junge Gardist die angeblichen Gründe für seine Tat genannt: Ihm sei von Estermann eine ihm zustehende Auszeichnung verweigert worden.

Wird der Mordfall Estermann unter dem neuen Papst Franziskus mit neuen Beweisen wieder aufgerollt werden? Wohl kaum. Der Vatikan »mauert« und zeigt keinerlei Interesse, den Mordfall aus dem Archiv zu holen. Der Präsident des vatikanischen Appellationsgerichts, Francesco Bruno, erklärte gegenüber den Tornay-Anwälten, er sehe in dem 75 Seiten langen Bericht keine Neuigkeiten, die eine Wiedereröffnung des Falls rechtfertigen. Hierauf blieb der Mutter des Schweizer Gardisten, Muguette Baudat, und den beiden Anwälte nichts anderes übrig, als sich in einem Schreiben direkt an Papst Franziskus zu wenden. Sollte ein »Mea culpa« des amtierenden Papstes

notwendig werden, wenn dieser sich davon überzeugt, dass im Fall Estermann von vatikanischer Seite her etwas unterlassen wurde, um die volle
Wahrheit herauszufinden? Italienische Medien hatten sofort nach Estermanns Tod von einem »vierten Glas« auf dem Tisch wissen wollen, aus dem
der Mörder aller drei Opfer getrunken haben soll, und die Geheimdienste ins
Spiel gebracht. Die vatikanische Autopsie war von den Professoren Piero
Fucci und Giovanni Arcudi durchgeführt worden. Ihre Ergebnisse waren in
einem fünfseitigen Bericht schon am 5. Mai 1998 bei einer Pressekonferenz
im Vatikanischen Pressesaal vorgestellt worden.

Auch heute, fünfzehn Jahre nach dem tragischen Fall, ist Muguette Baudat von der Unschuld ihres Sohnes überzeugt. Wie sie am 10. Mai 2013 in
einem Interview der Rhone Zeitung sagte, kämpfe sie nicht gegen den Vatikan, sondern für die Wahrheit. Und dabei setze sie auch auf Papst Franziskus:
»Ich werde weiterkämpfen, denn eines Tages wird die Wahrheit ans Licht
kommen. Dass der Vatikan so einiges zu verbergen hat, wurde ja auch in der
Vatileaks-Affäre offensichtlich. Nicht zuletzt habe ich auch Vertrauen in den
neuen Papst. Ich hoffe, dass er den Vatikan ›reinigen‹ wird. Er muss mit der
Korruption im Vatikan aufräumen. Wenn die Grundsätze der heiligen Schrift
nicht in Rom, im Hauptsitz der katholischen Kirche gelebt werden, wo denn
sonst?«

Eine Anti-Terror-Einheit im Vatikan und der Schutzengel der Gendarmerie

Domenico Giani, der »Schutzengel des Papstes«, verfügt auch über eine fünfzehn Mann starke »Anti-Terror-Einheit«. Diese Einheit wurde 1999 eingerichtet. Als Generalinspektor der vatikanischen Gendarmerie ist Domenico
Giani mit der Schweizer Garde gemeinsam innerhalb der Stadt des Vatikanstaates sowie bei In- und Auslandsreisen für die Sicherheit des Papstes verantwortlich. Für Domenico Giani und seine rund 200 Mann starke italienische
Sicherheitstruppe herrschte während des für März 2013 einberufenen Konklaves Alarmstufe Nummer eins. Es galt, die zur Papstwahl eintreffenden
Kardinäle aus aller Welt in angemessener Weise zu beschützen. Mit Interpol

unterhält die Gendarmerie nach ihrer Aufnahme in diese weltweite Organisation auch aufgrund des Ansehens, das der Papst in der ganzen Welt genießt, eine gute Kooperation.

Von der Öffentlichkeit als gefährlich eingestufte Papstreisen wie die in den Libanon mit Papst Benedikt XVI. (September 2012) und die nach Brasilien von Papst Franziskus (Juli 2013) bezeichnet Giani als »sensible« Reisen. Zu diesen gehörten unter dem Pontifikat Papst Benedikts XVI. die Türkeireise, die Reise ins Heilige Land, aber auch die Mexikoreise, die mit einer Visite auf der Zuckerinsel Kuba und einem Treffen mit Fidel Castro geendet hatte. Jede Reise, bei der es eine unübersichtlich große drängende Menschenmasse wie in Mexiko oder Rio de Janeiro gibt, ist gefährlich, meint der Kommandant der vatikanischen Gendarmerie. Auf seine Intuition im Fall des untreuen Kammerdieners Paolo Gabriele angesprochen, meint Giani gelassen: »Dabei ging es nicht um Intuition. Es handelte sich innerhalb der Nachforschungen um eine Piste, die wir zur Aufklärung des Falls verfolgt haben, und damit basta.«

Bezüglich der Zusammenarbeit mit der Schweizer Garde ist Giani der Meinung, dass heute große Harmonie unter den beiden vatikanischen Sicherheitstruppen sowohl zwischen den beiden Kommandanten wie auch unter den Offizieren beider Truppen herrscht. »Wir wissen nicht, wie es in der Vergangenheit war und das spielt auch keine Rolle«. Es gibt präzise verteilte Kompetenzen in Sachen Sicherheit und »solange diese Kompetenzen exakt eingehalten werden, ist alles in Ordnung«, hebt der Kommandant der vatikanischen Gendarmerie hervor. So ist die Sicherheitstruppe der Gendarmerie für alle Gebäude, Straßen und Plätze in der Stadt des Vatikanstaates wie auch für die Sicherheit in der Basilika Sankt Peter und in den Vatikanischen Gärten verantwortlich. Die Schweizer Garde dagegen ist seit ihrer Gründung für den Apostolischen Palast, in dem die Büros der römischen Kurie sowie die Privaträume des Papstes untergebracht sind, zuständig.

Heute sind beide Sicherheitstruppen im Vatikan unter Papst Franziskus in ihrer Aufgabenstellung verunsichert. Die Tatsache, dass der neue Papst im vatikanischen Gästehaus Santa Marta wohnt und dort Gäste seiner Wahl empfängt, verändert die althergebrachten Traditionen. Die Schweizer Garde könnte in ihrer Funktion als Sicherheitstruppe des Apostolischen Palastes in ihrer Anzahl heruntergeschraubt werden, wenn nicht gar durch ihre langsame Abnahme und einen Neuaufnahmestopp von jungen Gardisten ausgedünnt werden. Sie könnte auf die nach wie vor in historischen Uniformen steckenden »Türsteher« an den vier Haupttoren des Vatikans reduziert werden, fürchtet die Autorin. Dagegen könnten die Offiziere beider Sicherheitstruppen ihr »Sonderwissen« in Sicherheitsfragen nach wie vor zum Schutz des Oberhaupts der katholischen Kirche weiterhin in kollegialer Weise zusammentragen.

Beide Chefs der Sicherheitstruppen tauschen ihren unauffälligen schwarzen Anzug nur einmal im Jahr mit einer prächtigen Uniform: nämlich am Tag der Vereidigung des »Nachwuchses«, die traditionsgemäß am 29. September, dem Patronatstag der hll. Erzengel Michael, Raffael und Gabriel stattfindet. Giani bevorzugt für die Rekrutierung neuer italienischer Polizisten junge Männer, die bereits den Militärdienst abgeleistet haben. Beide Sicherheitstruppen sind an den Vatikanischen Toren im Einsatz: Am Vatikanischen St. Anna-Tor und am Eingang des »Heiligen Offiziums« sind zunächst die Schweizer Gardisten in ihren malerischen Uniformen zu sehen, danach erfolgt der Sicherheits-Check der Italiener. Am Tor der sogenannten Perugina, einer Einfahrt, die den Staatsoberhäuptern und dem diplomatischen Corps gewährt wird, ist nur italienische Security verantwortlich. Dagegen sind für den Zugang über das berühmte vatikanische Bronzetor wiederum die Schweizer Gardisten zuständig. Den Eingang über das vatikanische Glockentor teilen sich die beiden Sicherheitstruppen.

Bei dem aus der toskanischen Stadt Arezzo gebürtigen Kommandanten der päpstlichen Gendarmerie spielt die persönliche religiöse Einstellung eine wichtige Rolle: Er selbst ist ein »Franziskaner-Tertiarier«, der die Ideale des hl. Franz von Assisi teilt. Der studierte Pädagoge hatte den Platz des inzwischen verstorbenen legendären päpstlichen Bodyguards von Papst Johannes Paul II, Camillo Cibin, eingenommen. Dieser hatte über sechzig Jahre lang vier Päpste geschützt. Notsituationen und Alarm waren Domenico Giani auch vor seinem Eintritt in die vatikanische Gendarmerie vertraut: Wenn es darum geht, ein Menschenleben zu retten, jedes, nicht nur das des Oberhauptes der katholischen Kirche, dann ist Domenico Giani ganz in seinem Element.

Der vatikanische Sicherheitchef ist verheiratet und hat zwei Kinder. Als Mitglied der *Misericordia*, des toskanischen Nothilfsdienstes, kennt er Lebensnot und Ängste. Vor seiner Berufung zum Chef der italienischen Gendarmerie im Vatikanstaat war der am 16. August 1962 geborene Toskaner bereits sieben Jahre lang Vize-Chef der vatikanischen Gendarmerie. Seiner Strategie ist es zu verdanken, dass seine Männer heute mit Hilfe von mehr als 300 Videokameras jede Bewegung auf dem vatikanischen Territorium und außerhalb beobachten können. So werden im Schaltraum der Gendarmerie auch die Außenstellen in Rom per Video kontrolliert, wie zum Beispiel die Schule der Kinder, die zum Chor der Sixtinischen Kapelle gehören, in der Via Monte della Farina im römischen Stadtzentrum.

Rund ein Jahr nach dem Attentat auf dem Petersplatz vom 13. Mai 1981 hatten die obersten vatikanischen Sicherheitskräfte wie auch die Securityleute vor Ort erkannt, dass das Kirchenoberhaupt in einem mit kugelsicheren Scheiben ausgerüsteten Fahrzeug transportiert werden muss. So wurde das erste »Papamobil« mit einem kugelsicheren Glasaufsatz gebaut, hinter dem sich der Papst den Menschenmassen ohne Gefährdung seines Lebens zeigen konnte.

Das berühmteste Fahrzeug des Papstes, dessen Foto um die Welt ging, ist jedoch keineswegs ein kugelsicheres Papamobil, sondern ein kleiner Geländewagen. Es handelt sich um einen weißen Jeep der Marke Fiat. In demselben Modell war 1981 Papst Johannes Paul II., von den Kugeln des Türken Ali Agca getroffen, in den Armen seines Privatsekretärs Don Stanislaus Dziwisz zusammengebrochen. Im Vatikan wird der aus dem Fiat-Werk stammende Geländewagen »La Campagnola« genannt. Das Unglücksfahrzeug wird heute in den Vatikanischen Museen gezeigt. Der Gouverneur des Staates der Vatikanstadt und heutige enge Vertraute von Papst Franziskus, Kardinal Giuseppe Bertello, hatte im Gespräch mit der Autorin bei der Einweihung des neu gestalteten Pavillons mit den Kutschen und Fahrzeugen der Päpste in den Vatikanischen Museen gesagt: »Als ich vom Attentat auf Papst Johannes Paul II. am 13. Mai, dem Erscheinungstag der Muttergottes von Fatima hörte, habe ich sofort an das dritte Geheimnis von Fatima gedacht.«

Während der Sommerzeit benutzt Papst Franziskus ebenso wie der emeritierte Papst Benedikt XVI. immer den wendigen kleinen Jeep zum »Abfahren« der einzelnen Pilgerabteilungen auf dem Petersplatz. Wenn es zu regnen droht, benützt der Papst dagegen bei den Generalaudienzen auf dem Platz eine schwarze Limousine mit einem aufklappbaren Dach. Dieses kann bei Bedarf auch schnell geschlossen werden kann, damit der Papst bei schlechter Witterung nicht nass wird. Papst Franziskus macht es ganz im Gegensatz zu seinem Vorgänger offensichtlich wenig aus, nass zu werden: Bei der Generalaudienz am 5. Juni 2013 ließ er sich nach einem wilden Regenguss ein von einer Rolle gewöhnlichen Küchenpapiers abgerissenes Stück reichen, um sich den Kopf zu trocknen.

Heute stellt Mercedes die meisten Papstfahrzeuge, weil der deutsche Autobauer eine kugelsichere Struktur garantiert, die in der ganzen Welt auch gerne von Staatsmännern und Diplomaten als Dienstwagen genutzt wird. Die vatikanischen Angestellten müssen nach Ansicht der Autorin ebenfalls ein besonders günstiges Abkommen mit Mercedes erzielt haben, denn viele von ihnen spritzen mit dem in Rom gerne genutzten Kleinwagen Smart im Vatikan und im Park der päpstlichen Villen in Castel Gandolfo umher.

Eine neue Strategie zur Gewährleistung der Sicherheit des Papstes wurde 2009 entwickelt. Nach einem Krisengipfel im vatikanischen Staatssekretariat am Tag nach dem Angriff auf den heute emeritierten Papst Benedikt XVI. zu Beginn des Weihnachtsgottesdienstes am 24. Dezember 2009 im Petersdom wurde der Sicherheitsdienst weiter verstärkt: Ab sofort wurden mehr Gendarmerieposten im Mittelgang der Petersbasilika und entlang von Absperrungen bei Veranstaltungen mit Benedikt XVI. im In- und Ausland aufgestellt. Vermieden wird dabei, dass die Sicherheitsleute eine Art Phalanx bilden, damit der Papst sich nach wie vor den Gläubigen nähern kann. Am 6. Juni 2007 hatte es einen anderen Vorfall gegeben, der den Sicherheitskräften zu denken gegeben hatte: Ein Deutscher hatte sich bei der Generalaudienz über die Absperrung geschwungen und sich hinten an das Papamobil angehängt. Auch hier konnte Sicherheitschef Giani den Mann überwinden. Ein Offizier der Schweizer Garde – Major Peter Hasler, inzwischen pensioniert und mit Sonderaufgaben in der Garde betraut – brach sich bei dem Vorfall ein Bein.

Ein Blick zurück: *Alarmstufe Nummer Eins* in Sachen Sicherheit nach dem Vorfall zu Beginn des Weihnachtsgottesdienstes 2009 im Petersdom? Der Direktor des Vatikanischen Pressesaals, Pater Federico Lombardi SJ, winkte ab: »Es ist unmöglich, den Papst hundertprozentig zu schützen. Wenn man ihn von den Gläubigen wirklich völlig abschirmen wollte, würde es eine Spaltung zwischen dem Papst und den Gläubigen geben, und das kann und darf nicht sein.« Bei dem Vorfall, der über ein Foto im Internet in aller Welt verbreitet wurde, sagte Lombardi in einem Interview mit dem staatlichen italienischen Fernsehen RAI, handele es sich nicht um ein Sicherheitsproblem, sondern um ein Gesundheitsproblem, und zwar um das Krankheitssymptom eines psychisch gestörten Menschen. Nur wenige Teilnehmer am Weihnachtsgottesdienst hatten vor Ort miterlebt und wirklich gesehen, was geschehen war: Als sich ein Mädchen mit einer roten Kapuzenjacke über die Absperrungen geschwungen hatte, war es blitzschnell vom obersten Sicherheitschef des Vatikans, Domenico Giani, ergriffen und zu Boden geworfen worden. Nicht vorgesehen war, dass das psycholabile Mädchen sich beim Fallen am Pallium des Papstes festkrallte und so auch diesen umriss und zu Fall brachte. Zum Glück hatte Papst Benedikt XVI. sich mit seinem neuen Hirtenstab (»Ferula«) im Fallen abstützen können, so dass der Aufprall abgemildert werden und er selbst unversehrt mit Hilfe seines Zeremonienmeisters Msgr. Guido Marini wieder aufstehen konnte. Der Papst hatte Glück um Unglück, im Gegensatz zu einem der freundlichsten Kardinäle, die ihn umgeben: Als Benedikt XVI. zwei Minuten nach der erstmals auf 22 Uhr vorgezogenen Mitternachtsmesse zu Boden ging, sprang einer der Sicherheitsbeamten so unglücklich in den Tumult hinein, dass der hochbejahrte und hochverdiente französische Kurienkardinal Roger Etchegaray stürzte und sich einen Oberschenkelhalsbruch zuzog.

Um die Kräfte von Papst Benedikt XVI. zukünftig zu schonen, wurde während des großen Gottesdienstes am 11. Oktober 2012, in dessen Verlauf der Papst anlässlich des 50. Jubiläums des Konzilsbeginns ein »Jahr des Glaubens« ausrief, erstmals die sogenannte »pedana« (ein fahrbares Podest) für den Weg des Papstes von der Sakristei zum Altar im Petersdom eingesetzt. Römische Adlige, deren Vorfahren der von Papst Paul VI. abgeschafften Nobelgarde angehört hatten, bedauerten in diesem Zusammenhang, dass es diesen Dienst der römischen Patrizier nicht mehr gibt. Die Nobelgarde hätte in vergangenen Zeiten einen äußerst engen Ring um den Papst gebildet, da die Päpste schon seit Beginn des Papsttums immer Gefahren ausgesetzt gewesen seien.

Übrigens: Wer kennt sie nicht, die mächtige Bronzestatue eines Engels mit gezogenem Schwert, welche die berühmte Engelsburg krönt? Nicht alle Besucher der Ewigen Stadt wissen, dass es sich bei der Darstellung um den »Schutzherrn der Kirche«, den hl. Michael, handelt. Zugleich ist der hl. Michael der Schutzherr der italienischen Gendarmerie. In Italien gibt es die meisten Bezugspunkte auf ihn. Im süditalienischen Ort Gargano wird der Erzengel besonders verehrt. Hier liegt in romantischer Lage der vielleicht älteste Wallfahrtsort des hl. Michael in der Welt. Am 29. September wird, wie erwähnt, der kirchliche Festtag der drei Erzengel Michael, Gabriel und Raffael begangen. Die Fürbitte des Erzengels Michael hält die bösen Kräfte in der Welt in Schach. Ein Gebet zu ihm in lateinischer Sprache wird auch bei Exorzismusriten benutzt. Der Apokalypse zufolge streitet der hl. Michael an der Spitze der himmlischen Heerscharen gegen die dämonischen Geisteswesen und gestürzten Engel, die Gott seinen Rang streitig machen wollen. Kein Wunder, dass die abergläubischen Römer ihn zum liebsten Erzengel erkoren haben.

Mit der Geschichte der Ewigen Stadt und der der Päpste ist er untrennbar als rettender Engel verbunden: Die Darstellung des Engels auf der Engelsburg geht auf eine Vision von Papst Gregor dem Großen (590–604) zurück. Als der Papst 590 im ersten Jahr seiner Amtszeit eine Bittprozession zur Beendigung der in Rom wütenden Pest anführte, hörte er plötzlich vom gegenüberliegenden Ufer in der Nähe des Tibers einen Chor die Hymne »Regina Caeli« (Königin des Himmels) singen. Gleichzeitig schien das antike, von Kaiser Hadrian (76–138) als Grabstätte für sich und seine Nachfolger errichtete Mausoleum plötzlich in Flammen zu stehen. Auf der Spitze des Bauwerks sah Papst Gregor einen jungen Mann in Kriegsrüstung, der langsam sein Schwert in die Scheide steckte. Da wusste er plötzlich, dass es sich um den hl. Michael handelte. Mit dessen Hilfe soll bald darauf das Ende der Epidemie herbeigeführt worden sein. Aus Dankbarkeit wurde das antike Monument in Engelsburg umbenannt.

Dem in der Bibel als »großer Engelsfürst« bezeichneten Erzengel ist der Überlieferung zufolge auch die Errettung Roms vor den Hunnen zu verdanken. Als Papst Leo der Große (440–461) im Jahr 452 nur von einigen Priestern begleitet dem Hunnenkönig Attila bei der norditalienischen Stadt Mantua entgegenritt, um ihn von seinem geplanten Einfall in Rom abzuhalten, geschah das Wunder: Attila ließ sich auf Bitten des Papstes dazu bewegen, wieder abzuziehen. Ob dabei eine beträchtliche Geldzahlung im Spiel war, ist wie die Umstände der gefährlichen Mission insgesamt in der Forschung umstritten. Leo I. schrieb ihren glücklichen Ausgang der Tatsache zu, dass er vor seiner Abreise Rom dem hl. Michael geweiht hatte. Als Dank ließ er an der Konsularstraße Salaria die erste dem hl. Michael gewidmete Kirche des Abendlandes erbauen. Die Kirche steht heute nicht mehr. Doch der Einweihungstag – der 29. September – wurde im Kalender zum Festtag des Erzengels Michaels bestimmt.

Fügung des Schicksals im »Zwei-Päpste«-Jahr 2013: Am Tag der Vorstellung der Enzyklika *Lumen Fidei*, dem 5. Juli 2013, fanden sich beide Päpste – einträchtig nebeneinander sitzend, wie vom vatikanischen Fernsehen CTV aufgezeichnet wurde – zur Einweihung einer Statue des hl. Erzengels Michael im Schatten des Petersdoms zusammen. Ob sie bei dieser Gelegenheit jeder für sich die Fürbitte des Erzengels gegen die Mächte des Bösen anriefen?

Unterhält Papst Franziskus einen »privaten Geheimdienst«?

3. Juli 2013. Die italienische Monatszeitschrift *Panorama* (Ausgabe Nr. 28) wartet nur wenige Tage nach den Enthüllungen des britischen *Guardian* über die Spionagetätigkeit der US-amerikanischen National Security Agency (NSA) und des britischen Government Communications Headquarters (GCHQ) auch unter deutschen Bürgern mit einer exklusiven Neuigkeit über Papst Franziskus auf: Nach Informationen des italienischen Vatikanjournalisten Ignazio Ingrao[29] erhält der Papst auf einem Sonderweg »Geheim-Informationen« über nicht offizielle Vorgänge in den heiligen Hallen. Diese werden mit Hilfe eines innerhalb des Apostolischen Palasts auf seinen Wunsch hin verstreut angebrachten »Antennen-Netzwerks« ausgelotet. Es handelt

sich *Panorama* zufolge um ein in Argentinien zu Zeiten der Diktatur und der vollständigen Kontrolle jedweder Kommunikation genutztes Abhörsystem. Dank dieser Informationen soll der Papst zum Beispiel vorab vom Vorhaben eines seiner ausgemachten Feinde im vatikanischen Staatssekretariat erfahren haben: Es heißt, Kardinal Tarcisio Bertone SDB habe als Vorsitzender des Führungsgremiums des IOR die vakante Schlüsselstelle des Prälaten des IOR mit seinem persönlichen Sekretär Msgr. Roberto Lucchini besetzen wollen. Dieser Absicht sei Papst Franziskus mit der Ernennung »ad interim« eines seiner wenigen Vertrauten im Vatikan, Msgr. Battista Ricca, dem Direktor des Gästehauses Santa Marta, zuvorgekommen. Dass der neue Papst über keinen Rückhalt in den oberen Rängen des vatikanischen Staatssekretariats verfügt, ist keine Neuheit. Doch im Machtkampf einiger wichtiger Kurienmitglieder mit dem argentinischen Papst sind offensichtlich alle Mittel zum Zweck gerechtfertigt. Im Vatikan ist es Mode und auch Tradition, sich bei der Durchführung jedweder Anordnung auf einen früheren Vorgang zu stützen. Präzedenzfälle, wie sie der neue Papst jeden Tag schafft, sind nicht gefragt und werden als »gefährlich« eingestuft.

Offenbar hatte Bertone vor, es mit der Ernennung eines seiner beiden Sekretäre der Vorgehensweise seines Vorgängers im Amt des Kardinalstaatssekretärs, Kardinal Angelo Sodano, nachzutun. Dieser hatte 2006 kurz vor seinem Rückzug aus dem Amt des »zweiten Mannes« nach dem Papst seinen engsten Mitarbeiter, Msgr. Piero Pioppo[30], noch auf den Posten des IOR-Prälaten gehievt. Dennoch ist Papst Franziskus mit seiner Interimsberufung von Msgr. Ricca kein Glück beschieden: Inzwischen wurde bekannt, dass der Vertraute des Papstes während seiner Zeit im diplomatischen Dienst in Uruguay der sogenannten Gay-Connection angehörte, so dass er wohl kaum zu halten sein wird.

Msgr. Roberto Lucchini, der Favorit von Kardinal Bertone für den Schlüsselposten mit Zugang zu allen Dokumenten, war Ende Februar 2013 in die Schlagzeilen geraten, als er mit einem Privatjet auf dem römischen Militärflughafen Fiumicino gelandet war. Lucchini befand sich in Begleitung eines der Turiner Anwaltskanzlei Grande Stevens angehörigen italienischen Advokaten, Michele Briamonte. Dieser wirkt nach wie vor als IOR-Berater in rechtlichen Angelegenheiten.[31]

Als Hilfe und »007« von Papst Franziskus bei der Beschaffung von Informationen über die inneren Angelegenheiten im Apostolischen Palast und in den Kurienbehörden nennt Ingrao drei Vertraute des Papstes: den Bischof von Albano, Marcello Semeraro, den er auch in den G-8-Rat einberufen hat, den römischen Bischofsvikar, Kardinal Agostino Vallini, und Msgr. Battista Ricca, der mit ihm im Gästehaus Santa Marta gerne zum Essen geht. Ricca galt als einer derjenigen Vertreter des diplomatischen Dienstes, die sich nie vom vatikanischen Staatssekretariat dirigieren ließen und denen viele Aktivitäten des Staatssekretariats ein Dorn im Auge waren. Inzwischen jedoch musste sich Papst Franziskus auch von ihm getäuscht sehen.

Nachwort

Erst wenn Verrat aufgedeckt wird, gereicht er zur Schande. Ist im Namen Gottes denn alles erlaubt, werden sich einige Leser am Ende dieses Buches fragen. Welcher Schritte bedarf es, um die Vorurteile zu beseitigen, die sich im Gedächtnis der Gläubigen nach den Skandalen um Vatileaks eingegraben haben? Wie kann den Versuchen einer Manipulation von Papst Franziskus, wie es im Fall der Ernennungen für die Führungsspitze der Vatikanbank IOR zu beobachten war, Einhalt geboten werden?

Zur Heilung vieler Wunden auf allen Seiten ist innerhalb der katholischen Kirche ein Neuanfang nötig. Ebenso unverzichtbar ist ein Prozess der radikalen Umkehr und der Reue. Papst Franziskus wird bei der bevorstehenden Kurienreform die Mitglieder alter Seilschaften erst einmal kräftig durcheinanderwirbeln. Sie könnten in andere Behörden versetzt oder in die Ferne entsandt werden. Vielleicht wird der erste Jesuit auf dem Stuhl Petri mit einer bewährten alten Masche in den oberen Rängen der katholischen Kirche Schluss machen: Nämlich diejenigen, die aufgrund unangemessener Verhaltensweisen Persona non grata und zum Gegenstand öffentlicher Skandale geworden sind, durch Beförderung »wegzuloben« oder zu verstecken. Ob diese dann fern vom Vatikan mit Hilfe von »Trittbrettfahrern« auf dem kirchlichen Parkett eine neue Lobby bilden und ein neues System für das Abschöpfen kirchlicher Pfründe aufbauen?

»Mehr Kontrolle« lautet die Devise, die Papst Franziskus in seinem Pontifikat seinen Mitarbeitern und Mitbrüdern in der Kirche vorgibt. »Fidarsi e bene, non fidarsi e meglio« (»Einander zu vertrauen ist gut, einander nicht zu trauen, ist besser«), lautet ein italienisches Sprichwort. Volle Transparenz wird in der Stadt des Vatikanstaates und in Staatsangelegenheiten gemäß den diplomatischen Gepflogenheiten des Heiligen Stuhls und aller anderen Staaten in der Welt wohl niemals möglich sein. Der Vatikan als »Glashaus« ist eine Zukunftsvision, die mir unrealistisch erscheint. Dafür gibt es einen ganz einfachen Grund: Beim Vatikan handelt es sich seit der Unterzeichnung der Lateranverträge zwischen dem Heiligen Stuhl und Italien am 11. Februar 1929 um einen realen Staat, wenngleich auch um einen der kleinsten der Welt. Die katholische Kirche ist mit ihren über 1,2 Milliarden Mitgliedern auf fünf Kontinenten die größte funktionierende, multinationale Organisation der Welt. Hier gibt es wie in ganz normalen Betrieben oder in internationalen Unternehmen Regeln, die es zu beachten gilt sowie Betriebs- respektive Staatsgeheimnisse, die bei Androhung von Disziplinarstrafen zu schützen beziehungsweise zu wahren sind.

»Immer die Wahrheit und nur die Wahrheit, aber nie die volle Wahrheit«, lautet das Motto, das ein Jesuit, der lange Jahre als Ökonom der Gesellschaft Jesu tätig war, mir einmal auf meinem Weg als Vatikanjournalistin mitgegeben hat. Es gibt auch Geheimnisse, die gewahrt bleiben sollten und nicht alle Sterbliche müssen unbedingt alles erfahren, meinte er damit.

Kann sich der Vatikan erneuern und wer hilft ihm dabei? Papst Franziskus dürften sicherlich sein eigener Orden – die Gesellschaft Jesu –, die Mitglieder des Salesianer-Ordens und einflussreiche katholische Organisationen wie die Prälatur Opus Dei zur Seite stehen. In seinem Pontifikat geht es nicht mehr um Grabenkämpfe im eigenen »Palazzo« und um die Konkurrenz untereinander nach dem Motto: Welcher katholischen Organisation oder charismatischen Bewegung gelingt es, möglichst viele Mitglieder und Anhänger an Machtpositionen in der Nähe des Papstes zu platzieren? Aus meiner Perspektive geht es vielmehr um die Erneuerung des Ansehens der katholischen Kirche sowie um die Wiederherstellung ihrer Glaubwürdigkeit. An dieser Zielsetzung sollten die einzelnen Netzwerke innerhalb der Kirche gemeinsam arbeiten. Die kirchliche Hierarchie und das mit ihr verbundene Anspruchsdenken kirchlicher Macht müssen sich anstrengen, um den neuen Normen und dem neuen Stil von Papst Franziskus gerecht zu werden. Jeder hohe Würdenträger in der Kirche sollte die ihm von Natur aus gegebenen Fähigkeiten nutzen. Er sollte versuchen, in Einheit mit dem Papst und nicht gegen ihn tätig zu werden. Er sollte Franziskus nicht nachahmen, sondern durch Authentizität und durch Treue zu seiner eigenen Person vorbildhaft wirken. Es geht darum, Gläubige zu gewinnen und nicht darum, diese anderen religiösen Ausrichtungen in die Arme zu treiben.

Ich bin davon überzeugt, dass Charisma und Humor sowie die ganz eigene Ausstrahlung dieses Papstes auch europäische Kritiker wieder in die katholische Kirche zurücklocken können. Seine Absichten und Möglichkeiten hat Papst Franziskus bei seiner Ankunft in Rio de Janeiro in Wort und Tat zu verstehen gegeben. Er nutzte die weltweit von den Medien übertragene Veranstaltung des nach einer Idee von Papst Johannes Paul II. ins Leben gerufenen Weltjugendtags in der ihm eigenen, völlig unkonventionellen Art und Weise, die der eher reservierten Art des Intellektuellen Joseph Ratzinger nur dem Anschein nach widerspricht. Beide sind zwar nicht in ihrem Auftreten identisch, aber sie vermitteln eine gemeinsame Botschaft an die heutige Welt: Ohne den Glauben an Gott lässt sich der Sinn des Lebens nicht mehr erkennen, und die Mühen des Lebens werden unter der Last, äußerlich den Ansprüchen der säkularisierten Gesellschaft gerecht zu werden, unerträglich. Die von Papst Franziskus vom ersten Augenblick seines Pontifikats an beschworene Barmherzigkeit Gottes, der bei wahrhaft empfundener Reue von seinem Richterstuhl herabsteigt und zu einem Gott der Barmherzigkeit wird, dürfte – vielleicht – auch zu einer Säuberung in den hohen wie in den niedrigen Rängen der Kirche beitragen.

Ich traue es Papst Franziskus durchaus zu, dass er diejenigen, die dem Ruf der Kirche, sozusagen »im Namen Gottes«, zu ihrem eigenen Nutzen geschadet haben, in ihre Schranken verweist und sie gegebenenfalls von ihren kirchlichen Machtpositionen entfernt. Vielleicht werden einige Kardinäle, die sich eines unangemessenen Verhaltens schuldig gemacht haben, ihren purpurnen Hut freiwillig zurückgeben. Ansonsten wäre es vielleicht angebracht, dass sich die katholische Kirche für ein Konklave die Wahl des Papstes der koptisch-orthodoxen Kirche zum Vorbild nimmt: Nach einem Bittgottesdienst zieht ein Junge mit verbundenen Augen aus einer Wahlurne am Altar ein Los, auf dem der Name des aus drei Kandidaten ausgewählten neuen Papstes steht.

Korruption muss bestraft werden und das Privileg eines Vatikanangestellten, zum Dienst auf Lebenszeit engagiert zu sein, sollte bei entsprechenden Verstößen gekappt werden. Auch das seit Jahrzehnten – wenn nicht seit Jahrhunderten – praktizierte System des Nepotismus innerhalb der Leonischen Mauern sollte aufgelöst werden. Es genügt, das Vatikanische Telefonbuch auf der Suche nach der Nummer eines Monsignore in die Hand zu nehmen, um dessen Namen gleich vier- und fünffach auch unter den Laienangestellten des Vatikans verzeichnet zu sehen. Das Privileg, dass jeder – italienische

Monsignore und Kardinal – seiner Verwandtschaft nach italienischer Manier ein Pöstchen »auf Lebenszeit«, das heißt bis zur Pensionierung mit 65 Jahren, verschafft, sollte im Pontifikat von Papst Franziskus durch Zeitverträge durchbrochen werden. Wenn die Regel der Unantastbarkeit eines Vatikanangestellten im Laienstand durch das neue Vatikanische Strafgesetzbuch und durch persönliche Vorgabe von Franziskus gekappt wird, ist möglicher Korruption bereits im Vorfeld das Wasser abgegraben. Auch die Medien dürfte der Papst damit langsam wieder in ihre Schranken als normale Berichterstatter über die Aktivitäten des Heiligen Stuhls verweisen und deren »007-Nebentätigkeit« zur Aufdeckung von Skandalen im Vatikan allmählich den Nährboden entziehen.

Den ersten Schritt, die Journalisten für sich zu gewinnen, hat Papst Franziskus bereits auf dem Flug von Rom nach Rio de Janeiro mit Charme und Ehrlichkeit unternommen: Er verzichtete auf die von Papst Johannes Paul II. eingeführten, von den Politikern übernommenen »fliegenden Pressekonferenzen« und leistete der journalistischen Eitelkeit Vorschub, in dem er jede einzelne Teilnehmerin und jeden Teilnehmer am Papstflug der Alitalia mit Handschlag begrüßte. Auf ein Grußwort der – mit 34 Jahren Akkreditierung am Heiligen Stuhl – »Dienstältesten« unter den Vatikanjournalisten, der Mexikanerin Valentina Alazraki, antwortete er aus dem Stegreif: »Es sind, wie ich gehört habe, ein paar seltsame Dinge gesagt worden. Journalisten seien nicht meine Lieblingsheiligen ... Ich sei hier unter Löwen – so wild seid Ihr gar nicht!« Gelächter und Beifall. »Danke. Ich gebe tatsächlich keine Interviews. Warum, weiß ich nicht. Ich kann es nicht, so ist es nun einmal. Es fällt mir aber ein wenig schwer. Und ich fühle mich ein bisschen wie der Prophet Daniel, weil ich gesehen habe, dass die Löwen gar nicht so wild sind.«

»Gott rüttle uns auf, damit wir uns herauswagen auf das weite Meer«, sagte Papst Franziskus am 28. Juli 2013 beim großen Abschlussgottesdienst des 28. Weltjugendtags in Rio de Janeiro, bei dem drei Millionen Menschen anwesend waren, mit Blick auf die berühmte Erlöserstatue und zu den Klängen brasilianischer Fados. Großer Applaus brauste auf, als er die Jugendlichen für 2016 zum nächsten Treffen der Jugend der Welt ins polnische Krakau einlud. Gleich nach seiner Ankunft in Brasilien hatte Papst Franziskus den Journalisten auf dem Flughafen – unabsichtlich – zu einem besonderen

Coup verholfen: Er blieb sich auch dann treu, nämlich auf die Menschen zuzugehen, als er aufgrund einer falschen Route seines Chauffeurs in einem ungeschützten Fahrzeug der Marke Fiat-Idea von der Menge eingekeilt wurde. Der Chef der Vatikanischen Gendarmerie, Domenico Giani, zog inmitten des Tumults für einen Augenblick lang die Pistole ...

Während seiner Brasilienreise hat Papst Franziskus der Kirche einen enormen missionarischen Impuls vermittelt. Nach seiner Rückkehr im Vatikan jedoch hat er alle bekannten Hindernisse und Probleme wie zuvor, nämlich ungelöst, vorgefunden. Auf dem Rückweg von Rio de Janeiro nach Rom schien er jedoch im Gespräch mit den Journalisten voller Hoffnung zu sein, Neuerungen auf vielen Ebenen innerhalb der römischen Kurie einführen zu können und darüber hinaus Ordnung in den verschiedenen Lobbys – er erwähnte erstmals auch die Freimaurer-Lobby – schaffen zu können. Er zähle dabei auch auf die Hilfe der charismatischen katholischen Gemeinschaften, hatte er auf der klugerweise auf den Rückflug verlegten Pressekonferenz hervorgehoben. Ende der Siebziger-, Anfang der Achtzigerjahre habe er jene Gemeinschaften nicht ausstehen können, so Franziskus. Er habe auch einmal über sie gesagt, sie verwechselten die liturgischen Feiern mit einer »Samba-Schule«. Doch nachdem er diese Bewegungen besser kennengelernt habe, »habe ich mich bekehrt«, bekannte der Papst.

Trotz seiner Abneigung gegen Interviews hat Papst Franziskus am Abend des 28. Juli 2013 das System der »fliegenden Pressekonferenzen« fortgesetzt. Er ging rund achtzig Minuten lang auf einige Fragen der 65 mitreisenden Medienvertreter ein. Zum Inhalt der schwarzen Tasche befragt, die er bei Reiseantritt unter dem Arm trug, erklärte Franziskus: »Wir müssen uns daran gewöhnen, normal zu sein«. Es sei jedenfalls nicht der »Schlüssel zum Zünden der Atombombe drin gewesen«, scherzte er. Er habe in der Tasche dieselben Dinge mit sich geführt wie auch schon bei jeder früheren Reise, als er noch nicht Papst war: einen Rasierapparat, ein Brevier, eine Agenda und ein Buch. Als Lektüre habe er ein Buch über die kleine hl. Teresa [von Lisieux; *Anm.d.A.*] mitgenommen, die er sehr verehre. Er sei immer ein Jesuit, der wie ein Jesuit fühle und denke, auch wenn er den Namen Franziskus gewählt habe, versicherte Jorge Bergoglio. Ein »primus inter pares«, ein Erster unter Gleichen, werde er als Papst jedoch nicht sein, antwortete er auf eine Frage zur Ökumene und zur Möglichkeit, den Primat des Papstes zu verändern.

Offen sprach Papst Franziskus bei dieser Pressekonferenz auch Reizthemen an: die Beurteilung von Homosexualität, die Bedrohung durch die verschiedensten Lobbys und die mögliche Gesetzgebung zugunsten einer Liberalisierung sogenannter leichter Drogen. Letzterer erteilte er ebenso eine kategorische Absage wie der Forderung nach einer Frauenordination und verwies dabei auf die diesbezügliche lehramtliche Entscheidung durch seinen Vorgänger Papst Johannes Paul II. Dieser hatte die Zulassung von Frauen zum Sakrament des priesterlichen Weiheamtes mit der Begründung abgelehnt, Jesus Christus habe nur die Apostel mit seiner Nachfolge betraut. Aus demselben Grund hatte er auch die Zulassung von Frauen zum Amt des Diakons abgelehnt.

Hinsichtlich des Problems der Seelsorge für wiederverheiratete Geschiedene, die eine offizielle Wiederzulassung zum Sakrament der hl Kommunion ersehnen, verwies der Papst darauf, dass dieses Thema – neben dem Problem der Vatikanbank – auf der Agenda des achtköpfigen Kardinal-Rates bei dessen erster Versammlung vom ersten bis dritten Oktober 2013 stehe. Er betonte dabei die Notwendigkeit, eine Gruppe von »Außenstehenden« zur Beratung herangezogen zu haben. Dasselbe gelte für die von ihm einberufene internationale Experten-Kommission, die den Papst über die Zukunft der in Verruf geratenen Vatikanbank beraten werde. Papst Franziskus ließ in diesem Zusammenhang alle Möglichkeiten offen. Er plädierte aber nach meinem Dafürhalten eher für eine Beibehaltung der Bank als katholisches Geldinstitut. Dazu bedürfe es, so stellte Franziskus klar, aber der Transparenz und einer Tätigkeit ohne den Verdacht auf Korruption.

Darüber hinaus kündigte er an, er wolle auf Einladung des Ökumenischen Patriarchen Bartholomäus ins Heilige Land reisen. Entsprechende Einladungen dazu lägen sowohl von der israelischen als auch von der palästinensischen Seite vor, doch ein entsprechender Termin sei noch nicht abzusehen. Eine Reise in seine argentinische Heimat sah er hingegen eher in weiterer Ferne, da er gerade erst als erster lateinamerikanischer Papst seinem Kontinent einen Besuch abgestattet habe. Eine Asienreise sei jedoch auf jeden Fall vorgesehen, kündigte Papst Franziskus an.

Kann von einer Öffnung der Kirche hin zur »Homosexualität in der Kirche« die Rede sein, wie dies deutsche Medien wissen wollten? Folgt man der Mehrheit jener deutschen Medien, so hat Papst Franziskus wie ein ganz normaler katholischer Seelsorger gesprochen, der in großzügiger und toleranter Weise mit seinen Schäflein umgeht und sich nicht zum Richter aufspielt. Er wolle wegen ihrer sexuellen Orientierung nicht über Homosexuelle urteilen, sagte der Papst, und verwies bei der Handhabung der Kirche mit Homosexuellen auf die im Katechismus der katholischen Kirche verankerten Vorgaben. »Wenn jemand homosexuell ist und den Herrn sucht und dabei guten Willen beweist, wer bin ich, dass ich ihn richte?«, so Papst Franziskus. Das Problem sei nicht die Neigung zur Homosexualität – das Problem seien die Lobbys. Auf die Frage von Ilze Scamparini, wie der Papst gedenke, mit der Gay-Lobby umzugehen, antwortete dieser: »Im Fall von Msgr. Battista Ricca ist vor dessen Ernennung zum Prälaten des IOR nach kanonischem Recht eine Voruntersuchung (›investigatio previa‹) erfolgt. In dieser ist nichts von den Dingen, derer er beschuldigt werde, zu finden gewesen.« Papst Franziskus fügte hinzu: »Ich sehe sehr oft in der Kirche – ganz abgesehen von diesem, aber auch in diesem Fall –, dass nach Jugendsünden gesucht wird und diese dann an die Öffentlichkeit getragen werden.« Es handele sich aber nicht um »Delikte« im Sinne eines Verbrechens. Diese Vergehen ständen auf einem völlig anderen Blatt. Beim Missbrauch von Minderjährigen könne wahrhaft von einem Verbrechen gesprochen werden. Mit Sünden verhalte es sich anders. Papst Franziskus: »Wenn eine Person, ein Laie, ein Priester oder eine Ordensfrau eine Sünde begangen« und sich dann bekehrt hat, ergebe sich eine andere Lage der Dinge. »Der Herr verzeiht immer – und wenn der Herr verzeiht, dann vergisst er auch«, so der Papst. Dies sei für unser Leben sehr wichtig. Wenn wir beichten gehen und wirklich gestehen: »Ich habe in dieser Angelegenheit gesündigt«, dann »vergisst der Herr, und wir können uns nicht das Recht herausnehmen, es nicht zu vergessen«. Denn auf diese Weise »würden wir das Risiko eingehen, dass der Herr unsere Sünden auch nicht vergisst«. Dies sei eine Gefahr.

Bezüglich einer »Theologie der Sünde« verwies Papst Franziskus bei der Pressekonferenz auf den hl. Petrus. »Wie viele Male habe ich an den heiligen Petrus gedacht. Er hat eine der schwersten Sünden begangen, indem er den Herrn verleugnet hat. Und mit dieser Sünde, die er auf sich geladen hatte, ist er zum Papst gemacht worden.« Daran müsse immer gedacht werden. »Doch zu Ihrer Frage: Man spricht so viel über die Gay-Lobby. Ich habe noch niemanden gefunden, der mir einen vatikanischen ›Gay-Ausweis‹ vorgelegt hat. Dennoch heißt es, es gebe sie, diese Lobby.« Der Papst hob in diesem Zusammenhang hervor, dass mit einer Person mit homosexuellen Neigungen zu tun zu haben nicht zwangsläufig bedeute, dass es deshalb eine Gay-Lobby gäbe. Der Katechismus der katholischen Kirche erkläre dies in sehr schöner Art und Weise: »Diese Personen dürfen nicht ausgegrenzt werden, sondern müssen in die Gesellschaft integriert werden«. Das Problem sei nicht, »eine bestimmte Neigung zu haben. Nein, wir müssen Brüder sein, weil dieser einer von uns ist.« Hingegen eine Lobby zu bilden, stehe auf einem anderen Blatt, sie sei nicht gut, sondern schlecht. Das wahre Problem bestehe in der Neigung, eine Lobby entstehen zu lassen. Dabei sei es ganz unerheblich, ob es sich bei dieser um eine Lobby der Geizigen, eine Lobby von Politikern oder um Lobbys von Freimaurern handele. »Es existieren so viele Lobbys. Dies ist das schwerste Problem für mich. Ich danke Ihnen, dass Sie mir diese Frage gestellt haben. Vielen Dank.«

Ob ihn sehr erschreckt habe, was er im Vatileaks-Dossier alles gelesen habe, wollte ein anderer Journalist wissen. Darauf antwortete Papst Franziskus mit einem klaren »Nein!« Er erinnerte in diesem Zusammenhang an sein erstes Zusammentreffen mit dem emeritierten Papst Benedikt XVI. in der päpstlichen Sommerresidenz Castel Gandolfo. Benedikt habe zu ihm gesagt: »In der großen Schachtel sind alle Erklärungen und alle Dinge enthalten, die die Zeugen ausgesagt haben.« Aber das Resümee und das Endurteil seien in dem Umschlag auf der Schachtel enthalten. Und dann habe er begonnen, darüber zu berichten. Papst Franziskus über seinen Vorgänger: »Er hatte alles im Kopf! Welch ungeheure Intelligenz! Welch ein ungeheures Gedächtnis! Nein, ich bin nicht erschrocken. Nein. Nein. Nein! Aber es handelt es sich um ein sehr großes Problem, nicht wahr?!«

Dem Papst wünsche ich für seine schwere Aufgabe in der »Höhle der Löwen« viel Kraft und vor allem gute Gesundheit. Möge er, der seit seinem zweiundzwanzigsten Lebensjahr nur noch über eine Lunge verfügt, dafür Sorge tragen, dass sich ein Wunsch des bald heiligen Papstes Johannes Paul II. erfüllt: Dass die Kirche weiterhin »auf zwei Lungen« atmen kann – einer westlichen und einer östlichen.

Anmerkungen

1   Joseph Ratzinger hatte die überraschende Ankündigung, seinen »geliebten Vorgänger« selig sprechen zu wollen, bereits wenige Wochen nach Pontifikatsantritt vor dem römischen Klerus gemacht. Er hatte dafür den 13. Mai 2005 gewählt. Es handelte sich um den Jahrestag des Attentats auf den polnischen Papst am 13. Mai 1981 durch Ali Agca. Zur Seligsprechung von Papst Johannes Paul II. am 1. Mai 2011 waren rund eine Million Menschen nach Rom gekommen. Die Einleitung eines Verfahrens über »Leben, Tugenden und den Ruf der Heiligkeit« von Johannes Paul II. war nur drei Monate nach dem Ableben von Papst Johannes Paul II. erfolgt. Sie war möglich geworden, weil Papst Benedikt XVI. die Klausel, die laut Kirchenrecht ein Abwarten von fünf Jahren vor der Einberufung eines Seligsprechungsprozesses vorsieht, aufgehoben hatte.

2   Die Mediziner-Kommission setzt sich aus sieben Ärzten unter dem Vorsitz des der katholischen Prälatur Opus Dei angehörigen Kardiologen Patrizio Polisca zusammen. Polisca war von Papst Johannes Paul II. in der Endzeit des Pontifikats als Päpstlicher Leibarzt hinzugezogen worden. Er hatte auch Papst Benedikt XVI. während dessen Pontifikat als Arzt gedient.

3   Zit. nach: So Papst Benedikt XVI. in seiner ersten Audienz für die internationlen Journalisen nach seiner Wahl im April 2005.

4   Kardinal Augustinus Mayer OSB verstarb am 30. April 2010 im Alter von 98 Jahren als damals ältester Kardinal der Welt.

5   *http://www.www.magister.blogautore.espresso.repubblica.it*

6   Ein »Geheimtipp«: Wer im letzten Augenblick die kostenlosen Zugangskarten für die Generalaudienz am Mittwoch erbitten will, kann sich dienstagnachmittags ab 16 Uhr bei den Schweizer Gardisten am Bronzetor einfinden.

7   Weiter heißt es in Papst Franziskus' Predigt: »›Wo ist dein Bruder?‹ Die Stimme des vergossenen Blutes schreit auf zu mir, sagt Gott. Das ist keine Frage, die sich an andere stellt, das ist eine Frage, die an mich gerichtet ist, an dich, an jeden von uns. Diese unsere Brüder und Schwestern wollten aus schwierigen Situationen heraus und ein wenig Ruhe und Frieden finden; sie haben einen besseren Ort für sich und ihre Familien gesucht, aber sie haben den Tod gefunden. Und wie häufig finden sie kein Verständnis, keine Aufnahme, keine Solidarität! Und auch ihre Stimmen steigen zu Gott auf! […] ›Wo ist das Blut des Bruders, das bis zu mir schreit?‹ Heute fühlt sich auf der Welt keiner verantwortlich dafür; wir haben den Sinn für die geschwisterliche Verantwortung verloren; wir sind in das heuchlerische Verhalten des Priesters und Altardieners verfallen, von denen Jesus im Gleichnis vom barmherzigen Samariter spricht: Wir sehen den halbtoten Bruder am Straßenrand und denken vielleicht: ›der Arme!‹, und gehen weiter unseres Weges, weil es nicht unsere Aufgabe ist; und wir glauben, dass alles in Ordnung sei. Wir fühlen uns zufrieden, als ob alles in Ordnung sei! Die Kultur des Wohlergehens, die uns an uns selber denken lässt, macht uns unsensibel für die Schreie der anderen, sie lässt uns in Seifenblasen leben, die zwar schön sind, aber nichtig, die eine Illusion des Unbedeutenden sind, des Provisorischen, die zur Gleichgültigkeit dem Nächsten gegenüber führen und darüber hinaus zur einer weltweiten Gleichgültigkeit! Von dieser globalisierten Welt sind wir in die globalisierte Gleichgültigkeit gefallen! Wir haben uns an das Leiden des Nächsten

gewöhnt, es geht uns nichts an, es interessiert uns nicht, es ist nicht unsere Angelegenheit! [...] Ich möchte, dass eine dritte Frage gestellt wird: Wer hat über das alles
und über Dinge wie diese geweint? Über den Tod von unseren Brüdern und Schwestern? Wer hat über die Menschen geweint, die in den Booten waren? Über die jungen
Mütter, die ihre Kinder trugen? Über die Männer, die etwas zum Unterhalt ihrer
Familien suchten? Wir leben in einer Gesellschaft, die die Erfahrung des Weinens
vergessen hat, des Mit-Leidens: Die Globalisierung der Gleichgültigkeit hat uns die
Fähigkeit zum Weinen genommen! [...] Herr, in diesem Gottesdienst, der ein Buß-
gottesdienst ist, bitten wir um Verzeihung für die Gleichgültigkeit so vielen Brüdern
und Schwestern gegenüber, wir bitten um Verzeihung für die, die es sich bequem
gemacht haben, die sich im eigenen Wohl eingeschlossen haben und das Herz betäubt haben, wir bitten dich um Verzeihung für diejenigen, die mit ihren Entscheidungen auf höchster Ebene Situationen wie dieses Drama hier geschaffen haben.
Herr, verzeihe uns! Herr, auch heute noch hören wir deine Frage: ›Adam, wo bist
du?‹, ›Wo ist dein Bruder?‹ Amen.«

8   Auf den Spuren des hl. China-Missionars Matteo Ricci (1552–1610) haben die Jesuiten jetzt das größte in der westlichen Welt existierende Wörterbuch für Chinesisch
veröffentlicht. Ihr Ziel ist es, um Verständnis für die chinesische Kultur und Sprache
zu werben, die der weltberühmte italienische Missionar während seines 30-jährigen
Aufenthalts in China als einer der ersten Pioniere auf diesem Gebiet studierte. Am
»Großen Ricci« kommt in Zukunft kein China-Forscher vorbei. Denn er gilt als
Meilenstein auf dem dornigen Weg der Annäherung zwischen der asiatischen und
der westlichen Welt.
Die Zahlen sind eindrucksvoll: Sieben Bände, 9000 Seiten, 13 500 chinesische
Schriftzeichen und 300 000 ins Französische übersetzte Wörter. Im Jahrbuch der Je-
suiten 2003 heißt es zum »Grand Dictionnaire Ricci«: »Am Beginn dieses Jahrtau-
sends muss man versuchen, die Bedeutung der chinesischen Schrift in ihrer ganzen
Tragweite zu ermessen. Diese Schrift wird die Existenz von 1,3 Milliarden Zeitgenos-
sen im Laufe dieses Jahrhunderts beherrschen.« Dazu Jesuitenpater Michel Masson
SJ: »Im Gegensatz zur Zeit der Kulturrevolution sind die Türen nun halb offen. Die
Beziehungen zu den Christen in China sind wiederhergestellt. Der Austausch mit
chinesischen Intellektuellen wurde möglich, da auch diese sich über unsere jeweiligen
Traditionen Gedanken machen.« Nach Meinung der Jesuiten ist die Schrift ein
Schlüssel zum Verständnis Chinas durch den Rest der Welt, wenn dieses einmal die
ganze moderne Zivilisation in sich aufgenommen haben wird.
Nach Ansicht von Experten des Ricci-Instituts in Taipeh/Taiwan, die das Lexikon in
Zusammenarbeit mit dem Französischen Institut in Taiwan und den Ricci-Studien-
zentren in Paris (1971 gegründet), San Francisco und Macao zusammengestellt ha-
ben, handelt es sich bei dem Großen Ricci eher um eine Enzyklopädie als um ein
Wörterbuch. Der Kleine Ricci war 1976 mit 6000 Schriftzeichen und 45 000 Schriftzeichen erschienen. Das Wörterbuch wurde ein Erfolg. Die Idee, ein Wörterbuch in
Chinesisch zusammenzutragen, stammt von einem ungarischen Jesuiten, Pater Zsa-
mar. Er war 1949 nach dem Einmarsch der Truppen von Mao Tse Tung in Peking auf
die Insel Macao geflohen. Gemeinsam mit weiteren dreißig aus China vertriebenen
Jesuiten und Laienmitarbeitern wurde der Grundstein für das heutige Große Wörterbuch in Chinesisch gelegt: Das Ergebnis waren 200 Bände, davon je vierzig in

ungarischer, englischer, franzsöischer und lateinischer Sprache. Als die »Jesuiten des Wörterbuchs« sich den in Taiwan eröffnenden Aktionsfeldern zuwandten, blieben die Bände liegen, bis sie zu Beginn der sechziger Jahren von mehreren engagierten Jesuiten-Sinologen aus dem Dunkel des Vergessens hervorgeholt wurden. Heute trägt der Grosse Ricci auch der modernen Sprachentwicklung Rechnung, welche die Ergebnisse in Medizin, Raumfahrt, Botanik und Mathematik beinhaltet. Und er schließt rund 2000 der ältesten existierenden chinesischen Schriftzeichen ein, die der französische Pater Jean Lefeuvre in mühsamer Forschungsarbeit gefunden hat: Es handelt sich um in Knochen eingegrabene Orakelfragmente und Bronzeinschriften, die ins 13. Jahrhundert vor Christus zurückführen und an deren Interpretation sich bisher nur wenige Gelehrte herangewagt haben.

9 Die Gesellschaft Jesu hat ihre weltweiten Mitgliederzahlen zum 1.1.2012 veröffent- licht. Zu diesem Zeitpunkt gab es insgesamt 17 637 Jesuiten, von denen 12 526 Priester, 1.470 Brüder, 2 896 Scholastiker (Jesuiten in der Ausbildung) und 745 No- vizen sind. Die Deutsche Provinz der Jesuiten zählte zum Stichtag am 1.11.2011 ins- gesamt 390 Jesuiten, davon 338 Priester, 24 Brüder und 27 Scholastiker. Vielleicht zeigt die Umschichtung der Gesellschaft Jesu von Norden nach Süden den Trend in der Weltkirche auf: Immer mehr Priesteramtskandidaten kommen aus den Ländern der Dritten Welt, während deren Anzahl in Europa und Nordamerika zurückgeht. Eine Ausnahme bildet Osteuropa, wo es nicht an Berufungen mangelt. Und so sieht die Entwicklung im Jesuitenorden aus, die als Spiegelbild des Wandels in der Kirche gelten könnte: Anfang Januar 2012 zählte die Gesellschaft Jesu in aller Welt 17 637 Mitglieder, 296 weniger als im Vorjahr. Im vergangenen Jahr hatte sie über 407 Ein- tritte zu verzeichnen und 14 Priesterweihen. Doch diese Zahlen können die durch die 415 Todesfälle (62 Prozent davon in Europa und Nordamerika) und die durch rund 280 Austritte und Entlassungen von Mitgliedern in der Ausbildung entstande- ne Lücke nicht schließen. In den vergangenen Jahren hat eine zukunftsweisende Umschichtung des Ordens stattgefunden: Während die Mitglieder der Gesellschaft Jesu in Europa 31 Prozent betragen, stammen nur noch fünfzehn Prozent der Stu- denten aus europäischen Ländern. Für die Länder der Dritten Welt lässt sich ein gegenteiliger Trend feststellen: 31 Prozent der Jesuiten sind heute Asiaten, unter den Studenten sind es jedoch schon 48 Prozent; 14 Prozent der Mitglieder der Gesell- schaft Jesu sind Lateinamerikaner. Aus Lateinamerika kommen aber bereits 12 Pro- zent der Studenten und 15 Prozent der Novizen. Eine ähnliche Entwicklung zeichnet sich in Afrika ab: 9 Prozent der Mitglieder der Gesellschaft Jesu sind Afrikaner, aber unter den Studenten gibt es 18 Prozent Afrikaner, unter den Novizen sind es eben- falls 18 Prozent. Das Wichtigste bei diesem Trend: Der Zuwachs in den Ländern und Ordensprovinzen des »Südens« setzt sich fast zu 100 Prozent aus Einheimischen zu- sammen und nicht aus vom »Norden« in die Mission entsandten Mitgliedern der Gesellschaft Jesu. (Diese Daten und Fakten wurden der Autorin freundlicherweise vom Sekretariat von Pater Stefan Kiechle SJ, Provinzial der Deutschen Provinz der Jesuiten, München, zur Verfügung gestellt.)

10 Der langjährige Papstsekretär und heutige Erzbischof von Krakau, Kardinal Stanis- laus Dziwisz, hat bestätigt, dass Johannes Paul II. »in den schlimmsten Augenblicken seiner Krankheit« Rücktrittsabsichten hatte. Das geht aus einem in Buchform nie- dergelegten Gespräch von Dziwisz mit dem der katholischen Prälatur Opus Dei

angehörigen spanischen Kurienkardinal Julian Herranz am 17. Dezember 2004 hervor. Laut Dziwisz hatte Karol Wojtyla dann einen auf den Rücktrittsplan aus dem Bedenken heraus verzichtet, es werde damit ein »gefährlicher Präzedenzfall für seine Nachfolger« geschaffen, »weil dann einer von ihnen Manövern von Personen, die ihn absetzen wollen, ausgesetzt sein könnte«. Ein Papst nehme seine Mission im Gegensatz zu Diözesanbischöfen, die aus Altergründen ihr Amt niederlegen, als Nachfolger Petri stellvertretend für Christus an, hob Kardinal Herranz damals hervor. Der langjährige Präsident des Päpstlichen Rates für die Auslegung der Gesetzestexte der Kirche verwies in seinem Buch auch auf den Kanon 332, der dem Papst persönlich die Entscheidung über einen Rücktritt überlässt. Er erinnerte daran, dass Johannes Paul II. es der göttlichen Vorsehung anvertraut habe, wie lange er sein Amt versehen konnte.

11 Dank seiner in zahlreiche Sprachen übersetzten Bücher war Carlo Martini SJ bei den Gläubigen in Europa wegen seiner universalen Sicht der Probleme, seiner weitreichenden seelsorglichen Erfahrung und wegen seiner fortschrittlichen Überzeugungen bezüglich des interreligiösen und ökumenischen Dialogs sehr geschätzt. Die Erklärung der Vatikanischen Glaubenskongregation Dominus Iesus unter Präfekt Joseph Ratzinger kritisierte Martini als »zu hart formuliert«. Vor allem bei seinen europäischen Mitbrüdern im Bischofsamt, die mehr Mitspracherecht bei Entscheidungen zum Beispiel über Bischofsernennungen und eine Reduzierung des »römischen Zentralismus« wünschen, hatte der langjährige Präsident des Rates der Europäischen Bischofskonferenzen (CCEE) einen Stein im Brett. Bei der Europäischen Bischofssynode im Oktober 1999 in Rom hatte Martini sich für mehr Kollegialität in der Kirche ausgesprochen. Gleichzeitig hatte er Themen wie den chronischen Priestermangel in Europa und die Position der Frauen in der Kirche sowie die Mängel in der Bußpraxis offen angesprochen. Er glaube zwar nicht, dass es Zeit für die Einberufung eines III. Vatikanischen Konzils sei, hatte der Kardinal im Oktober 2000 in einem Interview mit der italienischen katholischen Zeitschrift Jesus gesagt. Dennoch sei es an der Zeit, neue Strukturen zu schaffen, in denen in wirklich kollegialer Weise brennende Probleme von den Bischöfen gelöst werden könnten. Die bisherige Struktur der Bischofssynoden weise den Mangel auf, dass die Bischöfe in nur wenigen Wochen zu gemeinsamen Entscheidungen über delikate Fragen gelangen müssten, gab er zu bedenken. Martini hätte die beim Zweiten Vatikanischen Konzil ausgeklammerten Fragen des Pflichtzölibats für Priester und die Anweisungen der »Pillenenzyklika« Humanae Vitae von Papst Paul VI. gerne im Hinblick auf die Situation in der Kirche innerhalb eines großen Kreises von Bischöfen diskutieren wollen. Auch bezüglich der Kirchenfernen und der Zulassung der wiederverheirateten Geschiedenen zur Kommunion schlug Martini eine mitleidvolle Haltung und besondere seelsorgliche Maßnahmen vor. Gerechtigkeit und Solidarität waren weitere wichtige Themen für Martini.

12 Rainer Woelki hatte sofort nach Amtsantritt im August 2011 eine bescheidene Wohnung dem traditionellen Bischofssitz der Berliner Erzbischöfe vorgezogen.

13 Der Blog »Settimo Cielo« wird im Zusammenhang mit der Webseite www.chiesa von Sandro Magister bedient, der einem internationalen Publikum Nachrichten, Analysen und Dokumentationen über die katholische Kirche in italienischer, englischer, französischer und spanischer Sprache anbietet.

14 Giuseppe Nardi: in: Katholisches.info Magazin für Kirche und Kultur. (http://www. katholisches.info)

15 Aktuelle Zahlen nach den Informationen von Radio Vatikan (13.5.2013): *http:// de.radiovaticana.va/news/2013/05/13 über_1,2_milliarden_katholiken_auf_der_Welt/ ted-691587.*

16 Der 1885 in Gymnich geborene Josef Kentenich war als 14-Jähriger in die Schule der Pallotiner-Patres eingetreten, um sich auf den Priesterberuf vorzubereiten. 1910 wurde er zum Priester geweiht und zwei Jahre später zum Schulseelsorger des Gymnasiums ernannt. 1914 führte er eine Schülergruppe in Vallendar-Schönstatt in eine kleine Kapelle. Kentenich machte diesen Ort wegen seiner besonderen Devotion zur Muttergottes zu einem Marien-Wallfahrtsort. Sein »Liebesbündnis mit Maria« führte zur Gründung der Schönstatt-Bewegung, die sich zwischen den beiden Weltkriegen vor allem durch Kentenichs Exerzitien ausbreitete. Ab 1920 bildeten sich auch Frauengemeinschaften. 1941 wurde Kentenich von den Nationalsozialisten verhaftet. Nach einem Jahr Gefängnisaufenthalt in Koblenz gründete er im Konzentrationslager Dachau eine Gemeinschaft für Familien, ein Säkularinstitut für Männer und die Schönstatt-Internationale. 1945 konnte er nach Schönstatt zurückkehren. In den folgenden Jahrzehnten fasste die Bewegung in allen Erdteilen, besonders in Lateinamerika, Fuß. 1951 verfügte das Heilige Offizium die Amtsenthebung Kentenichs und seine Ausweisung nach Milwaukee/USA, wo er als Seelsorger wirkte. 1965 hob Papst Paul VI. die Dekrete wieder auf und erteilte der Gründung Kentenichs, der drei Jahre später in Schönstatt starb, seine Anerkennung. Grundziel der Schönstatt-Bewegung ist die Förderung des Apostolats, besonders der Laien, deren Arbeit in den diözesanen Strukturen gut eingebunden werden soll. Zentraler Aspekt ist das Liebesbündnis mit Maria, das als eine Erneuerung des ursprünglichen Liebesbündnisses zwischen Gott und den Menschen angesehen wird. Hieraus entsteht ein Vorsehungsglaube und ein starkes Sendungsbewusstsein der Mitglieder, die sich als wirksame Werkzeuge in Marias Hand sehen, um ihr bei der religiösen und sittlichen Erneuerung der Welt in Christus zu helfen. (Petra Bleisch, www.relinfo.ch, »Schönstatt-Bewegung«, 1998.)

17 Benedikt XVI.: *Im Licht der Welt. Der Papst, die Kirche und die Zeichen der Zeit. Ein Gespräch mit Peter Seewald,* Freiburg 2010, S. 147.

18 Kardinal Valerian Gracias (1900–1978) war der erste Inder in der Kirchengeschichte, der ins Kardinalskollegium aufgenommen wurde.

19 Der heute hochbejahrte Sekretär von Papst Johannes XXIII., Erzbischof Loris Capovilla (Jahrgang 1915), hatte im Vorfeld der Seligsprechung von Johannes XXIII. im Jahr 2000 im Gespräch mit der Autorin enthüllt, dass Agagianian beim Konklave im Oktober 1958, aus dem dann Johannes XXIII. als Papst hervorgegangen war, wie auch im Konklave vom Juni 1963 bei der Wahl von Papst Paul VI. reelle Chancen gehabt habe, als erster ausländischer Papst in der neueren Kirchengeschichte zum Oberhaupt der katholischen Kirche gewählt zu werden. Der aus Armenien gebürtige Präfekt der Vatikanischen Kongregation für die Glaubensverbreitung sei mehr Römer als Ausländer gewesen und habe sich unter den Römern großer Beliebtheit erfreut. Die Papstwähler von 1958 hätten bereits bei der Wahl des Patriarchen von Venedig, Angelo Giuseppe Roncalli, einen Übergangspapst gesucht. Dieser sollte das Terrain für einen Nachfolger bereiten, welcher in der Lage war, den Herausforderungen der zeitgenössischen Epoche entgegenzutreten. Die Chancen von Kardinal Aga-

gianian als »papabile« seien dann aber im Konklave 1963 gesunken, nachdem zu Beginn des Zweiten Vatikanischen Konzils dessen ebenfalls im armenischen Kolleg in Rom lebende Schwester verleumdet worden war. Es hatte zu Unrecht geheißen, diese habe »mit dem sowjetischen Geheimdienst zu tun«. Die römische Kurie habe 1963 inmitten des Konzils 22 Wähler unter 80 »Papstmachern« gestellt, die damals größtenteils gegen den Erzbischof von Mailand, Giovanni Battista Montini, gestimmt hätten. Sie hätten den von Papst Johannes XXIII. eingeleiteten Reformkurs gerne gestoppt, erinnert sich Capovilla.

20 Quelle: Das Presseamt des Heiligen Stuhls: Bulletin zum Konklave 2005 und zum Konklave 2013.

21 Beim Angeklagten verzichtet das Gericht auf diese Geste, mit der geschworen wird, die Wahrheit und nichts als die Wahrheit zu sagen, weil es davon ausgeht, dass der Angeklagte zu Lügen Ausflucht nimmt. Damit wird ein möglicher Meineid verhindert.

22 Paolo Gabriele stritt zunächst alles ab, wie die Anklageschrift vermerkt. Zwei Tage nach der Publikation des Buches des italienischen Journalisten Nuzzi, am 21. Mai 2012, setzten sich in der Wohnung des Papstes Angehörige der päpstlichen Familie zusammen, und zwar jene, die Zugang zum Schreibtisch ihres Dienstherrn hatten: die beiden Privatsekretäre Msgr. Georg Gänswein und Msgr. Alfred Xuareb, die deutsche Schreibkraft Schwester Birgit Wansing, die vier italienischen Haushälterinnen der Bewegung »Memores Domini« und schließlich der Kammerdiener Paolo Gabriele. Alle verneinten, etwas mit dem Dokumentenschwund zu tun zu haben. Daraufhin wies Gänswein den Butler vor den anderen darauf hin, dass einige der gestohlenen und publizierten Dokumente das Büro des Papstes noch nicht einmal verlassen hatten und Gabriele zwei davon mit Sicherheit in Händen gehabt habe, weil er mit der Vorbereitung der Antwort betraut war; das werfe zumindest einen starken Verdacht auf ihn. Gabriele jedoch stritt weiter kategorisch ab. Zwei Tage später ist es Msgr. Gänswein, der vor der abermals versammelten päpstlichen Familie dem Kammerdiener seine Verhaftung mitteilt. Gabrieles Antwort: »Da sei ja jetzt der Sündenbock gefunden. Er sei ruhig und gelassen und mit seinem Gewissen im Reinen, auch weil er mit seinem geistlichen Begleiter gesprochen habe.« Doch wie war der Päpstliche Privatsekretär darauf gekommen, dass der Kammerdiener der Verräter war? Er hatte im Umschlag des Nuzzi-Buches einen Brief entdeckt, der nur dem Papst, ihm und dem langjährigen Weggefährten des Papstes, dem Münchner Bankdirektor Thaddäus Kühnel, bekannt sein konnte. Der Kammerdiener hatte ihn gestohlen, ohne den Inhalt zu verstehen: Es handelte sich unter anderem um eine Anweisung für eine Ausschüttung von 5000 Euro für eine Studentin aus dem Iran und andere Studenten, die durch die Benedikt-Stiftung, welche beim Münchner Bankhaus Hauck & Aufhäuser ihr Konto unterhält, ausgeführt werden sollte.

23 Kardinal Sodano war zwischen 1990 und 2006 Kardinalsstaatssekretär. Nach der Wahl von Benedikt XVI. wurde er dessen Nachfolger als Dekan und damit Ehrenvorsitzender des Kardinalskollegiums.

24 »Malavita« werden in einer übergeordneten Bezeichnung alle kriminelle Verbrechens-Organisationen in Italien gemeinsam genannt. Zu diesen gehört die in Neapel und Umgebung Ton angebende »Camorra« wie auch die in Kalabrien und in ganz Süditalien verbreitete und nach dem Attentat in einer Pizzeria von Duisburg durch einen Banditen mit dem Decknamen »Engelsgesicht« auch in deutschen Landen gefürchtete »N'Drangheta«.

25 La Banda della Magliana, April 2002, Verlag Caos edizioni. Der Autor Gianni Flamini hatte seine Erkenntnisse nach Einsicht in die Sitzungsprotokolle aufgezeichnet.

26 Ein amerikanischer Priester war es, der im Jahre 1882 im US-Staat Connecticut eine Bruderschaft aus katholischen Männern in den USA gründete, erinnerte der heutige Ordensobere Carl A. Anderson bei der Ausstellungseröffnung: Das Ziel des in einer Pfarrei in New Haven tätigen jungen Paters McGivney war es, den oftmals bitterarmen katholischen Einwanderern aus Irland und Italien zu Hilfe zu kommen, die in Amerika ihr Glück suchten. So blieben bei Unfällen eines Einwanderers am Arbeitsplatz oft vielköpfige Familien völlig mittellos und ohne soziale Absicherung zurück. Witwen und Waisenkinder der katholischen Immigranten mussten häufig Hunger und Armut leiden. Die erste kleine Gruppe von Kolumbusrittern lehnte sich mit ihrer Namensgebung an den Ruhm und die Ideale des großen Genueser Seefahrers und Entdeckers Cristoforo Colombo an. Sie half den in einem protestantischen Umfeld oft diskriminierten Einwanderern, sich »gleichzeitig als Amerikaner und Katholiken fühlen und ihren Glauben leben zu können«. Während des Ersten Weltkriegs organisierten sie für Soldaten erste athletische Wettbewerbe. Doch die Kolumbusritter hatten in der Geschichte der Beziehungen zwischen den USA und dem Heiligen Stuhl noch eine andere wichtige Rolle: Sie fungierten als »Zwischenhändler« mit dem Vatikan, als es noch keine offiziellen diplomatischen Beziehungen zwischen dem Heiligen Stuhl und den Vereinigten Staaten gab. Die Kolumbusritter gelten auch als Brückenbauer zwischen den USA und dem Vatikan in der Zeit des Kalten Kriegs, als das gemeinsame Ziel der Kampf gegen den Kommunismus war. Kein Wunder, dass Papst Johannes Paul II., der Papst aus dem Osten, ganz besonders auf die Unterstützung der Ritter baute – auch was die Ausbildung von jungen Geistlichen aus dem kommunistischen Ost- und Mittel-Europa in Rom anbelangte. Heute gibt es über 1 800 000 Mitglieder der mehr als 13 000 Ritter-»Councils«, die in den USA, in Kanada, auf den Philippinen, in Mexiko, der Dominikanischen Republik, in Porto Rico, auf den Bahamas, in Guatemala, in Guam und in Polen zu finden sind. Im europäischen Raum unterhalten sie besonders viele Sportausbildungsstätten für Jugendliche in Frankreich.

27 Als die USA mit dem Heiligen Stuhl noch keine diplomatischen Beziehungen unterhielt, liefen die Kontakte mit dem Weißen Haus über die italienische Diplomatie und über die amerikanische Kirche. Besondere Bedeutung kam im Dialog mit den USA dem Erzbischof von New York, Kardinal Spellman zu. Spellman war von 1925 bis 1932 als Mitarbeiter im Vatikanischen Staatssekretariat tätig. Aus dieser Zeit stammten seine guten Beziehungen zur italienischen Regierung. 1939 wurde er von Papst Pius XII. zum Erzbischof von New York ernannt. Am 18. Februar 1946 erhielt er von Pius XII. den Kardinalshut. Während des Kalten Kriegs engagierte sich Spellman zugunsten des antikommunistischen Feldzugs von Senator Joseph McCarthy, und rechtfertigte diesen mit religiösen Motiven. Während des Vietnamkriegs in den sechziger Jahren ergriff der Erzbischof von New York Partei für John F. Kennedy, den ersten Katholiken auf dem Präsidentenstuhl in den USA. Er unterstützte die nationalistische Warte Kennedys und trat für die Unvermeidlichkeit des Vietnamkriegs ein. Dies kostete ihn viele Sympathien. In seinem zusätzlichen Amt als Militärbischof der Katholiken in den USA folgte Spellman ab 1939 den »Marines« sowie den »Grünhelmen« von einem Ende der Welt zum anderen. Beim Zweiten Vatikanischen

Konzil gesellte der amerikanische Kardinal sich dem konservativem Flügel der Konzilsväter zu.

28 Zwischen 1968 und 1974 wurden in Italien 140 blutige Attentate verübt. Beim Blutbad auf der Mailänder Piazza Fontana wurden bei einem Bombenanschlag am 12. Dezember 1969 auf den Sitz der Nationalbank für Landwirtschaft siebzehn Menschen getötet und 88 verletzt. Bei den sogenannten Bilderberg-Konferenzen handelt es sich um informelle, private Treffen von einflussreichen Personen aus Wirtschaft, Militär, Politik, Medien, Hochschulen und Adel. Auf Wikipedia ist unter dem Stichwort Bilderberg weiter die Information zu finden: zum ersten Mal wurde die Konferenz im Mai 1954 auf Einladung von Prinz Bernhard der Niederlande in dessen Hotel de Bilderberg in Oosterbeek, Niederlande veranstaltet. Der Name Bilderberg wurde vom ersten Tagungsort übernommen. Dieses erste Treffen hochgestellter Persönlichkeiten erwuchs aus der Befürchtung, dass Westeuropa und Nordamerika möglicherweise nicht so eng zusammenarbeiteten, wie es die ernsten Probleme, mit denen sich die Staaten zu diesem Zeitpunkt konfrontiert sahen, erforderlich zu machen schienen«. Die meisten Teilnehmer kommen aus NATO-Staaten. Seit 1989 nehmen zunehmend Personen aus anderen Staaten an den jährlich einberufenen Konferenzen teil. Eventuelle Einigungen werden nicht veröffentlicht. Bei der Bilderberg-Gruppe (international auch als Bilderberg-Club bekannt) handelt es sich um keine formelle Organisation.

29 Papst Franziskus' bezifferte 7 211 000 Followers lassen sich anhand der neun Sprachversionen differenzieren: 2 736 000 in Spanisch, 2 637 600 in Englisch, 859 000 in Italienisch› 424 400 in Portugiesisch› 153 400 in Französisch, 119 000 in Latein, 115 100 in Deutsch, 96 700 in Polnisch und 68 200 in Arabisch.

30 Ignazio Ingrao verfügt über glaubwürdige Informationen aus dem Vatikan. Er hatte im Dezember 2012 die Welt geschockt, als er in Panorama einen Auszug aus dem 300-seitigen, Papst Benedikt XVI. vorbehaltenen Geheimdossier über die wahren Zustände in der römischen Kurie veröffentlichte. Die Schlüsselworte des Dokuments, die den am 28. Februar 2013 erfolgten Rücktritt des deutschen Papstes mitbewirkt haben sollen, waren laut Ingrao »Unzucht« und Korruption«.

31 Pioppo war am 7. Juli 2006 zum Prälaten des Instituts für die religiösen Werke (IOR) ernannt worden. Seit seiner Ernennung zum Nuntius in Kamerun und Äquatorial-Guinea am 25. Januar 2010 war der Posten vakant geblieben. Die von Papst Benedikt XVI. gewünschte Transparenzoffensive in Sachen IOR war zum Zeitpunkt der Abberufung des IOR-Prälaten durch eine »Beförderung« als Vatikandiplomat und seine Ernennung zum Erzbischof schon in die Wege geleitet worden.

32 »Krimi in Ciampino« titelte die italienische Presse, als die Nachricht durchsickerte, das »Duo« sei nach seiner Ankunft von der Militärpolizei aufgehalten worden. Beide hätten sich geweigert, den Inhalt ihrer Aktentaschen preiszugeben. Die Tatsache, dass der Monsignore ebenso wie der Anwalt vatikanische Pässe vorweisen konnten und sich deshalb weigerten, ihr Gepäck zu öffnen, habe die Finanzpolizei dann zum Verzicht auf eine Kontrolle bewogen. Ein diplomatisches Missgeschick im Umgang mit Italien? Der von Kardinal Bertone weggejagte Finanzmanager Ettore Gotti Tedeschi verfügte jedenfalls zur Zeit seiner Tätigkeit als IOR-Präsident nicht über einen vatikanischen Diplomatenausweis. Er habe auch nie einen solchen beantragt, weiß die Autorin. Die italienische Zeitschrift Espresso berichtete, Rechtsanwalt Briamonte habe einen Diplomatenausweis des Heiligen Stuhls erhalten, um Auslandsmissionen

im Auftrag des IOR ausführen zu können. Espresso verwies darauf, dass die Kanzlei Grande Stevens auch die italienische Magnatenfamilie Agnelli zu ihren Klienten zähle. Seit Beginn der Achtzigerjahre habe diese auch den Heiligen Stuhl beraten. Nach Telefonkontakt mit der italienischen Botschaft am Heiligen Stuhl hätten Lucchini und Briamonte den Militärflughafen ungeniert verlassen dürfen. Die Botschaft habe erwirkt, dass Anwalt Briamonte, der als italienischer Staatsbürger keine diplomatische Immunität genoss, gewissermaßen mit dem Schrecken davongekommen sei. Daraufhin hatte Briamonte eine Gegenoffensive gestartet. Er sagte: »Es bedarf viel Phantasie, um aus einer völlig normalen Grenzkontrolle einen diplomatischen Zwischenfall zu konstruieren.« Sein Gepäck und das von Msgr. Roberto Lucchini seien einer Polizeihund-Kontrolle unterzogen worden. Diese sei negativ gewesen, wie aus dem Protokoll der Militärpolizei hervorgehe. Es habe keinerlei Art von Untersuchungsanordnung von Seiten der Behörden bestanden. Es gebe kein Geheimnis und es bestehe auch keinerlei Zusammenhang des Vorgangs auf dem Flughafen mit seiner Tätigkeit als Berater im Aufsichtsrat der Bank Monte Paschi di Siena. Anwalt Briamonte hatte gegen den Ex-Präsidenten des IOR geklagt, als dieser in einer dem Corriere della Sera überlassenen Denkschrift behauptet hatte, der Anwalt sei einer der hauptsächlichen Schuldigen an seiner Entlassung. Der Manager wollte Briamonte sogar als möglichen Urheber eines Mordplans gegen ihn identifiziert haben. Ein Dossier über das IOR hatte Gotti Tedeschi im Fall eines gewaltsamen Todes dem Journalisten Massimo Franco, seiner Sekretärin und dem heutigen Erzbischof und Präfekt des Päpstlichen Hauses, Dr. Georg Gänswein, in Obhut gegeben. Erst im Zusammenhang mit dieser Tatsache wird das Ereignis auf dem Flughafen Ciampino zum Krimi, meinte der Espresso. Doch wieso hatte der Sekretär von Kardinal Bertone einen teuren Privatjet im Besitz von Briamonte benutzt? Seine Erklärung klingt fast zu harmlos, meint die Autorin: Msgr. Lucchini beteuerte, er sei nach einem Besuch bei seinem kranken Vater in Turin auf dem Rückweg nach Rom gewesen. Überhaupt habe er zum ersten Mal in seinem Leben einen Privatjet benutzt, nachdem Briamonte ihm einen Transfer angeboten hatte. Das nächste Mal werde er wahrscheinlich wieder mit dem Zug zu seiner Familie nach Turin fahren. Der Flug habe überhaupt nichts mit dem IOR zu tun gehabt.

Quellen- und Literaturhinweise

Alle fremdsprachigen Zitate wurden von der Autorin selbst ins Deutsche übersetzt. Das Buch beruht auf eigenständiger Recherche, persönlichen Gesprächen und ihrer 31-jährigen Erfahrung als Vatikan- und Romkorrespondentin. Zudem wurden folgende Medien regelmäßig ausgewertet:

Affaritaliani.it: www.affaritaliani.it
Erste Online-Zeitung in Italien
Agenzia Fides: www.fides.org
Presseorgan der Päpstlichen Missionswerke seit 1927
Annuario Pontificio 2013
Päpstliches Jahrbuch. Città del Vaticano: Libreria Editrice Vaticana 2013
ANSA: www.ansa.it
Nationale italienische Nachrichtenagentur; steht den Mitgliedern des Vereins der Auslandspresse in Rom zur Auswertung zur Verfügung
Benedikt XVI.: *Im Licht der Welt. Der Papst, die Kirche und die Zeichen der Zeit.* Ein Gespräch mit Peter Seewald, Freiburg i. Br.: Herder 2010
Joseph Ratzinger/Benedikt der XVI.: *Salz der Erde. Christentum und katholische Kirche im 21. Jahrhundert.* Ein Gespräch mit Peter Seewald, München: DVA 1996
Corriere della Sera: www.corriere.it
Mailänder linksliberale Tageszeitung
Die Tagespost: www.die-tagespost.de
Katholische Zeitung für Politik, Gesellschaft und Kultur, Würzburg
Franziskus: *Lumen Fidei.* Enzyklika von Papst Franziskus. An die Bischöfe, an die Priester und Diakone, an die gottgeweihten Personen und an alle Christgläubigen über den Glauben. Vatikanstadt: LEV, Vatikanische Verlagsbuchhandlung 2013. Abrufbar unter: http://www.vatican.va/holy_father/francesco/encyclicals/documents/papa-francesco_20130629_enciclica-lumen-fidei_ge.html
Il Bollettino della Sala Stampa della Santa Sede: http://www.vatican.va/news_services/press/index_it.htm
Tägliche schriftliche Ausgabe des Presseamts des Heiligen Stuhls
Il Messaggero: www.ilmessaggero.it
Römische konservativ-liberale Tageszeitung
Inside the Vatican: www.insidethevatican.com
Katholische Monatszeitschrift, hrsg. v. Bob Moynihan
Crista Kramer von Reisswitz: *Die Papstmacher. Die Kardinäle und das Konklave.* Aktual. Taschenbuchausgabe, München: Knaur 2003 (1. Aufl. München: Pattloch 2001)
L'Espresso: www.espresso.repubblica.it
Italienische linksliberale Wochenzeitschrift
Sandro Magisters Blog *Settimo Cielo*: www.magister.blogautore.espresso.repubblica.it
Panorama: www.panorama.it
Italienische konservative Wochenzeitschrift
Presseamt des Heiligen Stuhls: www.vatican.va
Offizielle Website des Vatikanischen Pressesaals

Radiotelevisione Italiana (RAI): www.rai.it
GR 1 – »Tra cielo e terra« Sonntägliche Nachrichtensendung aus der katholischen Welt
RAI 3: www.rai3.rai.it
Radio Vatikan: www.radiovaticana.org
    Offizielle Website von Radio Vatikan
The Italian Insider: www.italianinsider.it
    Italiens erste englischsprachige Tageszeitung
Tiscali: www.tiscali.it
    Italienische Online-Zeitung

Register